강은 흘러야 한다

강은 흘러야 한다

2009년 11월 27일 초판 1쇄 인쇄
2009년 12월 1일 초판 1쇄 발행

○ 지은이 김상화
○ 펴낸이 이희선
○ 펴낸곳 미들하우스

○ 주소 121-838 서울특별시 마포구 서교동 357-1 서교오피스텔 310호
○ 전화 02) 333-6250
○ 팩스 02) 333-6251
○ Home page http://www.middlehouse.co.kr
○ E-mail pjs612@hanmail.net
○ 출판등록 제313-2007-000149호, 2007년 7월 20일
○ 편집 미들하우스
○ 출력 포비전
○ 인쇄 영신사

○ ISBN 978-89-93391-05-3
값 12,000 원

강은 흘러야 한다

35년 강 지킴이 김상화의 진짜 4대강 살리는 이야기

김상화 지음

아아, 낙동강
– 내일이면 늦으리

강은교

깊기도 하여라
그대의 눈은
넓기도 하여라
그대의 가슴은

아아, 낙동강 –
수천 살의 은빛 바람
푸른 허리에 꽂고
수만의 흰 구름 이마
출렁출렁
안고 가는 그대

태백의 순결한 샘에서부터
남해 따스한 바다로
온 땅 살붙이란 살붙이
이어주고 이어주는 그대, 낙동강

일어서라 그대, 깊고 푸른 이여
우리 모두 빈손으로 가는 사람들
오늘 그대와 함께 일어서리니
이 땅에 꽃 핀 것들 모두
함께 함께 일어서리니

내일이면 늦으리
흘러라 아름다운 이여
이제 우리,
푸른 그대 가슴에
붉은 저해 누이리

내일이면 늦으리
달려라 아름다운 이여
이제 우리,
푸른 그대 가슴에
빛나는 저 별 놓으리

추천사

우리 백의(白衣)민족은 금수강산에서 순리를 어기지 않고 살아왔다. 한반도의 크고 작은 산줄기에서 시작되는 4대 강은 우리 민족의 젖줄이자 역사와 문화의 현장이다. 그 가운데 낙동강은 물줄기도 길거니와 그 언저리에 옹기종기 모여 사는 사람들 또한 부지기수다. 여기 김상화라는 범상치 아니한 분이 낙동강의 형상과 자태, 만물상을 두고 몸부림치고 있다. 낙동강을 걸어서 오르내리기를 1,370여 차례, 그에게 낙동강은 보여줄 것은 다 보여주었건만 그는 오늘도 쉼 없이 낙동강 줄기를 오르내린다. 한편으로는 낙동강의 생명과 자연을 외경하기 때문에, 다른 한편으로는 강의 흐름이 막히고 강바닥이 바닥나고 물줄기가 바뀌면서 온갖 생명체들이 그 보금자리를 잃게 될 상황이 그의 마음을 할퀴고 있기 때문이다.　　　　　　　　　　곽결호 | 한양대학교 석좌교수, 전 환경부 장관

김상화 선생은 참으로 낙동강을 사랑한 사람이다. 1973년부터 시작하여 해마다 사랑하는 낙동강을 찾아 발원지 태백에서부터 하구에 이르기까지 걸어서 순례를 하면서 낙동강의 아름다움과 강이 받는 고통을 보고 느낀 대로 거기에 얽힌 역사를 곁들여 이 책에 기록으로 남겼다. 그리고 이명박 정부의 '4대강 살기'사업으로 무참히 죽어갈 강을 보고 저자 자신이 피울음을 쏟아낸 글이다.　　　　　　　　김정욱 | 서울대학교 환경대학원 교수

강은 흘러야 한다

35년간 낙동강을 짝사랑한 고백서로 강에서 퍼올린 사람, 문화, 자연의 이야기가 가슴 뭉클하게 느껴집니다. 낙동강을 걷고 있는 듯한 섬세한 묘사는 강을 그대로 흐르게 해야 한다는 작가의 생각에 공감하게 합니다. 누란에 처한 4대강, 그 생명의 강은 시대정신, 작가의 마음, 그리고 우리의 미래를 담아 영원히 살아 흘렀으면 합니다.

남윤인순 | 한국여성단체연합 상임대표

김상화 낙동강공동체 대표만큼 혼신을 다해 낙동강을 사랑한 사람이 또 누가 있을까. 그의 몸짓과 소리 하나하나가 모두 낙동강 유역민들의 삶이고 낙동강의 역사고 문화고 생명이다. 이 글은 그가 내는 몸짓과 소리다. 그 옛날 생동감 넘치는 낙동강 을숙도를 보며 노래하던 그는 지금 낙동강의 운명을 예감하고 피울음을 울고 있다. 이 강산에 뿌리를 두고 사는 사람들이라면, 지금이라도 그가 내는 소리에 귀를 기울여라. 그래서 제발 낙동강에서 일고 있는 이 몹쓸 회오리바람을 멈추도록 하라.

류승원 | 영남자연생태보존회 회장

강은 어머니다. 어머니의 젖줄이다.
강을 따라 生命들이 모여들고
강을 따라 문명들이 생긴다.
강까지 돈으로만 보는 발상은 민망하다
살기위해 어머니를 팔고 자존감을 파는 것 같아서,
김·상화 先生은 낙동강의 아이다
아이가 어머니를 지키고자 입을 연 것이다
"강은 돈이 아니다.
강은 우리 몸 밖의 혈관이다.
강은 생명이다."

수경 스님 | 불교환경연대 상임대표, 회계사 주지

'낙동강은 죽지 않았다!'

35년간 낙동강 구석구석을 오직 발품으로 누벼온 그가 온몸으로 부르짖는 소리다. 2008년 낙동강 1300리를 함께 걸은 도반으로서 그가 낙동강을, 아니 우리 산하를 얼마나 절박하게 사랑하는지 시리도록 깊이 느끼고 있다. 때론 그의 노래 '콩점아'같은 부드러움이 때론 깊은 분노가 때른 넓은 지식과 체험이 이 책 한 권에 꼭꼭 들어차 있음을 본다.

우원식 | 건국대학교 생명환경과학대학 겸임교수, 전 국회의원

"야~. 잘해놨네!"

초록의 강을 팔아 권력이 귀에 넣고 싶은 말입니다. 고니, 기러기, 열목어, 버들치가 떠난 강에 둥~둥 배를 까고 죽어간 물고기 마냥 사람들의 표가 가득 떠다니니, 그 표를 쓸어 담아 얼큰한 대선승리 총선승리 매운탕을 끓이고 독한 양주를 들이키며 축배라도 들 요량입니다. 진하다 못해 악취 나는 권력의 콘크리트 화장발에 넘어가지 말아야 할 이유가 책 속에는 성난 강물처럼 범람합니다. 반면 자연 그대로의 아름다움이 얼마나 소중한지 또 그것을 지키고 누리는 것이 진정한 가치이고 행복이라는 저자의 땀방울 배인 말들이 또 가득합니다.

스스로를 '발품꾼'으로 낮춰 부르는 저자의 낙동강 유역 세월 35년이 묻어나는 이 낙동강 사랑의 고백서는 기나긴 짝사랑의 가슴 아픈 연서도 아니고, 단지 발품을 판 구경꾼의 기행문도 아닙니다. 어머니 낙동강의 내리 사랑에 발끝만큼이라도 보답하려는 자식의 사모곡이고 숙련된 노동으로 다듬어진 장인의 작품이라 해야 마땅합니다. 강에 기대 만대를 살아갈 노동도 그 도리를 다하겠다는 다짐을 저자의 35년 노력 앞에 부끄럽게 내놓습니다. 임성규 | 민주노총 위원장

머리말

저 영생의 강은 죽었다 살았다 하는 곳이 아닙니다.
강은 물이 자연 순리를 쫓아 그냥 온전히 흐르는 곳입니다.
물이 만생의 생명이듯이 흐름은 물의 생명입니다.
흐름이 멈춰지고 멈춤이 다른 것에 의한 것이라면
물은 그만큼의 변신으로 되돌려줄 뿐입니다.
물을 더럽히고 물을 함부로 대하는 건,
그 모두 인간 세상의 탓입니다.
다른 곳은 그 아무데도 없습니다.
더럽히지 않고 함부로 쓰지 않으면 될 일인데,
모래는 왜 모두 걷어내야 합니까.
콘크리트 보는 왜 세워야 합니까.
홍수 때문이라고요?
자주 생기면 안 되겠지만 한 번씩 필요한 것도 사실 아닙니까?
자연에 제 몸 씻어내면서 우리가 꾸역꾸역 처박아놓은
온갖 더러운 것들을 깨끗이 청소도 해줍니다.
4대강사업, 낙동강 정비 사업은
명분도 부실하고 이치에도 맞지 않습니다.
확실한 게 하나도 제대로 보이지 않습니다.
철회해 주십시오.

2009년 11월
준설로 사라질 수도 있는 구미대교에서
김상화

2부_ 재채기하는 강, 억장 무너지는 강이여!

3부_ 천석의 종은 그 종채로 치면 울리지만, 낙동강은 하늘이 쳐도 울리지 않는다

4부_ 산자분수령 같은 국민생각

1_ 국민의 생각, 국민의 언어

2_ 강은 흘러야 한다

3_ 소회

부록

1부_ 결결이 아름다운 옥빛 생명의 강

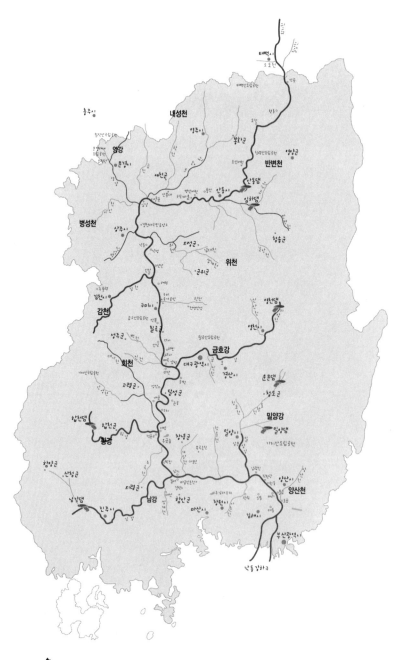

강은 흘러야 한다

1_ 강과의 인연, 시작과 극복의 시점에서

●

순백 종이에 그린 나의 낙동강 첫사랑

1973년 2월 6일, 내 생일날에 맞춰 봇짐 하나 덜렁 메고 낙동강의 끝자리인 을숙도로 향했다. 낙동강 끄트머리인 하구에서 발원지인 강원도 태백의 황지까지 걸어간다 하니 저들도 가보고 싶다하여 세 명의 친구들이 따라 나섰다. 살을 에는 칼바람이 옷 속을 파고들지만, 그래도 멋스럽게 출발 의식을 한답시고 '에덴공원'[1]의 명소라 불리는 '강촌집'에 들어갔다. 강촌집은 주변의 '강마을', '강변', '강나루' 등과 함께 에덴공원과 을숙도를 찾아오는 사람들에게 둘도 없는 휴식처이자 사랑방이었다.

첫 장도를 오르는 우리 일행을 위하고, 낙동강의 유유함을 위하고, 낙동강에서 살고 있는 모든 생명을 위하자는 환송 나온 친구 홍수진 씨의 건배로 막걸리 한 사발씩 쭉 들이키는 것이 환송 행사의 전부였다. 울산MBC에서 PD를 하다가 위암으로 세상을 떠난 故홍수진씨는 나를 위해 '누야꽃'이라는 노랫말을 써 주었다.

1_ 지금의 부산시 하단가락타운 일대. 넓게 펼쳐진 낙동강 하구의 배후습지로, 갈대와 개펄이 철새와 절지동물인 '게'를 불러들여 찾아드는 사람들의 자연적 감성을 낚아채던 천혜의 자연공간이었다.

'누야가 가꾸던 누야꽃이 어둔밤 남몰래 피었네. 누야의 하이얀 웃음꽃이 고웁게 피었네.'로 시작되는 노랫말은 42일 간의 도보순례 후 (그는 우리들의 낙동강 걸음마를 '도보순례'라고 이름 붙여 주었다.) 3월 24일 부산 남포동 제일 예식장에서 연 〈제 1회 김상화 낙동강 순례 보고 및 작곡 발표회〉에서 발표되었다.

'누야'란 말뜻은 경상도 지방에서 누나를 부를 때 쓰는 토속방언이다. 누나가 '누부야'로, 누부야가 '누야'로 변형되었지만 경상도 사람들은 누나보다는 누야란 호칭에서 더 친근감을 느끼고 있었다. 누야꽃은 낙동강의 모성적 표현이다. 우리 겨레의 젖줄이자 국토의 핏줄인 낙동강은 천지개벽 같은 일이 일어나더라도 밤낮없이 숱한 생명을 거두어 왔고, 언제나 한결같은 우리 엄마처럼 따뜻한 사랑을 머금어 주었다는 뜻이다. 강이 세세연년 유유한 생명으로 흐르길 소망하면서 글을 쓴 것이다.

낙동강은 나에게 짝사랑의 대상이었다. 옥색빛 물결로 넘실대는 물결 위에 떨어진 낙조의 정경은 내 마음을 차분하게 갈아 앉히는 안식의 거울이었다. 그 시절 그토록 하고 싶던 음악공부를 그만 두고 홀연히 낙향해버린 내 마음 속엔 마치 민들레 같은 방황의 풀씨가 자라고 있었다. 미처 안착하지 못한 풀씨는 동네 선배들과 함께 만든 야학운동에 옮겨 붙어 한없이 아끼고 사랑하였던 그 때의 아이들과 더불어 꽃을 피워냈던 것 같다. 가만히 생각해 보면, 그 때의 방황과 아이들과의 인연이 없었더라면, 참으로 끈질기고도 긴 낙동강과의 삶은 맺어지지도 않았을 것이다. 가난으로부터 배움의 기회를 놓쳐버린 아이들에게 나는 용기와 희망을 이야기해 주고자 틈만 나면 근교의 산이

나 들판으로 데리고 다녔고, 끝내 다다른 곳이 낙동강의 하구 쪽 '에덴공원'이었기 때문이다. 그들에게 순간을 극복할 수 있도록 마련한 발걸음이 오히려 내 인생 전체의 '발품방향'[1]을 바꿔버린 것이다. 비록 짝사랑 같은 것이지만 평생을 두고 사랑할 수 있고 평생 동안 학습할 수 있게 해 준 그들이 고맙고 잊혀지지 않는다.

"선생님은 이곳에만 오면 너무너무 편안해 보입니다."

넘실거리는 물결 위에 끝없이 늘어진 갈대밭을 거닐면서 아이들이 던져 준 말이지만, 지금도 강을 걸을 때마다 가끔씩 이 말이 다시 꿈틀거리며 되살아나곤 한다.

낙조의 정경이 안식과 평화의 기회였다면, 유유하기만 했던 강 물결은 내가 가지고 있는 안목의 의문이었고 마음 속 깊은 곳에 구겨져 있던 내 감성의 바이브레이션이었다. 내가 짝사랑이란 의미를 배운 것은 사람보다 강이 먼저였다. 강에서 펼쳐지는 자연이, 부드러움이 나의 오감을 지배해 버려서일까. 1973년 2월 6일을 기해 봇짐 메고 첫 순례를 떠나기 전까지 수차례 찾아간 낙동강 동행 때마다 나는 강변에 도착하기 전부터 가슴이 두근거림을 알고 당황했던 기억이 난다. 지금 생각해보니 그것이 가까이 있으면 편해지는, 그래서 그립기도, 좋기도 한 짝사랑의 시작이었던 것 같다.

내가 낙동강을 짝사랑하는 걸 기막히게 알아차린 친구가 있다. 하단의 버스 정류장에 내려서 에덴공원 쪽으로 혼자서 터벅터벅 걸어가고 있는데 "아이고 김 선생! 또 가능교. 진짜로 짝사랑하는가베" 하는 소리가 뒤쪽에서 귀를 친다. 방송인으로 사회 활동이 꽤

1_ 인생의 진로를 바꾸어 버리는 정도의 끌어낭심이 있었다는 뜻.

분주한 김영수 씨가 나를 보고 빙긋이 웃는다.

이때부터 시작된 낙동강에 대한 안목의 의문은 강에 대한 호기심을 부채질하여 발품으로 옮겨졌고, 내 안에 구겨져만 있던 감성의 바이브레이션은 때를 만난 듯 날갯짓 치며 현장의 글과 노래를 만들고 여러 가지의 사실들을 챙겨 내 머리 속에 하나씩 쌓기 시작했다.

나는 발품으로 얻은 강의 몸짓, 강의 언어들을 챙기고 공부하기 위해 음악 이론에서 '화성법'[1]을 이용하였다.

본류를 비롯한 지류ㆍ지천마다 마치 음악의 조표처럼 자리와 꼴이 달라 그 때의 느낌으로 주변과 잘 어울리는 곳이 있는 반면 그렇지 못한 곳이 있어 장3음계와 단3음계의 비교 구조를 이용한 것이다. 잘 아시다시피 장음계의 파라도ㆍ도미솔ㆍ솔시레는 장음계에서 볼 때 가장 어울림이 강한 정3화음이지만, 단음계가 주인이 될 땐 부3화음이 된다. 즉, 단음계의 레파라ㆍ미솔시ㆍ라도미는 단음계에서는 정3화음이 되는 것이다.

정3화음과 부3화음은 가족 관계에서 남성과 여성의 관계처럼 서로 사랑하고 의지하는 동반자이며 상생을 위해 배려하고 협력하는 관계를 맺고 있다. 인간관계에서도 불화가 생기듯이 음계에서도 불협이 생길 때가 있다. 3음계가 일으키는 불협을 조절하기 위해 표시의 방법으로 반음올림표(#)나 반음내림표(b)를 사용함을 잘 알고 있을 것이다.

1_ 둘 이상의 음을 동시에 섞어 놓았을 때 나타나는 어울림과 안어울림을 분석하는 음악의 장르.

 강은 흘러야 한다

내가 낙동강을 짝사랑했던 35년 전에는 #이나 b부호를 별로 사용하지 않고도 강은 아름다움이었으며 푸르고 맑게 흘러갔다. 많은 시인·묵객들이 강을 제 집 찾듯이 했던 것도 강이 자연으로서의 본성을 잃지 않았기 때문이다.

순백 종이에 그린 나의 낙동강 첫사랑은 강의 자연스러움이었으며 무수한 생명을 탄생시키는 대자연의 자궁이었으며, 생각만 해도 가슴 뭉클한 신비한 아름다움이었다. 짝사랑으로 시작된 나의 낙동강 음표는 개발이란 명분으로 찢겨 떨어져 나간 살점만큼 늘어나 이제는 보기에도 서러워진다. 노래를 불러도 화음이 되지 않는다. 목 쉰 소리뿐이다. 안타깝다. 슬픈 분노가 가슴에 저며 온다. 제자리로 돌려주고 싶지만 덧칠되어 있는 #이나 b이 혈전처럼 들어붙어 제자리표(♮)가 설 자리가 없다.

다시 시작해야겠다. 내 낙동강 일기장에 더덕더덕 붙어 있는 상처들을 뜯어내기 위해 짝사랑의 마음에서 참사랑의 지혜를 찾기 위해 새로운 발품을 시작해야겠다. 무겁게 걸쳐진 오염의 외투를 벗기기 위해, 강과 함께 살고 있는 사랑하는 유역민들로부터 따뜻한 사랑을 모아야 될 것 같다. 1974년 봄에 만들었던 '낙동강에 흐르는 노래'를 불러본다.

잔물결 위 흘러가는 철새들의 울음소리

바람과 노을 사이로 서산너머 저 먼 곳으로

은은히 들리는 울 엄마 목소리

그 옛날 그리운 고향의 목소리

라라라 라라라라 음-

●

갈꽃 향기 같은 강의 사람들

이 세상을 떠나버린 친구 홍수진이 굳이 붙여준 낙동강 도보순례란 명칭은 품위가 있어 보였으나 강 길을 떠나는 우리는 그냥 '발품'이라 불렀고 또 그렇게 여겼다. 순례란 말뜻은 참회를 품고 인연의 땅을 가보는 것이지만 우리의 발품은 그저 좋아서, 그 무언가를 만나고 싶어서이다. 순례는 규모나 격식이 따르겠지만 발품은 마치 수필에서 '붓 가듯' 하듯이 마음 닿는 대로 발길을 정할 수 있기 때문이다.

발품으로 짊어진 봇짐에 무엇이 채워질 것인가에 기대가 있지만 벌써부터 경험하여 얻은 하구 쪽의 아름다운 잔상들이 비집고 들어와 자리를 잡고 있다. 새것들이 들어오면 얼른 비켜줘야 할 텐데 텃새라도 하면 나만 힘들어질 것 같아 걱정이 앞선다.

산이 높아 골이 더 깊어 바람마저 센 곳에 내려앉아 있는 낙동강. 이런 곳에 살아가는 사람들은 그저 고집스럽고 강한 것을 좋아한다지만 의외로 강가의 사람들은 질기지만 부드러운 근성을 지니고 있다. '서편제'[1]의 판소리가 질기면서도 부드러움을 가지고 있어, 특별한 기교를 넣지 않고 강하게 치고 나가는 힘이 특징인 '동편제'[2]와의 이해에 다소 혼란을 느끼기도 했지만 이 땅의 강 소리는 어디를 가나 비슷하다는 걸 깨우친 것은 그로부터 한참 뒤였다.

1_ 우리나라 전라도에서 연구되어오는 '창'음악의 소리꼴 형식. 부드럽고 기교적이다.
2_ 서편제와 비교되어 하나의 형식을 갖춘 '창'의 소리꼴. 소리가 매듭을 꾸미지 않고 힘으로 감정을 나타내기에 남성적 기운을 가지고 있다.

전라도 구례, 운봉, 순창 지역의 소리를 골골이 찾아다니며 '동편제법제'를 만드신 명창 송흥록 선생의 마음속에 지리산과 섬진강이 있었지만 서편제의 질기고 부드러운 맛을 비켜가기 위해 지리산세의 기운을 가까이 하지 않았을까 하는 무례한 생각도 들었다. 하여튼 내 작은 봇짐 속에 들어 앉아있는 초기 낙동강에 대한 애정의 잔상들이 때와 장소에 따라 제 처신을 할 것이라 생각하고 약간의 부담으로 지워버렸다.

팔 척의 몸으로 카메라를 걸친 채 을숙도 갈꽃을 만지작거리던 부산일보 김정태 기자가 다가와 사진을 찍어준다. 원래 자기도 꼭 가보겠다고 약속했다가 급한 취재거리가 생겼다며 다음을 약속하더니만 그 후로 한 번도 같이 가지 못했다. 겉으로 보기에 그렇게도 건강한 사람이 암으로 세상을 떠나버린 것이다.

나 하늘로 돌아가리라
새벽빛 와 닿으면 쓰러지는
이슬 더불어 손에 손을 잡고

나 하늘로 돌아가리라
노을빛 함께 단 둘이서
기슭에서 놀다가 구름 손짓하며는

나 하늘로 돌아가리라
아름다운 이 세상 소풍 끝내는 날

가서,

아름다웠다고 말하리라

'귀천'이란 시를 이 세상에 던져놓고 저 하늘나라로 여행 떠난 천상병 선생을 위해 몇몇 지인들이 가끔씩 낙동강변 주막에 모였지만, 천 선생처럼 또 떠나버린 이들이 자꾸 생겨 이제 그럴 여유도 없어졌다.

"죽음은 끝이 아닙니다. 본향으로 돌아가는 길입니다. 몸은 흙으로 영혼은 하늘나라로, 아침에 집을 나갔다가 저녁에 다시 집으로 돌아오는 것처럼."

천선생의 '윤회사상'[1] 은 낙동강 하구 먹이사슬의 밭에서 현실이 되고, 여름철새, 겨울철새가 쳇바퀴 돌듯이 윤회를 답습한다.

1980년도부터 낙동강 페놀 사태가 일어난 1991년까지 격년으로 12월 초를 택해 을숙도나 명지 둔치도 또는 천 선생이 자주 찾았던 에덴공원의 솔바람소리에서 '낙동강 생명제'를 올린 기억들이 필름처럼 되살아난다.

낙동강은 문화와 예술의 '먹이사슬'[2] 이다.

강과 그 강의 언저리에서 일어나는 생태계의 먹이사슬계에 인간이 꿰어있고, 인간은 제각각의 감성으로 먹이를 만든다. 동·식물계에서 철새나 버들이 꼭지층이라면 인간은 그것들의 상위에 존재

1_ 삼계육도를 돌고 돌아 살고 죽음이 거듭된다고 믿는 사상.

2_ 약육강식 같은 것이지만 꼭 그렇지만은 않은 생태지속의 질서와 순리이기도 하다. 땅에 숲이 생기고 숲에 찾아드는 동·식물이 있으면 그 동·식물을 취하고자 하는 꼭지 동·식물이 찾아오는 원리다.

하려 한다. 강이 있는 어느 곳이든, 특히 자연의 다양성이 풍부한
곳일수록 인간의 감성적 흔적은 남아있기 마련이다. 시나 소설, 동
양화 · 서양화 · 서예, 사진이나 기록물 등이 유 · 무형으로 곳곳에
산재해 있다. 마치 생태계에서 동 · 식물의 다양성이 강의 건강 상
태에 따라 다르듯이 강의 자연스러움이 풍부한 곳은 높고 깊은 수
준의 문화 · 예술을 잉태시킨다.

낙동강 1,300리 물길에서 하구 방면의 문화 · 예술 활동이 유독
왕성했던 것은 곳곳의 물길이 이곳에 모여들어 큰 강을 이루고 있
고, 이 산 저 계곡에서 흘러 들어찬 모래톱이 크고 작은 모래섬과
삼각주를 만들면서 다양한 생태 터전을 만들었기 때문일 것이다.

이 같은 배경에 때마다 철새들이 찾아들어 화려한 군무와 더불
어 생명의 자연 축제를 펼치니 인간의 감성은 더더욱 자극되게 된
다. 지구상에서 일어나는 대자연의 관계가 일상으로 행해지는 곳은
그곳만의 독특한 순리가 움직인다.

순리는 순응과 저항으로 나타난다. 순응은 자연스러움의 지속성

이지만 저항은 단절과 악순환으로 이어진다. 인간이 자연과 더불어 행복하게 살려면 자연의 순리를 지켜줘야 한다고 모두들 말하고 있는 것도 이 때문일 것이다. 나는 강을 찾아 강의 글을 쓰고 강의 그림을 그리는 사람과 강을 사진에 담는 사람들을 두고 '아름다운 파수꾼'이라 부른다. 그들이 강을 지켜줄 것이기 때문이다.

1908년에 태어나 1996년 88세 일기로 세상을 떠난 요산 김정한 선생은 아름다운 파수꾼에서 더 거듭난 '낙동강 정신의 파수꾼'이었다. 그는 〈모래톱 이야기〉에서, 낙동강 하류 '조마이섬'[1]에서 강의 삶을 빼앗으려는 일제 압제하의 개발 패거리들을 강단 있게 꾸짖으며 억척같이 살아가는 순박한 주민들을 지켜주는 파수꾼이었기에 붙인 사회적 호칭이다. 개발이라는 명분으로 모래톱 삶을 파헤치려는 세력들에게 문학의 몽둥이로 곤장을 친 것이다.

요산 김정한 선생보다는 4년 늦게 태어나고 23년 빨리 저 세상에 가신 야돈 김용호 선생 역시 일제 강점기 압박 속에서 낙동강을 향해 한탄의 시를 남겼다. 10개의 단락으로 쓰여진 〈낙동강〉 시는 읽으면 읽을수록 그 시절 안타까운 민족의 설움이 배어든다.

> 내 사랑의 강!
> 낙동의 강아!
> 밀물과 밀물의 부닥침 속에도
> 일찍 우리들은 절망의 노래를 부른 적이 없다.

1_ 낙동강 하구에서 명지를 끼고 생곡 방면으로 가다보면 서낙동강과 김해에서 발원한 조만강이 만들어놓은 삼각주가 발달해 만들어놓은 육지섬이다.

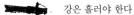

너 하나만은
최후까지 지켜줄
우리들의 단 하나의 희망이었기 때문에.

그러나
그 희망마저 하룻밤 사이
아―니 순간의 거품처럼
사라질 운명이었던 것을
가슴을 천만번 뜯고 뜯어도 알 길이 없다.

초조와 불안과 공포가
나흘 낮― 사흘 밤―
우리들의 앙가슴을 차고 뜯고
울대처럼 선 온 산맥의 침묵이 깨어질 때
고슴도치처럼 뻣뻣한 대지를
한 손에 휘어잡고 메어친
'꽝'하는 너의 최후의 선언은
우리들의 절망 그것이었다.

언제 너는 노아의 주구가 되었더란 말이냐.
언제 너는 폭군 네로를 꾀하였더란 말이냐. (이상 제 6단락)

아! 그리운 내 사랑의 강!
낙동의 강아!

나는 왜 말이 없느냐

너의 슬픔은 무어며

너의 기쁨은 무어냐. (이상 제 10단락)

언제쯤 강이 편안할 때 강변의 너른 땅을 골라 시 낭송회를 열고
고인의 한을 달래주고 싶다.

●
바람과 물결의 인연

아주 오래된 일이다. 강의 진실이 뭔지 여기저기를 헤매다가 불
현듯 송광사의 법정 스님을 찾아갔다. 송광사 절문 안 신평천 언덕
위의 불일암에 거처를 두고 계신다기에 찾아갔더니 참선 수행 중이
라 만날 수 없다고 통보가 왔다. 며칠 뒤 조계산을 둘러 불일암 앞
의 신평천에 발을 담그고 있으니까 졸졸거리는 물결 소리에 이상한
소리가 겹쳐져 들린다. 나도 모르게 소리 들리는 곳을 다가가니 다
름 아닌 대나무 숲에서 일으키는 숲바람 소리였다. 한 그루 대나무
가 흔들리는 것은 바람이 일으키는 작용이겠지만 소리가 별로 없
다. 그런데 저 대나무숲 속엔 무슨 일이 있길래 저렇게 소리를 크게
낼까? 물은 높은데서 낮은 데로 흐르니까 소리를 낸다 하지만 저
대나무 소리는 어떤 연유로 소리를 만드는가? 조그만 '산간하천'[1]

 강은 흘러야 한다

가에 앉은 나에게 다가온 바람과 물의 소리는 그 때부터 사색의 대상이 되었다.

"어찌 오셨소?" 스님께서 차 한 잔 건네시며 묻는다.

"강 공부를 시작한 사람인데 강의 진실을 알고 싶어 찾아뵈었습니다."

그 때까지 입가에 잔잔한 미소를 띠고 계시던 스님께서 미소를 거두고 "강을 좋아하는군요. 사랑하다 보면 차차 알 수 있겠지요." 하며 또 한 잔의 차를 따라 주었다. 몇 가지 말씀 중에 내 머리에 꽂히는 화두가 있었다. '우리가 살아가는 세상은 강과 자연의 순리에서 비롯된다.' 였다.

정작 내나무숲 속에서 일어나는 실체에 대해 물어보고 싶었지만 기회가 없었다. 결국은 스스로 강으로부터, 강에 찾아드는 바람에게 답을 구해야 될 것 같았다.

다시 찾은 에덴공원 갈대밭에 앉은 어느 날 나는 작은 깨달음을 얻었다. 공기와 물은 지구상에서 절대적인 가치로 존재하지만 그 실체는 어떤 기운으로 움직였을 때 확인된다는 사실이다. 공기가 바람을 일으키면서 하나의 세상을 만나고, 물이 흐름으로서 또 하나의 세상을 만나는 것 같지만 그것은 결코 다름이 아닌 같음이 되어서야 비로소 생명의 실체로 나타난다는 사실이다. 바람이 불면 물결이 인다. 그 바람이 산으로 가면 산바람이 되고 대나무 숲을 헤치고 들면 숲바람이 된다. 에덴공원에 봉긋이 솟아있는 작은 산에 소나무가 몇 그루 있어 그 곳에 차린 주막 이름이 '솔바람 소리' 가 되었다. 시인 · 묵객이나 나그네들이 그 집을 찾아가는 이유도 근본적으로 따진다면 바람이 늘 살아 있었기 때문일 것이다.

나는 강을 찾을 때마다 그 강의 속살이 되어있는 모래톱을 찾는 버릇이 있다. 강이 품어 안은 바람의 흔적을 만나기 위해서다. 그곳에 가면 바람과 물결이 만들어 놓은 대자연의 오선지가 펼쳐져 있다. 바람이 강할 때 물결은 넓어지고 모래톱 오선지도 함께 굵게 팬다. 물이 맑고 생기가 살아있을 때 모래결은 선명해지지만 물이 흐릿하고 더러울 때는 모래결 선마다 비릿한 상처가 걸려있다. '연동의 법칙'[1] 이다. 자연은 거짓을 모르기 때문이다. 법정스님께서 이야기하는 '맑고 향기롭게'는 자연의 연동법칙과 같은 것이라 생각된다. 마음이 맑고 세상이 향기롭고 자연이 맑고 향기로워지기 위해서는 노자의 도덕경에서 말하는 '상선약수'[2]의 뜻이 지켜져야 하고 그러기 위해 물을 함부로 가두지 말아야한다는 의미가 짙게 녹아있음이 느껴진다.

　낙동강 하구에 이상한 조짐이 나타났다. 나의 낙동강 청년기라고 할 수 있는 70년대는 시인·묵객은 물론이고 수많은 사람들이 이곳을 찾아 아름다운 낭만을 건져 갔지만 지금은 발길을 끊어버린 그들 대신 환경지킴이들이 분주한 발걸음을 하고 있다. 웬만한 맑은 날씨가 아니면 끝이 보이지 않을 정도로 넓고 광활한 하구 기수역에서, 수도 셀 수 없는 철새 떼들이 생명잔치의 진수를 보여 주었지만 자꾸만 줄어가는 이들 종수와 개체수 때문에 지킴이들은 한 시도 눈을 뗄 수 없는 것이다. 그리 멀지 않은 옛날 이곳의 신비한 아름다

1_ 시계의 복잡한 조직이 만들어내는 일치성처럼, 모든 것이 유기적으로 연결되어 있어 하나의 작용이 또 다른 하나의 작용으로 연결되는 것처럼 자연의 움직임도 이와 비슷하다.

2_ 노자의 '도덕경'에서 나온 교리로 '물은 세상에서 제일의 선함이며 순리의 거울이다.'라는 뜻을 가지고 있음.

움을 담아내던 카메라꾼들 대신 철새들이 염려되어 그들의 움직임을 계속 관찰하는 지킴이들 카메라가 훨씬 많아졌다. 자유와 낭만으로 푸근하게 발걸음 하던 나그네 대신 양 미간을 잔뜩 좁혀 하구를 경계하는 감시자들이 늘고 있다. '천연기념물 제179호'[1]인 동양 최대 철새도래지 낙동강 하구에서 잃어버린 대자연의 기운을 되찾아 주려고 노력하는 양심들이다. 활공을 향한 긴 날갯짓의 고니 떼가 예처럼 훨훨 찾아들고, 일몰 때마다 서녘 하늘을 뒤덮는 기러기 떼들의 대군무를 다시금 이 땅에 선사하기 위해 그들은 행동하고 있다.

낙동강 하구에도 송광사 불일암에서 만났던 바람과 물결의 인연이 있다. 다른 것이 있다면 '끼어듦'이다. 개발의 욕망이 치고 들어오는 일방성이 이곳에 특별하게 많은 것이다. 대도시를 곁에 둔 하구에서 필요한 것은 절제다. 절제의 도를 넘치면 침입이 되고 침입이 반복되면 실종이라는 함정이 생길 수밖에 없다. 함정은 악순환의 근원지가 되기 때문에 우리 모두가 경계하는 것이다. 고니의 주요 먹이인 '새섬매자기' 식물이 자꾸만 줄어가는데도 뭇 사람들은 고니의 도래를 바라고 있다. 참으로 불편한 모순이지만 쉴 틈 없이 발품을 하는 지킴이들이 살아있어 희망이 있다. 내가 그들에게 깊은 사랑을 느끼는 것은 그들 스스로 희망을 포기하지 않기 때문이다.

1_ 1966년 7월에 지정된 낙동강 하구의 천연기념물 면적은 당초 247,933,884㎡이었다. 그러나 부산권의 도시개발 영역 확장에 따라 전체 7%인 17,510,764㎡가 해제되면서 '동양 최대의 철새 도래지'라 불리었던 명성이 점차적으로 퇴색되고 있다.

낙동강 하구

2_ 강의 길 생명의 길

●

낙동강 생명길 열어젖힌 구포 사람들

1930년 '대동제방'[1]을 설치하면서 낙동강의 주류였던 지금의 서낙동강이 '대동수문'[2]에 갇혀 버렸다. 그 때까지만 해도 샛강으로 흐르던 구포 쪽 '기찰강'이 현재의 낙동강 본류가 된 것이다. 1932년에 들어선 구포시장은 지금의 낙동강 자리에서 한참 나아가 자리를 잡고 있었으며 주변은 샛강을 끼고 있는 논밭이었다. 가까이는 구포사람들과 사상사람들이 이용했지만, 배를 타도 한참이나 가야하는 하구 쪽 명지사람들과 상류 쪽 창녕 남지사람들까지 드나들었다 하니 보통 큰 시장이 아니었던 것 같다. 알려지기로는 구포 소금 배가 안동까지 소금을 나르고 그 소금으로 동해에서 달구지로 싣고 오는 고등어에 뿌려 간고등어를 만들었다지만, 사실은 명지 염전에서 구포 건너편의 대동 산산대시장에 실어 날랐다 한다. 조선시대 때부터 시작된 소금시장은 나락 한 가마니에 소금 두 가마로 거래

1_ 낙동강의 하류 물길을 바꾸기 위해 제방을 만들면서 원래의 낙동강 물길(현 서낙동강)을 지금의 본류로 유인하기 위해 만든 제방.
2_ 대동제방을 설치한 후 물길이 끊겨버린 서낙동강으로 유지수량을 공급하기 위해 만든 양수공급형의 수문.

되었다 하니 그 때의 소금 가치를 새삼 알 것 같다.

평생을 구포지역에서 살고 있는 낙동문화원 백이성 원장은 구포 사람들을 지극히 사랑하고 있다. 사람들뿐만 아니라 그곳의 역사를 속속들이 꿰고 있다. 그래서인지 청빈한 생활을 지키면서도 몇 십 년 간 문화원을 만들어 놓고 애향심의 씨앗을 뿌려주고 있다.

백이성 원장께 물어본다.

"낙동강 하구에 생태 기수역이 있다면 구포는 생활계의 기수지 대라고 생각됩니다." 하니 참 맞는 말이라며 맞장구를 치며 열변을 토한다.

"1905년 경부선 단선 철도가 들어서도 사람들 왕래가 부쩍 많아 졌습니다. 1930년에 대동제방을 만들면서 1934년 완공될 때까지도 그랬었고, 구포와 김해 쪽 대저를 잇는 구포다리를 놓고 나서는 사 람과 물류가 늘 가득 찼습니다. 하굿둑 기수역의 먹이사슬같이 매 일매일 거래가 이루어졌으니까요."

1930년부터 34년까지 제방과 시장이 생기고 다리가 만들어지고 나서부터 구포는 지금의 도시 틀로 하루가 다르게 발전해 왔다. 샛 강 가에서 한가롭게 살아가던 사람들이 갑자기 들이닥친 문명의 물 결에 휩싸이면서 차츰차츰 성격까지 변해갔다. 부산 동래의 변방에 웅크리고 있는 강가 마을에 하루에 몇 번씩 기차가 오가고 제법 큰 다리로 많은 사람들이 왕래하게 되니 마을의 정서도, 사람들 성격 도 바뀔 수밖에 없었을 것이다.

"원장님, 그 때의 구포사람들 기질은 어땠습니까?"

"딱히 어떻다고 말하기 그렇습니다만, 순박했습니다. 낙동강의 물길이 바뀌기 전까지 생활의 근본 바탕은 농사였습니다. 고성진나루, 연등진나루 같은 곳이 4개나 있어 일부는 명지 바다까지 나가서 고기를 잡아오기도 했습니다만, 이 곳 사람들 본바탕은 순박했고요 한편으론 질긴 근성을 가지고 있었습니다."

사실 그랬다. 강가에 사는 사람들 대부분이 부드러우면서도 질긴 특성을 가지고 있었으니까.

"그런데 이곳이 개화되기 시작하고서는 텃세가 생겼습니다. 원래 이곳 사람들은 남한테 지기 싫어하는 독특한 근성이 있었습니다. 외부로부터 갑자기 많은 사람들이 몰려오니까 텃세가 발동한 거죠. 제방으로 강에 갇혀버린 김해 대저사람들하고는 패싸움이 자주 일어났고요."

백 원장은 승전담을 전해 주면서 표정에 기운을 가득 담는다.

몇 십 년 전까지 유유 창창하던 본류의 물길이 해가 갈수록 오염에 물들어가자 이곳에 살고 있는 박용수 선생이 파수꾼의 깃발을 든다. 구포 윗마을인 물금에서 태어나 구포역 쪽으로 이사 온 후 낙동강은 그의 인생에 새로운 이정표가 되었다.

백이성 원장이 낙동강의 문화파수꾼이라면 박 선생은 이곳의 유일한 환경파수꾼이자 진정한 낙동강지킴이다. 언제 보아도 소중한 사진이라고 생각되는 그의 환경고발 사진 500여점은 그 시절 아무도 하지 않던 일이었으며 돈 한 푼 생기지 않는 일이었음에 그 가치가 더욱 큰 것이다.

상류에서 일어난 중금속 오염으로 허연 배를 뒤집어 떠내려 오는 물고기 사진들과 강가 기슭마다 엉켜 들어붙은 농약 폐기물 · 쓰레기가 고스란히 그의 사진에 담겨있다. 큰 비 한번 오고나면 낙동강 하류

쪽 '둔치'[1]는 거대한 쓰레기 더미가 만든 설치 미술장이 된다.

이 같은 현장의 증거물이 그이 카메라 속으로 들어가서 오염의 증거물이 된다. 중금속 오염 낙동강 본류 수계에는 지금도 산업단지가 많아 여러 곳에서 오염 감시가 이뤄지고 있지만, 산업화 초기인 60년도부터 70년대까지는 무방비로 강을 오염시켰다. 이 때문에 마치 정례적인 행사처럼 물고기들이 떼죽음을 당하기도 했었다. 지금까지 100회가 넘는 순회 고발전은 많은 사람들에게 자각이라는 교훈을 주었으며 환갑이 지난 지금에도 그의 발품은 계속되고 있다.

●
흐름과 나눔의 숨결 같은 강

한반도 1대간 1정간 13정맥이 국토의 뼈대라면 낙동강을 비롯한 4대강은 민족의 젖줄이다. 4대강은 남해로 한 개 흐르고 세 개는 서해로 빠져든다. 강원도 태백에서부터 큰 '열린 ㄷ자'(낙동강 줄기 형태)로 흘러내려 남해에 풍덩 빠진 낙동강은 나란히 서해 바다로 들어온 한강·금강·영산강과 만나 태평양의 물결이 된다.

신기한 것은, 4대강 물길이 시작되는 곳의 발원지 언어에는 한결같이 용의 전설이 있다는 점이다. 한강의 검룡소와 영산강의 용소는 승천하지 못한 용이 이야기가 있고 금강의 뜬봉샘에도 이성계의

1_ 강의 1차 제방(자연제방)으로서 강이 만들어내는 식생들이 생태살림을 차리는 곳이지만 지나친 주변 개발과 둔치의 이용으로 인해 원래의 자연성이 퇴색되어 가고 있다.

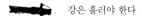 강은 흘러야 한다

무지개봉황이란 전설이 있듯이 낙동강에도 있다. 발원샘 아랫마을에 있는 구문소는 백룡과 청룡의 자리싸움에서 비롯되었다고 제법 구체적으로 전해져 오고 있다.

풍수론에서 용을 물이라 하기 때문일까. 아니면 수많은 하천들을 끌어 모아 먼 길 가야하는 강물에 기운을 보태기 위해서일까도 생각되지만, 그건 아닌 것 같다. 아마 신비한 상징을 통해 신성불가침을 말한 것 같은 느낌이 든다. 아무리 만물의 영장이라도 큰 강을 만드는 발원샘의 신성함을 함부로 건드려서는 안 된다는 어떤 금기의 의미로 용을 등장시킨 것 같다.

우리나라 4대강 발원지에 등장한 용들이 하나같이 승천하지 못하고 이무기가 되어버리고(한강 검룡소) 가마골 계곡 바위에 처박혀 죽었다는(영산강 용소) 전설을 통해 우리 선조들의 의식적인 심성이 느껴지는 것이다. '산자분수령(山自分水嶺)'[1] 같은 물길의 정신도 있지만 물을 대하는 도리에서도 어떤 길이 올바른 것인가를 깨우쳐주는 것 같다.

강은 두 가지 길로써 우리와 호흡한다. 하나는 위쪽에서 아래쪽으로 흐르면서 만드는 물길이고, 다른 하나는 강을 건너는 길이 있다. 위에서 아래로 흐르는 물길이 자연의 길이라면 강을 가로질러 건너는 길은 생활의 길이자 소통의 공간이다. 낙동강은 다른 강에 비해 가로질러 오가는 강길이 유난히 많다.

1_ 산은 스스로 물을 가르는 고개라는 뜻이다. 고산자 김정호 선생이 산과 강의 필연적 자연관계를 정의한 것으로 '산은 물을 가른다.' '산은 물을 건너지 못하고 물은 산을 넘지 못한다.' 는 등 서로 공존하며 제 할 도리를 다하는 자연의 순리를 말하기도 한다.

가로질러 오가는 길, 나룻길을 말한다. 나루야 말로 강이 인간에게 할 수 있는 최상의 소통 공간이자 교섭 창구다. 나루가 많다는 것은 그만큼 시장이 발달했으며 무역이 왕성했다는 증거다. 나루는 큰 나루와 작은 나루가 있었다. 영남대로가 본격적으로 시작되는 양산 물금나루가 큰 나루였는데 바로 아래쪽의 월당·월평나루와 몇 걸음 위의 화제나루는 물금나루의 새끼나루 같은 작은 나루다.

강의 하천망으로 치면 큰 나루는 대지류의 몫이고 작은 나루는 소하천의 영역과 같은 이치다. 구포지방 나루터를 기점으로 거꾸로 오르다보면 낙동강의 하류 쪽에는 양산의 물금나루, 원동의 가야진나루, 삼랑진의 작원진나루, '오우진나루'[1], 창녕의 임해진나루, 길곡의 요강나루 등과 중류 쪽의 창녕 박진나루, 의령 신반나루, 합천 적포나루, 율지나루, 구지 대암나루, 고령 개포나루, 개진나루, 현풍 강정나루, 달성 사문진나루, 죽나루 등이 있었고 상류 쪽으로는 왜관 낙산나루, 남율나루, 구미 비산나루, 해평나루, 선산 낙산나루, 의성 낙정나루, '상주 낙동(낙단)나루'[2] 등이 큰 나루 기능을 가지고 있었다. 산업화 이후 큰 나루마다 대부분이 교량으로 바뀐 것으로 보아 그때의 나루터도 중요한 교통의 요충지였고 무역과 문화 소통의 중심지가 되었을 것이다.

물금나루는 부산에서 상수원의 25% 가량을 취수하는 물금취수장 바로 아래편에 있다. 나루 문턱을 나서면 영남대로의 검문소가 있었다. 나룻배에 싣지 못하는 물품들을 달구지에 실어 우마차 전

1_ 낙동강과 밀양강이 합수되는 삼랑진 삼랑리에 있는 나루터로서, 이곳에 사는 5형제의 형제애가 특별하게 남달라 그 뜻을 기리기 위해 지은 이름.

2_ 낙동강 큰 나루의 종점지. 큰 나루답게 시장이 활발했으며 군사와 교통의 중심지였다._

용 도로인 오봉산 영남대로 길로 보냈지만 과객이나 상인, 행인들
은 영남대로의 지방도로명인 '황산잔도'[1]의 좁은 강변길을 통해 오
르내렸다 한다.

물금나루가 특별한 의미를 가지는 것은 가야와 신라가 낙동강을
경계로 대치하고 있었기 때문이다. 신라 가야시절 한 때 낙동강의
모든 나루는 통상이 금지되었다 한다. 그러나 유일하게 물금나루에
서만큼은 예외를 두어 '이곳에서만큼은 통상을 금하지 않는다.'는 국
가 간의 약속을 이끌어 낸 장소이기에 특별한 곳으로 여기고 있다.

물금나루가 상생과 배려의 터전이라면 약 10km 안팎 상류에 있
는 원동 가야진나루는 상생의 기억보다는 침략과 징벌의 기운이 강
한 곳이다.

물금에서는 통상을 열어놓고 신라가 가야를 정벌할 때는 이곳을 낙
동강의 건널목으로 삼았기 때문이다.

가야진나루는 한편으로 제례의식을 행하는 공간이다. 가야진나
루 위 용소는 수심이 27m나 되어 조선 태종6년(1406) 때부터 이
곳에 방백수령들을 모아 일상의 기우제와 정례적인 용신제를 지낸
곳이다. 원래 지금의 강변에 '가야진사'라는 사당을 지어 모셨으나
큰 태풍 때마다 범람으로 인한 침수가 잦아 경부선 철도 건너편 산
자락으로 옮겼다가 다시 제자리에 모셔왔다. 경남도 무형문화재 제
19호인 '가야진용신제'의 복원을 위해 밤낮 가리지 않고 뛰어다니
던 주장근 선생께서 "용신제 물품은 사당과 함께 늘 한 곳에 있어

1_ 영남대로인 밀양에서 물금까지의 하류 구간이었으며 강변 절벽길이 많아 오가기는 불편했
  지만 경관은 더할 나위 없이 아름다운 곳이다.

야한다." 라시며 틈 날 때마다 제례물품을 만지작거리던 모습이 눈에 선하다. 가야진사 안벽에 청룡 두 마리와 황룡 한 마리가 그려진 삼룡도가 걸려있다. 그래서인지 용신제 때의 제상 위에는 반드시 주 선생께서 반짝반짝 닦아 놓은 메(제삿밥) 세 그릇과 탕 세 그릇이 정연히 놓여져 있다.

나는 고운 최치원 선생께서 발품으로 이름 지으신 오봉산 '임경대'에 찾아갈 때마다 깎아지른 절벽 끝에 쪼그려 앉는 버릇이 있다. 앞이 훤히 트인 넓은 강굽이 돌면 가야진사가 다소곳하게 있고 그곳에서 가뭄 때마다 제수 품으로 몸 바쳐지는 돼지 한 마리 때문이다.

'침하돈! 침하돈!'[1] 하는 기우제 참석자들의 간절한 목 쉰 소리가 끝나면 얼마 있지 않아 거짓말 같이 비가 내린다 하니 그것이 무슨 연유인가 싶어서다. 발원지마다 승천하지 못한 용들의 언어가 남아있고, 기우제가 차려지는 강변마다 돼지가 산 채로 바쳐지는데 그 세상 안에서 함께 살아가는 우리는 도대체 무슨 생각으로 저 강을 쳐다보는가? 싶어서다.

흐름으로 자연의 본분을 다하고, 나누기도 거두기도 쉼 없이 다한 강이어서 그런가. 그 옛날 숨결 같았던 부드럽던 자태가 뿌옇게 바래지다 못해 살점마저 뭉텅뭉텅 잘려나간 환상으로 다가온다.

엊그제 들은 얘기로, 4대강 정비 사업으로 낙동강 가야진사가 수몰될 것이라 한다. 강폭을 넓히기 위한 절개사업에서 가야진사가

1_ 용신제나 기우제를 지낼 때 제물로 돼지를 물속에 던져 바치면서 참석자 모두가 기원음으로 소리치는 의식. 제물로 바친 돼지가 강바닥에 가라앉을 때까지 이 소리를 그치지 않았다 한다.

 강은 흘러야 한다

임경대에서 바라본 낙동강

때문이다. 현재의 가아진사가 있는 곳은 강에서 불과 80여 미터 밖에 안 되기 때문에 하늘의 뺙이 몇 개 있어도 이곳은 수몰될 수밖에 없는데 어찌 제정신으로 임경대에 서 있겠는가.

천하의 인재였던 최치원 선생, 신라 말 세상운수에 한계를 느껴 벼슬을 훌훌 벗어 던져버리고 수려한 우리의 산천을 찾던 풍류길 중에 이곳의 임경대에 이르러 쓴 시 한 편이 갑자기 시공을 초월하여 낙동강에 풍덩 빠져 버린다.

안개 낀 산 뺙뺙하고 강물은 넘실넘실
거울 속인가 푸른 산 마주하였네.
외로운 돛단배 바람 안고 어디로 가는가
새처럼 언뜻 지나쳐 자취가 없네.

굽이 따라 자리 깔은 '영남대로'

부산 동래에서 경북 문경까지 이어지는 950리길 영남대로는 낙동강의 동반자다. 낙동강은 물의 길이고 영남대로는 땅의 길이 되어 함께 흐른다. 누가 말했던가, 굽이굽이 물길 가에 고개고개의 발길이 있다고.

동래-물금-밀양-경산, 하양-대구-칠곡-구미, 사창-상주, 낙동-점촌-문경새재의 길은 강의 결을 따라 만들어진 길이기에 그리 큰 고개가 없지만 식솔 많은 가난한 가장의 살림살이처럼 매사가 고개 넘기 같은 것이었다.

강가의 논밭에서 농사짓는 소작농민은 소작료 내기에 허리띠 졸라매야 하는데 만약에 늦여름 홍수나 봄철 농번기에 큰 가뭄이라도 닥치면 그들이 내뿜어 내는 긴 한 숨은 영남대로 돌부리에 걸려 한 치 앞으로도 가지 못한다. 그 한숨들이 쌓여 고개가 만들어진다. 풍년이 들어 찰진 발걸음들이 들썩거리며 지나가고 새로 부임하는 방백수령 행렬이 쿵쾅거리며 지나가도 한치 앞으로 벗어나지 못한 원주민의 팍팍한 삶은 그 길속에 그대로 묻혀 있다. 이 길을 몇 자만 파헤쳐 내면 임진란 때의 말발굽 소리와 6.25 때의 핏방울이 산화하지 못한 채 그대로 묻혀 있을 것이다.

고산자 김정호 선생은 〈대동지지〉에서 반도 10개 대로를 국토의 큰 길이라 했다. 그중에서 전남 해남에서 시작하여 한양에 이르는 삼남대로(970리)와 영남대로를 으뜸으로 쳤다한다. 이때의 영남대로는 동래에서 문경새재까지(267km)에다 충주 살미부터 한양까지 (182km) 연결된 도로를 총칭하여 불렀으며, 총 거리가 449km나 된 다.

그러나 일반적으로 영남인들은 동래에서 문경새재까지를 영남대 로로 인식하고 있다. 영남대로에는 낙동강과 더불어 수많은 인걸과 역사문화 흔적이 곳곳에 배어 있고 강가의 무수한 절경은 이것들의 아름다움을 한층 북돋아 준다. 그래서인지 예부터 봇짐 짊어진 풍 류객들이 쉬어 갈 곳 많고 배워갈 것 많은 이곳에서 유유자적을 즐 겼다고 한다. 지금은 경부선 철도가 자리를 빼앗았지만 천태산 자락 비탈진 강변길은 아래쪽 물금으로부터 이어져오는 황산잔도 길이다.

삼랑진 초입부 급경사로 비탈진 곳에 영남대로의 4개 관문 중 하 나인 '작원관'이 있었다. 까치들이 즐겨 찾아 사람들을 반긴다하여 이름 붙여진 작원관은 문경새재의 조령관, 조곡관, 주흘관을 거쳐 서는 제4문이 되지만 동래에서 대로를 따라 올라갈 때는 제1문이 된다. 1905년 경부선 단선철도가 놓일 때까지는 옛 자리인 강변 터 에 그대로 있었지만 1930년대 중반 복선 철도가 개설되면서 작원 관은 헐리게 되었다. 이름만 덩그렇게 남았지만 형체는 없는 이 작 원관을 복원시키기 위해 삼랑진의 마을 원로이신 송만술 선생은 젊 은이들보다 더한 열정으로 발품을 팠다.

그때 젊은 나이로 따라 다니는 나에게 손을 꼭 잡으시며, "김 군, 이 일을 우리가 하지 않으면 아무도 할 사람이 없어! 작원관을 하 루 빨리 복원시켜서 삼랑진과 낙동강의 체면을 되찾아주어야 해!"

아랫마을 가야진사를 복원하고자 노력하는 주장근 선생한테서도

느꼈지만 '이 같은 지극정성이 낙동강의 힘이구나' 생각했다. 달리
할 말을 찾지 못하던 내가 "선생님, 지성이면 감천이라 했잖습니까.
작원관은 곧 복원될 것입니다. 힘을 내셔야죠." 하니 내 어깨를 툭
치며 싱긋 웃으신다. 옛날 있었던 자리에서 조금은 위로 올라가 복
원되어 있는 작원관을 볼 때마다 돌아가신 송만술 선생이 그리워진
다. 삼랑진중학교에서 교장 선생님으로 계실 때부터 '삼랑진팔경'[1]
을 만들어 애향심을 일깨워 주던 모습에 그저 고개가 숙여진다.

영남대로의 작원관 황산잔도 강물 속에는 아직까지 천도하지 못
한 300명의 원혼이 잠겨 있다. 왜장 소서행장이 이끄는 18,000명
의 왜군을 맞아 단 300여명의 군사로 대항하던 밀양부사 박 진 장
군은 중과부적으로 패배할 수밖에 없었다. 1560년 밀양에서 태어
나 1597년에 세상을 떠날 때까지 조선 선조 때의 이름난 무신으로
활약했던 박 진 장군은 임진왜란이 일어나던 1592년에 밀양부사에
부임해 왔다. 부임하자마자 일어난 소서행장과의 작원전투에서 중
과부적으로 인한 안타까운 패배를 당한 것이다. 이후 경상도 병마
절도사가 된 박 진 장군은 임진란 때 가토 기요마사의 선봉장이었
던 '사이카'라는 장수의 항복을 받아들여 여러 전투에서 그를 군사
로 기용하면서 신뢰를 보냈다 한다. 사이카는 김충선이란 한국 이
름으로 개명한 뒤 한국 땅에서 여생을 마쳤다 한다. 다음의 시는 평
소 그를 깊이 신뢰해 준 장군에게 자신의 안타까운 마음을 담아 김
충선이란 이름으로 바친 내용이다.

1_ 삼랑진중학교 교장을 지낸 지역 원로 송만술 선생이 생전에 지정하여 주민과 더불어 애향
　운동을 펼친 곳으로 국로숲, 상록숲, 오우진나루, 유도과원, 만어산, 천태대지, 낙동철교,
　조창(조세창고) 등이 8경에 해당된다.

　　강은 흘러야 한다

남풍이 건듯 부니 고향 소식 가져온가

황급히 일어나니 그어이 광풍인가

홀연한 바람 소리 보이지 않네

허탈히 탄식하고 망연히 앉았으니

이내 생전에 골육지친 소식 알 길 없어

글로 설워하노라

영남대로 문경새재 요새를 포기하고 남한강 평지 탄금대에서 8,000명이나 되는 군사를 잃어버리고 패전한 신 립 장군에 비하여 300명의 박 진 군사는 그래서인지 더욱 안타까워 지는 것이다.

●

모래의 표정, 강의 목소리

낙동강은 휘어져 돌아 올라가고 영남대로는 강과 유역을 가로질러 오른다. 경치나 문화적 자양분을 중시하면 당연히 낙동강변 길이 최고지만 영남대로는 가장 빨리 갈 수 있는 길이다. 영남에서 한양까지 가는 세 개의 고갯길은 문경새재를 기준으로 좌측으로 추풍령이 있고 우측으로 죽령이 있지만 빨리 갈 수 있으면서 아름다운 경치가 있는 영남대로가 단연 으뜸으로 꼽혀온 것이다.

요산 김정한 선생의 '뒷기미나루'란 작품으로 유명한 오우진나루는 낙동강과 영남대로가 잠시 헤어져야 하는 분기점이다. 영남대로는 밀양-청도-경산-대구로 가야하고 낙동강은 수산-본포-학포-남지를 거쳐 대구로 가기 때문이다. 대구에서 다시 만나 그때부터 사이좋게 문경새재까지 함께 간다.

뒷기미나루는 강의 분기점이자 합수지다. 이곳은 대구 금호강과 낙동강이 만나는 화원동산 앞 강물처럼 두 가지 물빛으로 강을 꾸민다. 밀양강 물빛은 맑고 고운 연청색이지만 낙동강 본류는 깊은 탁도를 가진 검푸른 색깔이다. 이와는 정반대로 대구 화원동산 앞 본류는 밀양강 같은 연청색이지만 지류인 금호강은 아예 푸르름이 없는 검붉은 색이다. 같은 낙동강의 물이지만 살아온 과정이 너무 다른 상징적인 비교의 현장이다.

강에서 물이 깨끗하면 모래도 은빛이 된다. 자세히 살펴보면 강은 물길만이 아닌 다양한 생명들이 서로 함께 살려고 움직이는 공간이다. 여러 개의 개체들이 함께 섞여 생명이라는 공동선을 생성하고 있는 자연의 생산지다. 이러한 자연 관계에서 강의 모래는 자연 생명의 기반이 되고 환경의 지표가 된다. 그래서 현재 나타나 있는 모래의 표정이 중요하다.

모래의 표정! 그 표정을 느낄 수 있는 공간, 가까이로는 신발을 벗고 모래톱이 있는 얕은 물결에 다가갈 수도 있겠지만 멀리에서도 충분한 느낌을 받을 수 있는 곳이 있다.

강과 육지의 경계를 이루는 지점에 자리 잡은 자연의 '결자리', 즉 강변길이다. 일부러 만든 인위적인 길도 있지만 육지의 최저지대를 만든 충적현상에서 일어난 적당한 표고점이 모래 표정의 관찰지다. 강은 바다와 달리 물을 한시적으로 정체시키는 곳이다. 강바닥을 이루고 있는 경사도가 자연작용을 일으키면서 제자리에 두지 않기 때문이다. 바다와 또 다른 것은 하나의 일정한 물 공간이 될 수 없는 곳이다. 충적작용의 다양성으로 각기 다른 높이를 가진 하천들이 조직망을 가지고 강수량과 같은 자연 조건에 맞는 연동성을 가지고 있기 때문이다. 그래서 많은 사람들은 강을 두고 '흐름이 살아 있어야 할 곳'으로 인식하고 그 흐름을 증거 할 연동체로 모래를 생각하고 있다.

모래는 갇혀 있는 물체가 아니다. 물과 함께 움직이려는 성질이 있다. 산간에 박혀 있는 돌들이 물의 수력작용을 받아 공간 이동을 하며 변화된 것이 강의 모래다. 강으로 들어와서 강물과 작용하는 각종 유기물질을 침전시켜 수용하는 기능만으로 볼 때도 모래는 자연 생명의 기반이 되고 강 환경을 읽어내는 지표가 되기에 충분한 것이다.

모래는 깊은 강을 싫어할 것이다. 물의 운동량에 대한 '동화 면적'[1]이 줄어들고 물이 깊으면 '통수단면적'[2]이 늘어나고 상대적으로 수변 생태공간이 적어져 자신의 운신에 상당한 영향을 주게 된다. 투명한 봄날, 겨울 동안의 긴 잠에서 깨어난 많은 생명들이 한결같이 강으로 찾아올 텐데 그들과 함께 할 순환의 스킨십도 할 수 없기 때문이다.

서쪽으로 백두대간, 동쪽으로 낙동정맥, 남쪽으로는 낙남정맥

1_ 모래에 의지하는 강의 식생들이 움직이는 공간. 강물이 많아질수록 모래터는 줄어들고, 비례하여 식생의 개체수도 적어지는 현상을 말함.

2_ 강과 하천의 전체 폭에 대한 물길의 넓이와 면적. 지점별로 정하는 구간 단면과 하천 전체를 대상으로 보는 방법이 있다.

주남저수지의 여명 속에 비치는 낙동강 생명의 순환

이 병풍처럼 둘러싼 낙동강은 대간과 정맥들의 산줄기에서 뻗어내려 놓은 각 급의 크고 작은 산들이 있어 이곳의 하천들은 상대적으로 아기자기한 구비가 많고 풍광이 수려하다. 구비가 많고 자연 경치가 다양한 반면, 주로 여름철에 집중적으로 쏟아지는 강수량으로 인해 중부 내륙을 중심으로 열려있는 본류는 때때로 물 폭탄에 휩싸인다. 그래서인지 낙동강은 우리나라의 다른 강에 비해 습지나 늪이 많다. 우리나라 최대 면적의 자연범람원 습지인 창녕 우포늪과 대홍수 이후 강으로 되돌아가지 못한 상태에서 큰 저수지 지형으로 변한 주남저수지가 중요한 사례다.

솥뚜껑을 거꾸로 놓은 지형이라 전형적인 자연 늪지대로 발전할 수밖에 없는 우포늪은 그야말로 생태계의 보고가 되어 있고, 큰 홍수 뒤 쌓은 낙동강 제방 때문에 돌아갈래야 갈 수도 없는 입장에 처한 주남저수지의 물은 저습지 생물이 살기 시작하면서 이들을 먹이로 삼고 있는 철새들의 천국이 되어 있다.

낙동강은 하구에서 안동까지 표고차가 80여 미터 밖에 되지 않기 때문에 사방으로 둘러싼 1000고지 급의 산악에서 발생하는 순간 수량은 가히 폭발적이라 해도 과언이 아니다. 이와 같은 지형환경 특성으로 발달된 곳곳의 저습지는 소중한 생태 식물들을 번식시키면서 모든 지구인들이 염원하는 '종다양성'[1]이란 생태언어를 지켜주고 있다.

일상 속의 생활의식에서, 강은 인간의 입장에서만 필요한 자연의 대상이었고 자원이었다. 강이 지니고 품어 있는 다양한 생명체들과 함께 살 수 있는 길보다는 인간의 길, 인간이 필요로 하는 개발의 길만을 선택하였다. 인간의 욕망이 하나씩 채워지는 순간마다 생태계 역시 하나씩 파괴되고 실종되어 갔다. 강 생태계에 대한 충분한 배려와 심각힐 징도의 질세가 없나빈, 걸국은 인산만의 외로운 늪에 빠질 것이고 그 때까지 살아남은 다른 종들과 치열한 생존 경쟁을 할 수 밖에 없지 않겠는가.

내가 평소에 낙동강을 두고 '결결이 아름다운 옥빛 생명의 강'이라고 하는 속심은, 겉으로 드러난 강도 중요하지만 안으로 숨겨져 있는 끈질긴 순응이 순간순간 느낌으로 다가와서 따뜻함과 푸근함을 전해주기 때문이다. 낙동강이 엄마의 목소리로 말한다.

"나는 너희들을 끔찍이 사랑한단다. 가끔씩 다투기도 하겠지만 서로 미워하지 말아라."

상선약수의 뜻이 담겨 있다.

"어머니, 이제 우리가 당신을 사랑할 차례입니다." 라고 우리는 조용한 목소리로 답할 수밖에 없었다.

1_ 생태계 동·식물의 서식 형태. 일정한 생태 공간에 살아가는 종들이 많으면 많을수록 그 생태계는 건강하다고 판단하고 있다.

3_ 강! 이제부터 우리가 사랑할 차례다

●

임해진 가는 길

물이 흐르는가,

모래가 흐르는가.

분명, 물이 흐르고 있는데 물보다 모래가 흐르는 것 같다. 착시인가 싶어 가까이 다가갔더니 물이 너무 맑아 모래가 흐르는 것처럼 보인 것이다. 모래는 조금씩 꿈틀거리며 약간약간 움직이고 있을 뿐인데, 그때 물살 거슬러 올라가는 바람줄기가 있었다. 주변을 둘러보니 달뿌리풀 군락이 덩치 채로 조금씩 흔들린다. 몇 개의 옆 줄 그어놓은 듯한 물 밑 모래톱 사이로 쉬리 한 마리가 이름 모를 작은 물고기들과 어울려 우르르 몰려간다. 가는 방향이 아직까지 어른이 되지 못한 연버들 군락의 강섶이다. 연버들이 있는 곳에서 몇 걸음 떨어진 작은 모래섬에 백로 한 마리가 아까부터 물끄러미 나를 쳐다보고 있다.

창원 본포나루와 창녕 학포 사이로 거슬러 오르는 '임해진 가는 길'[1]은 아직까지 인간의 손때가 묻지 않은 자연 그대로의 강이다. 해

1_ 낙동강 하류의 나루터. 창녕의 부곡, 길곡과 함안 칠북, 창원 북면의 사람들이 서로 소통하던 나루터로서, 주변 풍광이 수려하다. 특징으로는 강의 양쪽에 온천이 발달해 있다. 강 동쪽은 부곡온천이, 강 서쪽은 마금산온천이 있다.

마다 때마다 수많은 학이 찾아와 살다간다 하여 지어진 이름이 학포라서 그런지 매년 9월 경 저 먼 남쪽인 남방으로 모두 돌아가는데 이곳에는 아예 눌러앉아 살아가는 백로들이 많다. 나는 이런 새들을 '눌새/기후 변화에 적응하여 한 곳에서 살아가는 새'라고 부른다.

백로를 쳐다보고 있으니 조선조 세종 때 영의정까지 지낸 이직 선생의 읊음시 한 수가 생각난다.

> 까마귀 검다하고 백로야 웃지 마라
> 겉이 검은 들 속조차 검을쏘냐
> 겉 희고 속 검은 손 너 뿐인가 하노라

옳은 일에는 굽힐 줄 모르는 청백한 선비가 읊은 시조의 속뜻을 되새기며 낙동강의 유유함과 꿋꿋함을 위한 짧은 기도를 올린다. 사실이다. 형재 이직 선생의 표현대로 털 뽑힌 백로 속살은 거무튀튀하고 까마귀는 하얗다. 두 마리의 새는 겉과 속이 완전히 뒤바뀐 색을 가지고 있다.

학포에서 임해진 가는 길은 깎아지른 벼랑길이었다. 비룡산 노리고개가 완만한 경사를 이루어 걷기가 힘들지 않았는데다 빼어난 풍광으로 흐르는 강까지 있으니, 풍류를 즐기는 시인 묵객들에겐 둘도 없는 발품장이었다. 주변에 마금산온천과 부곡온천이 있기 때문에 하루짜리 또는 1박2일짜리 트레킹 코스로 안성맞춤이다.

주남저수지에서 철새 보고, 본포나루의 '알 수 없는 세상'[1]이란 찻집에서 차 한잔한 뒤 학포를 거쳐 임해진 길을 걸어본 여행객들이 한결같이 "아! 너무 아름다워요"를 연발하는 것도 그만한 감동이 있기 때문이다. 1986년 군사작전도로로 확장되고부터는 쭉쭉 빵빵 포장되어 감동의 날개 한 짝이 달아났지만, 그 전의 흙냄새 짙은 산길일 때는 강과 풍경, 걷는 맛이 삼위일체 되어 마치 트라이앵글의 청아한 울림 같은 곳이었다.

낙동강에는 빼어난 아름다움을 지닌 강변산길이 참 많다. 깎아지른 벼랑을 터놓은 황산잔도길, 임해진 노리언덕길, 개 한 마리 근근이 지나갈 정도의 절묘함이 있는 남지 개비리길, 휘돌아 굽이치듯 절벽길 만든 개포 고갯길, 울창한 숲 속의 하빈 넝쿨길, 도산9곡으로 이어진 퇴계 예던길과 영남대로의 고모산성의 토끼비리길 등이 강의 운치를 한층 높여주는 곳이다. 이같이 소중한 강 길을 자연의 땅으로 보존시키는 방법은 없을까?

하늘이 준 자연, 자연이 준 젖줄의 길. 세상 어느 곳에도 같은 것이 없을 유일무이한 선물인데, 우리는 그 가치를 어느 정도 알고 있을까. 만약, 임해진 가는 길과 임해진으로 흐르는 강이 상처 없이 그대로 있다면 우리에게 어떤 행복이 다가올까? 1986년에 생각했던 군사작전도로가 지금도 유용한가에 대해 함께 생각해 볼 필요가 있지 않겠는가.

1_ 나루의 흔적으로 볼 수 있는 '주막이 있는 나루터'가 낙동강에 두 곳 있었는데 세월 풍파를 견디지 못해 역사 속으로 숨어 버렸다. 하나는 예천 삼강나루였는데 주모 유옥련 할머니가 세상을 떠나버렸고, 또 하나가 본포나루의 '알 수 없는 세상'인데 최근 제방 보강공사로 철거되어 버렸다. 이곳의 주모인 장윤정 씨가 온갖 곳에 진정하며 지키려 했지만 개발의 끈질긴 압력에 손을 놓아 버렸다. 옛 나루터에서 시 한 수 노래 한 곡 듣는 정취가 함께 사라져 버렸다.

때로는 풍선 끝이 되어 버리는 남지의 강

임해진나루에서 길곡 강변을 따라 올라가면 왠지 편안한 느낌이 든다. 강이 정연하기 때문이다. 너무 넓지도 좁지도 않은 강폭에 흐르는 물의 속도도 일정하다. 강 양안에 군데군데 들어서 있는 갯버들, 호랑버들, 연버들이 적당한 높이를 가진 둔치면으로 인해 안정감을 가져서일까. 아마도 강폭과 유속이 둔치에서 일어나는 편안함과 어울려서 그런 것 같다.

이처럼 편안한 곳에 이상한 현상이 발견되었다. 몇 년 전까지 강기슭에는 풀들이 우거져 볼 수 없었지만, 함안군에서 골재 채취장을 개설하고부터 나타나기 시작한 '하안단구'[1] 현상이 발견된 것이다. 골재를 파내기 위해 둔치 일부를 절개하다 보니 나타난 것이다.

하안단구란 지형학에서 하곡의 측면을 따라 계단상 지형으로 확장되는 지질 변화 현상으로 과거 강바닥 높이가 현재보다 높았음을 알려주는 증거가 된다. 하안단구는 갑자기 내리는 폭우 같은 기후 변화에서 하천 바닥이 연쇄적으로 침식하여 생기거나 수문학적인 다른 연유에서도 생긴다한다. 현장을 확인한 이상 지속적인 관찰과 공부가 필요할 것 같다. 우리 정부에서 경부운하를 만들려 할 때도, 현재 추진 중인 4대강 정비 사업에서도, 한결같이 '낙동강은 오염물질 퇴적으로 하상이 심각할 정도로 높아졌기 때문에 준설해야 한다.' 라고 강변했지만 낙동강 바닥은 눈을 씻고 보아도 높아지지

1_ 물줄기를 따라 강기슭에 생긴 계단형식 지층의 언덕. 이런 현상은 물의 침식작용이나 큰 태풍으로 영향 받는 지반 충격 등으로 형성된다. 낙동강에서 대표적으로 나타난 지대가 하류 본포에서 창녕 길곡의 낙동강이다.

않았으며 오히려 낮아진 곳이 많음을 어찌하랴. 오염물질이 영향을 준 축적층이 금호강 합수지 일부와 하구 쪽 특정 지점 말고는 깨끗한 하상이 대부분인 것도 밝혀두고 싶다.

본포-학포-임해진-길곡을 거슬러 올라가다가 창녕의 대표적인 젖줄인 계성천을 만나는 곳부터 낙동강은 또 한 번의 변신을 한다. 창녕군 도천면 우강리에서부터 남지읍까지 강의 모습은 거대한 개활지로서 마치 고구마 형체 같은 풍선 꼴이다. 상류 남강 합수지인 용산리부터 남지읍까지와 하류 본포리까지는 강 너비가 200m~300m 안쪽인데 반해 이곳의 개활지는 1km가 넘는다.

큰 비가 올 때마다 이곳을 찾게 되는 나의 느낌은 '아! 낙동강에도 수평선이 있구나!' 라는 경이로움이고 당혹감은 '저렇게 넓고 큰 물그릇이 없었다면 하류 쪽은 물 폭탄에 견딜 수 없었겠구나!' 하는 다행함과 '만약에 하구에서 태풍에다 해일까지 들이닥치면 이 부근 유역은 범람에서 헤어 나올 수 없는 지독한 고통에 빠지겠구나' 하는 염려가 교차되기 때문이다.

낙동강 함안과 창녕 남지의 커다란 '개활지'[1]는 큰 비가 올 때마다 세 곳에서 집중적인 물 공격을 받는다. 첫 번째는 본류에서 엄청난 힘으로 흘러드는 홍수 수량이고, 두 번째는 남강 권에서 발생하는 폭발적인 강습 수량이고, 또 하나는 함안 하천들의 '북천 수량'[2]이다.

1_ 하천 병목지 하천과 반대되는 하천 지형으로써 보통 일반 넓이의 2배 이상 되는 곳을 말한다. 병목하천은 상류 수량을 소통시키지 못해 범람을 일으키기도 하지만 개활 하천은 홍수 터 기능을 가지고 있다.

2_ 경남 함안군에 있는 하천은 대부분이 북천하천이다. 남쪽에는 산들이 병풍을 치고 하천 물길을 북쪽으로 밀어내기 때문이다. 함안의 북천 수량이 남강의 물과 만나 낙동강 본류의 드센 물과 범람을 일으키기도 할 때가 많다.

본류의 홍수 수량은 중·상류에 있는 700여개의 하천들이 일시에 쏟아내는 물의 힘을 받아 본류 전체가 만수위 상태로 밀려들고, 백두대간 종점지대인 지리산 권은 평소에도 중부 내륙지방의 강수량보다 500mm 정도가 많은데다 여름철 국지성 호우는 상상을 초월할 정도로 폭발력을 가지고 있기 때문에 제1차 영향권인 사천만은 물론이고 제2차 영향권에 속하는 이곳도 강습을 당할 수밖에 없는 것이다.

태풍 때마다 상습적으로 수재를 당하는 함안군 법수면 남강 유역은 함안 들판을 뒤덮는 범람의 큰 문이다. 토현제방과 백산제방을 높이 쌓아 놓았지만, 지정면의 낙동강 합수지에 켜져 있는 만수위의 정지 신호가 꼼짝달싹을 못하게 하는데 위쪽에서 거세게 치고 들어오는 위세당당한 물 세력을 어쩌란 말인가! 고스란히 삼킬 수밖에. 그래서 함안군은 큰 제방을 26개나 가지고 있고 그 길이만도 무려 62km나 된다. 우리가 함안군을 제방부자라고 일컫고 한 번씩 대한민국 경상남도 제방군이라고 부르는 것도 그 곳 사람들은 아픔일 것이다.

낙동강에서 발생하는 물 문제가 함안을 습지 천국으로 만들었다. 함안군 법수면의 백산제방과 토현제방이 물 공격을 일단 방어해 주지만 방어벽을 뚫고 들어간 물들은 본의 아니게 그곳에 인질로 잡혀버린다. 불행인지 다행인지 그곳은 우포늪보다는 얇은 솥뚜껑형의 저지대이기 때문이다. 창살 없는 감옥 같은 곳에 갇혀버린 물밭은 숙성과 발효를 거듭하다가 결국은 습지가 된다. 약 60여개의 크고 작은 습지에서 건강하게 살아남은 것이 대평늪과 질날늪, 옥수늪 등 7개 정도다. 함안과 마주 보고 있는 창녕 하류 남지 부근도 범람과 정체의 아픔을 같이 나누면서 계성천 제방을 하천용량에 비해 7배나 높게 쌓았고 신전늪과 대곡늪 같은 저습지를 끌어안고 있는 것이다.

낙동강에서 '수질 지표지점'[1]이 대구 금호강 합수지라면, '수량 지표지점'[2]은 남지의 넓은 개활지다. 정부가 수질목표 지표지점으로 대구 달성군 구지면 대암리로 정하고 수량관리 지표지점으로 경남 함안군 칠서면 진동리에 맞춰 놨지만 현장이 요구하는 달성 가치보다 지역 간 이해관계가 중시되는 제도는 결국은 '이해에 바탕을 둔 논리의 횡포'일 수도 있다. 내가 가끔 순회 사랑방을 열어 이야기하는 "논리가 현장을 지배해서는 안 됩니다. 현장에서 논리를 찾아내는 깊이 있는 추적만이 현장을 살리는 길입니다."

국가가 만든 2010년도까지의 수질목표는 수질 특성상 시계추처럼 왔다 갔다 하지만 목표를 정한 이듬해부터 달성된 곳이 많았다. 수질은 현장에 맞는 환경정책을 만들면 관리가 가능하지만 수량은 인간의 기술과 힘만으로 조정할 수 있는 것이 아니지 않는가.

우리가 우리의 강을 이제부터라도 진정 사랑하겠다면 아직까지 몸에 짙게 배어있는 인간 중심적 고정관념을 버려야 한다. 진정 사랑하려거든 낙동강 함안 법수면에서 이러지도 못하고 저러지도 못하는 물의 답답함과 소통해야 한다고 본다. 원래 물이 찾아드는 그곳에, 그 물이 자리 잡아 생활할 수 있도록 우리의 발상을 바꾼다면 남지의 범람원도 사천만의 주민들도 긴 한숨을 떨쳐낼 것이다.

1_ 2010년까지 낙동강 수질목표로 대암지점 2_9ppm/BOD, 물금지점 3_0ppm/BOD를 정했으나 2년 만인 2004년에 이미 목표달성이 이루어졌음.
2_ 경남 함안 진동 지점. 수질 목표달성의 상대적 배경인 수량에 있어 진동 지점 기준 84CMS를 정하였음(2002년).

●

물결 속에서 울려오는 생명의 종소리

나는 거의 평생 동안 강을 걸어 다닌 사람이다. 강을 좀 더 알고 싶었고, 또 강에 가면 마음이 편해서다. 그래서인지 몰라도 나는 낙동강 전체 유역에 237개의 지점을 정해놓고 때때로 불쑥불쑥 찾아간다. 이름하여 김상화의 '낙동강 생명 찾기 프로그램'이다.

몇 년 전부터 이런 일 외에 또 다른 방법으로 걷는다. 봇짐 속에 노트나 각종 기록지 대신에 땀수건과 약봉지 몇 개가 달랑이다. 동반자들도 한 두 명이 아닌 최소 몇 십 명 이상이다. 1973년 2월 6일 첫 종주 순례 후 30년 이상이 지난 뒤의 확대 재생산이다. 그간 생일만도 35회를 치렀으니까 관록이 붙을만하여 걸으면서 틈틈이 낙동강의 그간 연혁을 들려주기도 한다. 한 보름쯤 내리 걷다보면 대부분 발에 물집이 생기지만 동반자들은 잘도 견뎌낸다. 어쩌면 평생 한 번 하는 마음먹기식 걷기니까 인내심과 극기심이 생기는 모양이다. 거창하게 '도보순례'란 이름으로 걸으면서 비록 힘들었지만 얻는 게 참 많았다고 동반자들이 이구동성으로 말한다. 하기야 늘 마음속에만 그려 넣었던 강이 현장을 만나면서 제대로 된 색깔을 얻었으니 그럴 만도 하겠다.

걷는 중에 그들은 수없이 많은 사람들을 만난다. 각 지역에 응원과 지원 나온 유역 주민도 만나 교분을 쌓기도 하지만 아주 먼 역사 속 귀인들도 스스럼없이 만날 수 있어서 너무 좋단다. 깎아지른 산곡 비리길에서 농암 이현보 선생과 퇴계 이 황 선생을 앞뒤에 세워 함께 걷기도 하고 시와 노래도 함께 불렀단다. 육사 선생 앞마당에 모닥불 피워놓고 정민 씨는 '청포도'를, 문숙 씨는 '광야에서'를 읊었단다.

어디 만난 것이 사람뿐이겠나. 자연하천 시대의 자연제방은 어떤 것이었으며 그때의 물난리와, 그 물난리 때문에 생긴 '인공제방'[1] 이야기, 본류제방이 왜 자꾸 높아져야 하는지에 관한 치수와 수리시설 지식까지 꿰뚫어 만났단다. 지금 내가 앉아있는 박진교 제방으로 예닐곱 사람들이 노란색으로 물든 깃발을 앞세워 아래쪽으로 걸어가고 있다. 저들도 걷기를 통해 낙동강을 만나는 것 같다. 6.25 때 박진전투가 벌어진 창녕군 남지읍 월하리, 대곡리는 나에겐 가슴 아린 추억이 있는 곳이다.

1973년 9월 제2차 도보순례 때, 지금은 돌아가셨지만 그때의 마을 이장님으로부터 박진전투 참상을 듣고는 예정에 없던 캠프를 칠 수밖에 없었다. 적군과 아군의 치열한 교전 속에 나타난 미군의 폭격기는 융단폭격을 퍼부었고 이 폭격으로 순식간에 박진 낙동강은 핏빛의 강이 되고 물고기나 살아갈 강섶은 아비규환으로 쓰러져 간 시체들의 수장지였다고 들려주었기 때문이다. 밤이 이슥해 질 때쯤 어른들이 돌아가자 봇짐 속에 있는 오선지를 꺼내 그 때 그 날의 느낌을 상상하며 '박진의 메아리'란 노래를 작곡하였다.

들리구나 들려! 박진 밤하늘 그날의 소리—

보이구나 보여! 박진 강물에 그날의 모습—

소리소리 징소리 살신구국의 엉킨 소리

1_ 강의 제방 개념엔 자연제방(1차 제방)과 2차 제방인 인공제방이 있다. 주로 홍수방어벽 용도로 제방을 쌓으며 홍수 빈도를 예측해 높이를 정한다. 지금까지 100년 빈도에 맞춰 오면서 본류는 약 7m 였으나 지금은 200년 빈도에 맞춰 9m 정도로 2m를 높였다.

피를 토해 쌓은 언덕 낙동담장 어디갔나

아- 박진의 메아리여 강가의 그림자여

아- 떠나간 물결이여 음- 물결이여

(이 노래는 '제5회 김상화 낙동강 보고회'에서 바리톤 한철호 님을 통해 발표되었다.)

어떤 집착증세 같이 달라붙은 나의 낙동강 생명 찾기 발품에서 '박진 천도제'는 뺄 수 없는 중요한 의식 행위였다. 준비하는 물건이라 봐야 막걸리 한 병과 오징어, 남지 땅콩뿐이지만 그날의 아린 상처들이 하루 빨리 훨훨 하늘 찾아 가길 기원해 왔다. 2001년부터는 여름철 장마 때마다 물난리 걱정으로 잠 못 이루는 남지 주민들과 그곳 농민들의 불안한 상념들을 위한 촛불 하나 더 만들고, 이 강 건너 회오리바람처럼 일어난 홍의장군 곽재우의 의병들을 위한 향 하나 더 피워 올리면서 천도제의 심중을 넓혀왔다. 얼마 전부터는 해가 갈수록 높이를 더해 가는 제방을 보면서 '단절의 벽'을 느껴 술잔 하나 더 놓고 있다.

박진 다리를 건너면 의령군 부림면 입산리가 펼쳐지고 '유곡천'이라는 이름을 가진 작고도 예쁜 강이 나타난다. 유곡천 입산마을은 일제하 시대 때 독립자금 조달을 위해 '백산상회'[1]를 운영한 백산 안희제 선생이 태어난 곳이고, 바로 아랫마을인 세간마을이 홍의장군으로 불리우는 망우당 곽재우의 고향이다.

이곳에서 서쪽으로 두어 시간 걸어가면 평생을 성리학에 전념하

1_ 백산 안희제 선생이 독립자금을 만들어내기 위해 만든 회사. 부산시 중구 동광동에 '백산기념관'이 그곳에 세워져 있다.

 강은 흘러야 한다

면서 '경의사상'[1]을 실현한 남명 조 식 선생이 태어난 합천군 삼가면이 벨트처럼 연결되어 있어, 나는 답사 때마다 동행자들에게 "이곳은 낙동강 유역에서 민족과 경제, 학문과 사상의 어울림이 깃든 곳입니다"라고 일러준다. 안동댐 상류에 있는 도산면 토계리(퇴계이 황), 원천리(육사 이원록), 가송리(농암 이현보.) 벨트에 눌러앉아 있는 사상과 문학, 정치와 민족의 어울림 터전 같은 곳이 곳곳에 있음이 자랑스럽다고도 이야기해 준다.

합천 삼가에서 태어나, 만년에는 지리산 천왕봉이 보이는 산청 시천에 살았던 남명 선생은 모두가 가슴 속에 새겨 두어야 할 금언을 남겨두고 이 세상을 떠나 가셨다. 덕천강 줄기가 흐르는 산청 시천에 '산천재'를 짓고 산과 강을 사랑하는 한 편의 시,

봄 산 어딘들 꽃과 풀이 없으리오.
저 천왕봉이 하늘에 닿는 듯 사랑스럽다.
빈손으로 자릴 잡아 먹을 거야 없겠지만
맑은 물이 십리나 흐르니 마시고도 남겠네.

를 읊었으며 평생을 낙동강 유역에 머물며 살면서, 유역 백성들을 품어 준 백두대간 천왕봉과 백두젖줄 낙동강을 함부로 건드리지 말 것을 당부하는 메시지로, "천석의 거대한 종도 그에 걸맞은 종채로 치지 않으면 울리지 않듯 지리산의 기상인 저 천왕봉은 하늘이 쳐도

1_ 남명 조 식 선생이 일으켜 세운 정치와 생활의 사상. '안으로 자신을 밝히는 것이 경이요, 밖으로는 과감하게 결단하는 것이 의다.' 라고 했으며 '경을 수양의 바탕으로, 의를 현실세계에서 나타나는 모순에 과감하게 대응하는 행동'으로 살아온 남명의 정신적 뿌리사상이다.

울리지 않는다.”를 남겼지만, 날이 가고 해가 거듭될수록 심해져가는 개발만을 위한 우리들 자화상이 부끄럽고 송구스러워질 뿐이다.

●
옥석 감각이 뒤엉켜버린 황강에서

“선생님! 왜 이런 일이 벌어졌습니까?

“옥석도 구분 못하는 사람들한테 이렇게도 아름다운 강을 맡겨 놔야 하는 이유가 무엇입니까?”

나름대로 애써 전국에서 모인 10명의 대학생들을 낙동강의 황강 합수지까지 데려 왔더니 다짜고짜로 나에게 항의를 한다. 그중에 두 명의 학생은 지난해에도 참여해 본 터라 그곳의 황당한 변화를 잘 알고있었기 때문이다.

“음-, 이렇게 될 줄은 나도 미처 몰랐다. 보름 전 일본에서 교류 차 방문한 학생들과 이곳에 왔을 땐 자네들이 작년에 살펴본 것과 같이 그대로였는데, 며칠 사이에 이런 일이 일어났구나. 이곳을 지 키지 못해 정말 미안하구나.”

내가 죄인이 된 심정이다.

거창군 고제면 봉산마을 두루봉(932.8m)에서 발원한 황강은 거창 대평리에서 거창의 또 하나 젖줄인 ‘거창 위천’[1]을 끌어안고 106km 의 물길로 합천땅 상적포에서 낙동강과 몸을 합친다. 황강은 우리

1_ 낙동강엔 4개의 위천이 있다. 이 중 3개는 하천 이름이고 1개는 지명이다. 의성 · 군위의 대표 젖줄인 위천과 거창의 위천, 함양의 위천이 그것이다.

 강은 흘러야 한다

나라의 강중에서도 자연생태 기반이 으뜸 축에 속하는 강이다. 강과 직접 소통되는 '단면유역'[1]이 넓고 토양을 비롯한 생태적 질서가 잘 배치되어 주변으로부터 발생되는 오염원에 대한 자체 해결 능력이 뛰어난 곳이다. 강과 유역의 환경 이해관계가 아주 좋은 1등급에 속한다. 낙동강과 같이 복잡하고 열악한 유역을 가진 강의 입장에서 볼 때, 황강은 분명한 효자의 강이다.

이 같은 양질의 생태기반을 갖춘 데다 강의 생명축인 모래질도 금모래 은모래 빛깔로 넓고 깊게 분포되어 있다 보니, 그야말로 금상첨화 같은 곳이다. 이런 연유로 잘 발달된 황강의 생태 고리는 낙동강과 만나는 상적포 합수지에서 **활짝** 꽃이 핀다. 본류에서 흘러온 모래와 황강 물살에 실려 온 모래가 뒤섞인 채 넓은 '사주의 밭'[2]을 만들어낸 것이다. 사주의 밭에 찾아든 식생들은 자연의 섭리인 먹이사슬 단계를 거치면서 강의 꼭지식물이라 불리는 버들 군락지를 정원같이 꾸며 놓았다.

족히 3만평 가량의 버들 군락지는 합수지에서 본류 경계지를 넘어서지 않고, 넓은 개활지 우측 편에 다소곳하게 자리를 잡아 물의 흐름을 방해하지도 않는다. 여기에다 높게 쌓여진 제방 쪽으로 제법 넓은 물길을 만들어 놓아 유수 지장지 같은 장애물 지대도 아니다.

자연활동으로 이루어진 이곳을 보면 순리와 배려, 그리고 창조의 의미가 느껴지는 곳이다.

그런데 아무도 몰래 단 이틀 만에 이곳이 실종되어 버렸다. 뿌리

1_ 강이나 하천을 단면으로 잘랐을 때 생기는 유역의 내용과 생태구조.
2_ 일반적으로 생겨나는 강과 하천의 모래밭을 말하지만 합수지에서 하상 움직임으로 합해지는 모래밭은 발달 과정이 매우 빠르고 견고하다. 아래쪽으로 잘 실려 가지 못하기 때문에 이곳을 '사주의 밭'이라고 부른다.

부분이 베어내진 것이 아닌 뿌리 채 뽑혀 버렸다. 소식 듣고 달려갔을 땐 청덕교 주변 둔치에 고분처럼 쌓여있는 버들의 묘지 밖에 보이지 않았다. 횅하니 뚫린 자리에서, 왜가리 한 쌍이 그곳을 자주 찾던 학생들과 사진 찍는 사람, 외국인들의 환성과 뒤섞여 오버랩 되어 머리를 친다. 스산하고 슬프다. 무슨 자격으로, 어떤 판단으로 이런 일을 벌이는가! 청덕 상적포에서 농사짓는 주민을 만났다.

"저걸 없애는 걸 보셨습니까?"

"야간작업을 했는지 보지 못했습니다."

"합천군에 알아보니 큰 비 올 때마다 범람의 원인이 되는 곳이라 하천 정비차원에서 베어 내었고, 특히 주변 주민들 민원이 많아서 하지 않을 수 없었다 합디다."

"일부 몇 사람이 민원을 제기했는지는 몰라도 우리 동네에서는 그렇게 요청한 사람이 없었습니다."

그분이 살고 있는 곳이 바로 현장 부근인데, 누가? 무슨 연유로 그랬을까? 쌓여있는 버드나무의 나이테를 살펴보니 12년짜리에서 20년의 연륜을 가진 나무들이다. 지금까지 아무 일 없는 상적포 황강에 무슨 바람이 불어서일까. 학생들 말처럼 옥석도 구별 못하는 사람들이 원망스럽다.

합천은 생태기반만큼 자연경관이 좋은 곳이다. 합천읍 앞마당이라고 부르는 황강의 넓은 백사장은 해마다 여름철이면 인산인해가 된다. 물 좋고 모래 좋고 공기 또한 시원청청하기 때문이다. 합천읍 앞마당에서 합천댐의 끝자리인 봉산면을 둘러오는 '벚꽃 마라톤 대회'가 동네방네에 애고 대고 하지 않아도 늘 성황인 것이 다 이 때문이다. 합천읍 앞마당 황강에 기류가 파악되지 않는 이상한 바람이 불어왔다. 넓은 백사장 면적을 줄여서 주차장과 공원을 만들고 축구장과 기타 체육 시설을 만들었다. 그리고 잘 흐르는 강을 막아 수중보까지 설치했다.

17개 읍·면에 52,400명의 인구가 있고, 그중에서도 황강 중심지에 자리 잡은 인구는 불과 20,000여명 밖에 되지 않는데도 우리나라에서 가장 값진 자연성 하천을 인공하천으로 바꿔 놓았다. 수요는 별 없는데 공급은 과잉으로 차려 놓은 것이다. 이유는 분명히 있다. 한 때 180,000명가량(1960년대 175,000)의 주민이 살던 곳이 해가 갈수록 인구가 줄어드니까, 묘책과 대안으로 나온 발상이겠지만 과연 옛 것과 지금의 것이 만들어내는 값의 차이는 어느 것이 좋겠는가? 합천군에서 이름 지은 말 많던 '일해공원'에 앉아 이리저리 생각을 굴려 봐도 무리수였고 악순환의 원인지가 될 것 같아 마음이 심산해진다.

이곳의 이상한 기류가 황강을 타고 상적포 삼각주 군락까지 옮겨 온 것이다. 그렇지 않길 바랬지만, 읍내의 '개발지향 먹이사슬 구조'[1]가 국토의 천혜적 공간을 일방적으로 공격하여 초토화 시킨 것이다. 20년 걸린 생태연혁의 비용과 그곳으로부터 발생할 교육, 문화, 관광, 연구 활동 등의 무한가치 비용이 한꺼번에 사라져 버렸다. 돌이 옥을 쳐 깨뜨린 모양새다.

1_ 토건사업에서 발상-명분 만들기-행정 추진-사업 추진-사업 나누기-사업 완료-의 과정을 거치면서, 또 다음의 사업을 찾고 있는 개발형 네트워크를 지칭함.

오광대 놀이

강은 흘러야 한다

4_ 낙동강에 젖어 피는 문화와 민속

●

율지나루에서 번진 오광대문화

합천 상적포 황강 합수지에서 약 4km 남짓 올라가다 보면 창녕군 이방면에서 합천 덕곡을 건너는 덕곡교 다리가 나온다. 다리를 건너자마자 조그만 포구 같은 마을에 입구부터 장승들이 늘어서서 '여기가 '오광대놀이'[1]의 발생지입니다. 어서 오십시오.' 라고 적힌 팻말을 끌어안고 있다.

합천군 덕곡면 율지리는 조선조 후기의 우리나라 10대로 중 제4로에 해당하는 '동래로' 에서 분기하는 성주서남행로의 물류 집합장소다. 성주서남행 노선은 성주에서 고령 쌍림을 거쳐 합천 쌍책-합천 초계-합천읍-합천 삼가에서 의령까지 이어지는 길로써, 여기에서 생기는 물산품들이 그때까지 중요한 수송 수단인 나룻배를 이용하기 위해 이곳에 옮겨져 왔다 한다.

이뿐만이 아니다. 강 건너편 창녕 이방시장에 쌓여진 농산품마저 운송을 위해 이곳에 옮겨 실었다 하니 시장치고는 꽤 큰 편이었던

1_ 원래 합천 율지 밤마리에서 형식을 갖추고 부산 동래, 경남 통영, 경남 고성 등지로 전파되어 이제는 각 곳에서 전형적인 민속놀이로 자리를 잡았다. 주로 인과관계를 담아 풍자의 내용과 행동이 표출되기 때문에 관객들이 통쾌해하며 함께 즐긴다.

것 같다. 매달 여섯 번 5일 장으로 개설되던 당시의 율지장은, 합천 · 성주 · 고령 · 창녕 · 달성 등 인근 내륙지방의 곡물류와 직물류가 모여 들었고, 해안지방의 어류와 소금이 쌓였다고 한다. 그 외에 놋그릇 · 사기그릇 · 철기류 · 목기류 · 돗자리 · 종이 · 담배 · 가축 등도 거래되던 지금으로 치면 종합도매시장 같은 곳으로, 장날 아닌 평상시에도 사람들의 왕래가 잦았다 한다.

율지나루터에 고깃배와 소금배 같은 크고 작은 상선들이 정박하며 드나들었기에, 선착장과 장터 주변은 각지에서 모여드는 상인들을 위한 객줏집 · 주막 · 여인숙이 늘어섰었고, 자연스레 이곳에 머무는 사람들을 대상으로 삼은 각종 풍물놀이가 활발했다 한다. 전해오는 말로는, 율지장이 1770년에서 1830년 사이에 개설되었다 한다.

초계 대광대보존회 이영기 회장 말로는, 율지장이 들어선 18~19세기 쯤 대광대 패거리(오광대 패거리)가 이곳에 정착했을 것이라고 전해준다. 추정해 보건대, 율지오광대(합천 오광대 또는 밤마리 오광대라고도 불리고 있음)는 나루터와 시장이 있었기에 탄생되었을 것이다. 나루터 시장에 모여든 각지각처의 사람들이, 탈을 쓰고 행위극을 하는 광대패거리를 보면서 무료함을 달래기도 했겠지만, 평소 '끼'가 많은 사람들에겐 호기를 발동시켰을 것이다. 이 같은 호기심이 전국 각지로 옮겨가서 오광대 문화를 확산시켰을 것이다.

구체적인 증거는 없지만, 오광대에 참여한 사람들의 입담이나 몇 몇 자료를 살펴볼 때, 1770년에서 1830년경에 율지장이 들어서고 1925년 율지장이 폐쇄되기까지의 약 100년 세월 속에 오광대문화

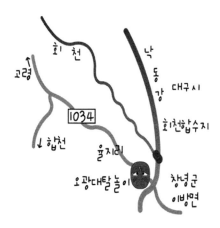

가 탄생되고 성행했을 것이라 판단된다.(일제의 도로건설 사업: 총감부 시기인 1907년부터 1910년까지 총 연장 800여km의 자동차도로가 만들어졌고, 이후 1911년부터 1917년까지 7년 동안의 장기계획으로 총 2,600km의 1~2급 도로가 건설되었으며, 1917년부터 6개년 사업으로 제2차 '치도사업'에 의해 주요 간선도로가 완성되었다 한다.〈한국현대사〉강만길 1984)

율지장이 사라진 동기는 1905년 경부선 단선철도가 개설되고, 1923년까지 일어난 도로개설 사업으로, 낙동강을 통해 이용되던 수운물류수송 기능이 필요 없어졌기 때문이다. 율지 5일장이 점차적으로 위축되어 기능이 없어지자, 그 장이 끌어안아 자리를 만들어 주었던 오광대놀이도 존립이 힘들어지면서 뿔뿔이 흩어졌다한다. 그러나 흩어진 호기심들은 그냥 사라지지 않고 부산 동래와 고성과 통영 등에서 야류민속으로, 오광대놀이로 거듭났다고 전해온다.

100여 년 전, 합천 초계에서 '말뚝이'란 이름으로 살던 한 마부로부터 비롯된 초계 대광대놀이(율지 오광대놀이)가, 낙동강 나루터 문화와 인연을 맺어 활발한 활동을 하다가 나루터 문화의 퇴진과 더불어 사라져버린 것이다. 지금은 매년 봄철마다 '합천 오광대보존회'에서 율지나루의 역사를 재연하고 있다.

총 6과장으로 구성된 초계 대광대놀이(율지 오광대놀이)에서 양반 과장의 한 대목과, 양반과 '영노'[1]가 서로 어울림 하는 대사는 다음 과 같다.

아니 아니 노지는 못하리라
일천풍에다 돛을 달고
황강에다 벗을 삼아
십리 천강 하는 백구야
놀러 오거든 가지마라
나도 강산 소금배타고
초계 밤마리를 도착하여
안의 거창 사람들아
소금 사러 올라오소

남해 구포에서 소금배 도착하여
아니 아니 노지는 못하리라

앞 사공아 배 띄워라
저 건너가 율지로다

1_ 조선시대 때 감영이나 병영 등에 딸렸던 종을 일컫는 말이지만, 오광대의 영노는 양반과 상 놈, 부자와 빈자 등 사회적 신분에서 약자를 대신하여 역할을 펼친다.

앞 강물에 뜬 배는

임 실로 가는 배

뒷 강물에 뜬 배는

날 실로 오는 배

(양반과장에서 소금장수가 부르는 창)

양반 : 이 놈 네가 무엇이냐?

영노 : 내가 사람 잡는 영노다

양반 : (놀라 떨며) 나는 양반 아니다

영노 : 양반 아니라도 먹는다

양반 : 나는 쇠뭉치다

영노 : 쇠는 쫀득쫀득 더 잘 먹는다

양반 : 내가 그림자다

영노 : 그림자는 거침없이 훌훌 들이 마신다

양반 : 내가 염소다

영노 : 염소도 좋다

양반 : 내가 소매(똥)다

영노 : 그것도 좋다

양반 : 네가 제일 무서운 것이 무엇꼬?

영노 : 참양반이 호령하면 물러 가겠다

양반 : 옳지! 우리 고조할아버지는 영의정이요, 아버지는 이조판서, 나는
　　　 한림학사를 지냈으니 참양반이로다. 이 놈 영노야, 썩 물러가라

영노 : 옳지! 그럼 양반을 잡아먹고 득천하겠다

(초계 대광대 제4과장 영노과장에서)

결결이 아름다운 옥빛 생명의 강　70 • 71

강은 예나 지금이나 그대로인데, 철도가 들어서고 도로 같은 편의 문명이 침입하면서부터 제 몸 속에서 담금질하던 문화의 자양분들을 너무나 쉽게 황량한 들판에 내어 던지는, 질긴 인연의 고리를 무방비 상태에서 잘라 버려지는 과거사 때문에, 지금의 율지장터는 봄인데도 봄은 오지 않고 가을인데도 금세 찬바람이 광장을 덮어버리고 있다.

●

개포 일몰에 번지는 대가야의 영욕

파란 강 푸른 물결 그 몇 굽이던가
물구름 깊은 이곳이 신비경 아니던가
쪽배에 몸을 실어 만경창파 달려보네

강변에 흔적을 남겨둔 오광대의 율지에서 200미터 쯤 위쪽으로 걷다보면, 대가야의 깊은 숨소리를 담고 흐르는 '회천'이 낙동강과 합수한다. 가까이 가서야 알아차릴 수 있는 다소곳한 합수지에서, 낙동강 칠현이 노래한 '개포의 강'이 시공을 초월하여 리바이벌된다. 낙동강 칠현이란, 임진란 2대 의병장 중 한 명인 송암 김 면 등 7인을 말하며 이들을 일컬어 낙동강의 일곱 현인이라고 불렀다. 개포 또는 개산포, 개경포라고 불리는 고령의 낙동강 나루터는, 개진면 오사리 마을에서 개포리 마을로 급하게 안쪽으로 꺾어지는 둔치에 자리 잡고 있다.

상류의 현풍을 지나 유유히 굽이쳐 흐르는 강가의 절벽길에서, 7명의 의병들이 읊어낸 한 편의 시조는 일몰의 비경이 펼쳐질 때 더욱 진하게 다가온다. 이곳의 일몰은 낙동강 중류에서도 최상급에 속하는 비경이다.

답사 때 이곳을 지날 때가 해질 무렵쯤 되면, 나는 개포 강 건너 억새풀 길로 그들을 안내하여 사진 찍는 시간을 충분히 준다. 그만한 가치가 있는 곳이기 때문이다.

'개포'의 지명은 많은 우여곡절을 가지고 있다. 팔만대장경이 이 나루를 통해 봉송되었기에 곡절이 생긴 것이다. 조선 초기 팔만대장경이 강화에서 바닷길로 부산에 보내지고, 부산에서는 낙동강의 물길로 이곳에 옮겨졌고, 여기서부터 합천 해인사까지는 2,000여명의 군인들이 호송해 갔다고 전해져 온다.

원래 이곳의 지명은 '개산포'였다 한다. 그런데 팔만대장경이 이곳을 경유해 옮겨진 이후로 개산의 '산'자 대신 글자 '경'을 사용함으로써, 역사의 흔적이 되게 하였다 한다. 그러나 일제 강점기 때, 팔만대장경이 주는 한민족의 우월성과 애국관을 말살하기 위해 개경포의 '경'자를 빼버리고 그냥 개포라고 부르게 하였다. 한민족의 역사적 자취를 감추려 한 비열한 침입자들의 떳떳치 못한 흔적이 일몰 때마다 되살아난다.

국보 제32호인 '팔만대장경'은 현존하는 세계의 대장경 중에서 가장 오래된 것으로 알려져 있다. 목탄본 1,516종 6,815권이 8만 1258매의 장경으로 판각되어 고령땅 개포나루를 거쳐 갔다는 사실만으로도 소중한 역사의 현장이 된다. 고려 고종 때 당시 수도였던 강화에서 판각되고, 조선 태조 7년 때(1398년) 이곳으로 옮겨진 인연이 있다면, '대가야'라는 커다란 과거가 있었기에 가능했으리라 짐작된다.

낙동강은 옛날 6가야의 젖줄이었다. 고령의 '대가야', 김해의 '금관가야', 성주의 '성산가야', 함안의 '아라가야', 상주의 '고령가야', 고성의 '소가야'가 6가야다. 시조 이진아시왕 때부터 제16대 마지막 왕이었던 도설지왕까지의 520년 대가야 역사는 한마디로 표현하면 '영욕의 시대'였다.

지산리의 웅대한 '고분군'[1]에서도, 선사시대 때의 암각화를 남겨둔 양전동 암각화와 고아동 벽화고분에서도 그 시절의 기질과 영화가 되살아나는 듯하다. 대가야의 영욕을 간직한 회천 강변의 유적들은 모두가 회천의 옛 이름인 '대벌강'의 몫이다. 대가야의 영욕 중에 우륵의 가야금이 있고 도설지왕의 포효자결이 있다.

지금의 고령군 금곡리에 있는 대가야의 월광사지는 우륵의 가야금과 도설지왕의 아들인 월광태자와 함께, 대가야의 패망이 얽혀있는 장소다. 대가야를 침략한 신라군의 기세는 하늘을 찌를 듯 하고, 패색이 짙어가는 가야군을 보다 못한 우륵은 가야금 대신 칼을 잡으려 한다. 이러한 우륵을 만류하며, 도설지왕은 어린 월광태자를 부탁한다.

"대벌강변 너른 들에 가락국 통일이 눈앞인데, 한 송이 낙화로

1_ 크고 작은 고분들이 늘어서 있는 곳을 말하며 낙동강 유역 곳곳에 여러 고분군이 있지만 국가급 고분군에서 대표적인 곳이 고령의 '지산동 고분'이다.

세! 악사 우륵이여, 가이없는 월광태자에게 그대의 오묘한 가락이나 익혀서, 덧없이 지는 가야의 혼이나 달래 주구려"하였다.

신라군에 쓰러져 죽어가는 시산혈해를 보다 못한 도설지왕은 칼을 거꾸로 물고, 전단량(대가야국의 정문) 앞 들판이 떠나갈 듯한 고함소리를 남기고 자결하였다.(대가야 562년, 신라 진흥왕 52년)

우륵은 월광태자를 월광사지에 숨겨놓고 자신은 신라군의 포로가 되었다. 포로가 된 우륵이 이 세상에서 다시 만날 수 없는 대악성임을 알아차린 신라 진흥왕은, 우륵에게 음악을 연구하고 제자를 양성할 수 있도록 충주 탄금대와 제천 의림지에 거처를 만들어 주었다.

탄금대에서 기거하던 우륵이 월광태자가 걱정되어 돌아와 보니 월광태자는 잠자듯 숨져 있었다. 깊은 슬픔에 젖은 우륵은 월광사지를 떠나지 못하고, 자신이 만든 가야금으로 통한의 슬픔을 달랬다 한다.

대가천, 소가천, 안림천 등 10개의 하천망으로 유역을 꾸민 고령은 예부터 토질이 기름지고 비옥하였다. 대가야 시절 대벌강으로 불릴 때나 지금의 회천으로 부르는 때나 강 유역에서 생산되는 농산물은 최상급으로 평가되고 있다. 특히, 이곳에서 나는 고령 쌀은 옛날부터 줄곧 임금님 밥상에 올랐다 하니, 언제쯤 시간을 잡아 우륵 선생 터가 있는 금곡리 메나릿골에서, 가야금에 뛰어난 친구와 함께 찰진 밥 한 상을 받고 열 두 줄 연주에 한껏 취하고 싶어진다.

●

글소리 물결소리 이는 강변 서원

　고령 개포나루 건너편 다람재골 움푹한 곳에 몇 채의 기품 나는 기와집들이 있다. 현풍에서 구지까지 가는 국도를 벗어나서 강변을 끼고 아주 옛길 같은 지방도로를 가다보면 시원하게 올려지은 정자가 나타난다. 고개 이름이 '다람재'이고 정자 이름도 그냥 다람재 정자라고 부른다.

　앞을 보면 시야는 활짝 열려있지만 고갯마루 밑으로 흐르는 강은 인색하다 할 정도로 좁고 허약하다. 비좁고 허약하게 보이는 강변 구릉지에 기와집들이 몇 채 뭉쳐 있으니까 밸런스의 안정감이 왠지 허전하게 느껴진다. 이곳이 '지치주의'에 따른 개혁주의를 주도했던 사림파의 한훤당 김굉필 선생 서원이다.

　김굉필 선생(1454~1504)을 추모하기 위하여 만든 서원의 이름은 '도동서원'이다. 달성군 구지면 도동리에 있다하여 붙여진 이름이다. 비록 겉은 비좁게 흐르는 강이고 얕은 구릉지의 땅이지만, 이곳에서 추구한 학문의 넓이는 무한하고 유구한 것이다.

　'덕성과 인성 수양의 유교정신이 정치인의 덕목이어야 한다.'라는 도학정치가 이곳에서 논의되고 연구되었기 때문이다. 유교정신이 깃든 도학정치는 조선 중종 때 문신이며 성리학자인 조광조가 제창한 사상으로, 사림파의 김종직, 김굉필, 정여창 등이 참여하여 학문의 가치를 넓혀 왔으며 여기 도동서원에서 그 맥을 지켜가고 있다.

　낙동강 강변에 세워진 서원이나 향교 · 정자는 수도 없이 많으나

 강은 흘러야 한다

구담보가 설치되어 물이 채워진 상태에서 상류 안동댐의 방류량이 급증하면 병산서원 같이 낙동강 변에 있는 문화재들이 침수될 우려가 많다.

주요 서원을 살펴보면 다음과 같다.

구미·선산에 있는 야은 길재의 '금오서원'은 흥선대원군의 '서원 철폐령'으로 강당만 남아있다. 현재 일부 복원 중인 상주의 '도남서원', 약포 정 탁 선생의 선비 정신을 기리기 위해 세운 예천 내성천의 '도정서원', 안동 하회마을 강 건너 부용대 밑에 있는 겸암 류운룡 선생의 '화천서원', 서원 철폐령에서 철폐를 당한 화천서원과 비교되는 겸암 선생의 동생 서애 류성룡 선생의 '병산서원', 퇴계 이황 선생의 '도산서원' 등이 대표적인 낙동강 서원들이다.

서원처럼 어떤 학파나 학풍을 지니고 있지는 않지만, 문신이나 사상가 그리고 수많은 시인 묵객들이 즐겨 찾던 정자나 정사 그리고 전망대도 곳곳에서 자리를 잡아있다.

저 아래 양산 오봉산 낙동강 벼랑에서 고운 최치원 선생이 이름 지어 놓은 '임경대'가 있고, 창녕군 도천면 우강리 강가 곽재우 장군의 '망우정', 김일손·점필제·이 황 선생이 자주 모여 시심을 나

눴던 의성군 단밀 낙동강의 '관수루', 퇴계 선생의 종손 이열도가 세운 예천 호명의 '선몽대', 우담 채득기 선생이 한 때 머물며 학문을 닦았던 상주의 '경천대', 국보 제132호 '장비록'의 산실인 안동 하회 '옥연정사', 정유재란 때 안동 수성장이었던 성성재 금난수 선생의 '고산정' 등이 지금도 즐겨 찾는 곳이다.

낙동강 자연 풍치와 가장 잘 어울리는 서원은 병산서원이다. 은백색의 정갈한 넓은 모래사장과 자연이 만든 병풍같이 정교하게 버텨 선 앞산 '병산'의 아름다운 조화는 누구에게나 탄성의 대상이다. 거기에다 뒷산 '화산'을 따라 올라가면 미처 상상하지 못한 대자연의 전망이 한 눈에 들어온다. 화산 꼭대기에 오르면 가까이로 하회마을과 부용대, 마애숲이 앞뒤로 펼쳐지고 저 멀리엔 70만평의 구담습지와 오곡향 짙은 풍산벌판 정경이 가슴 속에 가득 안겨 든다. 병산서원은 가까이에서나 멀리에서나 참으로 잘 짜여진 자연의 구심점에 자리 잡고 있다. 서애 류성룡 선생의 학덕을 찾아서인지, 주변 경치가 아름다워서인지, 이 서원은 우리나라의 서원중에서 사람들이 가장 많이 찾는 곳 중 한 곳이다.

최근에는 의성 옥산의 '미천'이 합수하는 검암리 낙동강에서 마애숲을 거쳐, 하류의 하회마을-부용대-화천서원-구담습지 코스의 20km짜리 트레킹에 사람들이 몰려들고 있는 이유도 이와 무관할 수 없을 것이라 생각된다.

홍선 대원군이 서애 류성룡 선생의 형님인 겸암 류운룡 선생이 학문을 연구하던 '화천서원'은 철폐했지만 이곳은 제외시켰다하니 그 연유가 궁금해진다. 홍선 대원군의 서원 철폐령에도 철거되지 않은 전국 47개 서원 중 한 곳인 병산서원은, 숱한 사람들이 나날 다녀감에도 주변은 항상 깨끗하다. 서애 선생의 13대손인 류시습 선생이 파수꾼으로 기거하기 때문이다. 나하고는 20여년 넘게 인연을 가지고 있어 몇 말 나누어 본다.

"류선생, 하루에 만 보 정도는 걷는 것 같습니다."

"아! 조금 걷기는 합니다만, 어디 만 보까지 되겠습니까."

손님이 올 때마다 하루에 수십 번 '만대루'[1]를 오르내리고, 아침 저녁으로 구석구석에 버려진 쓰레기를 줍느라 쉴 틈이 없어 보이기에 한 말이다.

"선생님의 덕목은 무엇입니까?" 라고 물어 보았더니,

"'지킴'이라고 생각하며 행동합니다. 이곳 병산서원의 모든 걸 보호하기 위해선 최소한 있는 그대로를 지켜줘야 합니다. 제가 잡초를 제거하고 쓰레기를 치우는 것이야말로 제가 할 수 있는 일 중에서 가장 중요한 일입니다. 손님을 맞이하고 설명 드리는 것도 중요한 일이겠지만, 한 번 나빠진 환경은 이곳의 모든 가치를 훼손할 것이라 판단하기 때문입니다." 라고 한다.

참으로 아름다운 마음이고 모두가 나누어야 될 행동이다.

1_ 병산서원의 야외 학습장 및 학문 토론장. 7칸 28평으로 적송이 깔린 이 루에서 20명 정도의 서애 류성룡 선생 흠모 유생들이 야외 학습장으로 이용했다. 앞으로 펼쳐진 낙동강이 청량스럽고 주변의 풍광이 좋아 지금도 많은 관광객들이 찾고 있다.

결결이 아름다운 옥빛 생명의 강

기이한 바위 우뚝 솟아 저절로 대를 이루니
푸른 절벽 동서에 강물이 감돌아가네
저 우뚝 우뚝한 돌을 어찌 인력으로 쌓았겠는가
층층의 저 돌은 아마도 하늘이 만든 것일 거야
구름이 옥주봉에 걷히니 주렴을 거두운 듯하고
햇빛 붉은 언덕에 쪼여 그림장 막 열어놓은 듯하네
제일 멋있구나 높이 우뚝한 천백척은
바로 하늘을 받들어 무너짐 없음을 말겼네

낙동강 제1경이라 불리는 경상북도 상주시 사벌면의 '경천대'를 찬양한 우담 채득기 선생의 글이다. 이 글의 제목은 경천대가 아닌 '자천대'다. 조선조 인조 15년인 1637년, 당대 석학이었던 우담 채득기 선생이 남긴 시가로써 '하늘이 만들어 내리지 않으면 인력으로는 절대 만들지 못할 절경' 즉, 하늘이 스스로 만들어 내린 절경 대라하여 '자천대'라고 불렀다. '대'는 전망대를 말하며, '그림장'은 대자연의 전시장을 뜻하고, '하늘을 받들어 무너짐 없음을'은 경천의 의미다.

우담 선생이 충주에서 이곳에 와 기거하며 학문을 닦았던 '무우정'이 여기에 있고, 임진란 때의 명장이었던 정기룡 장군의 용마전설과 용마전설을 증거 할 '말 먹이통'도 여기에 있다. 병자호란 후

소현세자와 봉림대군이 볼모로 청나라 심양에 끌려가게 되었을 때, 호송 관료로 차출될 때까지 우담 선생은 이곳에서 많은 글을 남겼지만 그 중에서도 '자천대'의 시가가 으뜸이라 하겠다.

경천대 안 강가에 봉곳 솟은 자천대(전망대)에 오르면 낙동강의 진수가 가슴 속까지 파고 들어온다. 상류 매호리의 부드러운 곡류가 경천대 앞 회상리와 용담에 부딪히며 강한 곡류로 바뀐다. 사행형으로 치고 흐르는 물결 가에는 섬섬히 고운 하얀 모래가 결결이 누워 흐르는 물과 장난치듯이 교유한다. 강에 꽂힌 듯한 절벽은 신비하기 그지없고 그 절벽 아래를 치고 도는 물결은 향기마저 아름다워 학자는 학문을, 시인은 시와 시조를, 선남선녀는 소록한 사랑을 나누었을 것이다.

전망대를 꾸미고 있는 바위벽을 자세히 살펴보라. 기린초가 살림차리고 있다. 매년 5월이면 날갯짓하며 날아다니는 모시나비가 찾아온다. 기린초의 꽃을 피우기 위해서다. 길둥근 잎이 어긋맞게 자라면서 원줄기 끝에 피는 작고도 예쁜 꽃들은 모시나비가 접을 맺어주기 때문에 가능한 것이다. 절벽을 타고 자리를 잡은 식물의 다양성이 절경만큼 소중한 곳이다.

하늘이 내려준 옥빛 생명의 강을 사람들이 인력으로 함부로 바꾸지 말라는 교시가 이곳에 있다. 경천대는 절경만이 아닌 인간과 자연의 관계에서 지켜져야 할 거울과 같은 곳이다.

낙동강 제1경이 경천대라면, 내성천은 하류 쪽 황강과 더불어 경쟁하는 제1의 '경관하천'[1]이다. 소백산을 타고내린 내성천 물길은

1_ 물·모래·숲이 서로 잘 어울려 아름다움을 자아내는 하천을 말한다. 대체적으로 이런 강과 하천에는 선비나 시인 묵객들이 자주 찾기 때문에 웬만한 곳에는 정자나 망루 또는 서원이 들어서 있다. 자연의 아름다움이 문화를 품어내는 것이다.

3,075㎢의 유역을 적시며 104km 길이로 예천군 용궁면 삼강리까지 흐른다.

보문절곡의 깊고도 아름다운 강, 호명 벌판의 넓디넓은 강, 신비한 회돌이를 치는 용궁 의성포의 강과 같은 세 가지 신비한 모습을 갖춘 내성천은, 수량 · 수질 · 생태 등 '강의 3요소'[1]에서도 으뜸으로 평가를 받고 있다. 강이 넓고 풍요로워서인지 선비 문인들의 발걸음도 잦았다.

호명면 백송리에서 강 쪽을 향한 숲길을 따라 들어가면 강가 얕은 언덕바지에 '선몽대' 정각이 있다. 퇴계 이 황의 종손인 우암 이열도가 1563년 건립한 정각으로, 내성천의 자랑인 평사십리를 감상할 수 있는 높이로 지어졌다. 조선 중기 석학인 약포 정 탁, 서애 류성룡, 학봉 김성일, 한음 이덕형이 자주 찾고 모여서, 자연의 섭리를 논하고 학문의 길을 토론하였다 한다.

선몽대에서 약 15km 정도 강을 따라 내려가면 밀양의 삼문동과 안동의 하회마을과 같은, 물이 마을을 완전하게 한 바퀴 돌아가는 '물동이동'[2]이 있다. 주소지로는 예천군 용궁면 대은리이고, 마을 이름은 회령포 또는 '의성포'라 부른다. 오래 전부터 아홉 가구가 이곳에서 농사를 지으며 살고 있었지만, 말이 육지이지 섬 같은 마을이라 가구 수가 해가 갈수록 줄어들고 있다. 아주 신비한 곳이라 구경 오는 여행객은 많은데, 실상 그곳에서 생존해야 하는 토착민은

1_ 크게는 땅과 물과 사람이 함께 만들어 가는 생명의 현장이지만, 현실적으로는 수량과 수질, 그리고 생태로 규정한다.
2_ 흐르는 물이 빙빙 돌아 원형을 이루는 장소를 말하며 낙동강에서는 의성포와 하회마을, 밀양 삼문동이 대표적인 곳이다.

거꾸로 육지로 빠져 나가는 형편이다.

의성포를 둘러싼 모래밭은 넓기도 하지만 모래 질이 지극히 생태적이다. 합천 황강 모래가 아주 작은 알맹이 형태의 '미세사'[1]라면 이곳의 것은 그보다 약간 크면서 부드러운 각을 가진 꼴이다. 이런 모래들은 침식성이 좋아, 육지에서 강으로 스며드는 각종 유기물질들의 침투력을 도와주는 기능을 가져 자정력에 좋다고 한다.

의성포를 건널 수 있는 유일한 길인 외다리는 섶다리를 본 떠 만든 철재다리다. 강에 큰물이 들 때마다 망가지기도 하고 심지어 통째로 떠내려가기 때문에 어떤 때는 다리가 없을 때도 있지만, 이 다리야 말로 몇 안 되는 주민들의 생명줄이다. 내가 답사단을 이끌고 의성포에 갈 때마다 이 다리 중간쯤에서 물과 모래의 관계를 이야기 해준다. 모래의 흐름이 같은 하천의 구역에서도 제각각 다른 현상을 일으키고 있음을 통해 '자연 동태성의 다양성'을 일러주는 것이다.

1_ 모래 중에서 가장 작은 것을 말한다.

내성천이 낙동강과 금천을 만나는 삼강은 물삼합의 장소다. 태백·안동·영양·청송·의성의 낙동강 물과 문경의 물, 봉화·영주의 물이 몸을 섞는 곳이기 때문이다. 예부터 이 물길을 따라 사람들이 왕래가 많다보니, 나루터는 매일이다시피 바빴다 한다. 물물거래도 많았지만 세상 살아가는 이야기가 풍성하여 낙동강에서도 대표적인 '구전문화'[1]의 산실이었다 한다.

본류(낙동강)와 대지류(내성천), 일반지류(금천)가 삼합하여 몸을 섞던 삼강에 이상한 조짐이 일고 있다.

"제방 만든 뒤로 너무 답답하다, 강이 보이나, 물이 보이나, 사람이 보이나, 경치 버렸어!"

삼강주막에서 사람들의 소통자 역할을 하던 주모 유옥연 할머니가 이 세상을 떠나기 전에 입버릇처럼 하던 말이다. 유 할머니가 세상을 떠난 뒤, 차들이 쌩쌩 달리는 고속화 국도까지 생겨, 할머니가 살아 있다면 무슨 푸념을 털어 놓았을까? 아마도 이런 말을 했을 거라 짐작된다.

"아! 억장이 무너지는구나!"

그토록 아름답던 선몽대의 내성천에 예천군에서 물막이(보) 공사를 하겠단다. 보문절곡의 천하제일 경치도 강바닥을 파헤쳐 내는 골재사업 때문에 몸살을 심하게 앓고 있는데, 그 상류에서는 주민의 절절한 반대에도 불구하고 송리원댐을 만들겠다고 하니 내일의 내성천은 과거의 '결결이 아름다운 옥빛 생명의 강'이 될 수가 없다.

1_ 입에서 입으로 전해지는 소통의 한 장르. 예부터 사랑방이나 빨래터, 나루터에서 이 문화가 살쪄어졌다.

 강은 흘러야 한다

무엇을 얻고자 강의 생명을 훔치려 하는가?

며칠 전 영주시 평은면 신암1리에 흐르는 내성천 상류의 하상침식을 조사할 때, 창녕 학포에서 보았던 백로 한 마리처럼 또 한 마리의 백로가 물끄러미 나를 쳐다보고 있다.

2부_ 재채기 하는 강, 억장 무너지는 강이여!

왜관 낙동강은 이 같은 골재 채취장이 7개나 있기 때문에 하류에 엄청난 악영향을 주고 있다.

백천 계곡의 1급수에 사는 열목어

1_ 물결에 채이는 강의 기침 소리

●

발원지에서 날아온 한 장의 메시지

> 푸른 산은 어찌하여 영원히 푸르며
>
> 흐르는 물은 어찌하여 밤낮으로 그치지 않는가
>
> 우리도 저 물같이 그치는 일없이
>
> 저 산같이, 언제나 푸르게 살리라

퇴계 이 황 선생이 '청려장 지팡이'[1] 벗 삼아 정해놓은 도산 9곡 (운암-월천-오담-분천-탁영-천사-단사-고산-청량)을 걸으면서, 역시 선생이 남겨놓은 도산12곡의 열한 번째 시가를 음미해 본다.

내가 지금 가고 있는 곳, 태백산 소도골 소도천 상류에 있는 혈리골 쉼터에는 앞으로 낙동강을 지켜갈 스무 명의 청년들이 기다리고 있다. 강이 너무 아파하니까 강이 좋다는, 그리고 이 강의 영원한 친구가 되고 싶다는 대구의 안재홍, 이혜정, 백운경, 심현정, 정현수, 오용석, 김태강, 한미희, 오인호, 이재중과 부산 · 안동 · 서울

1_ '명아주'라는 풀대로 만든 지팡이 이름. 퇴계 선생은 산책을 할 때마다 청려장을 짚고 다녔다 한다.

· 광주에서 온 이 땅의 청년들이다. 1999년 정월 14일, 새로운 천년이 바로 눈앞에 와 있는 시기라서 많은 사람들이 제각각 부푼 꿈을 만지작거릴 때이다.

'그토록 생기롭고도 아름답던 낙동강이 시름시름 아파함에, 그 모든 원인이 우리에게 있음으로, 우리로부터 자각과 반성이 있어야 한다.'는 나의 논지에 선뜻 참여한 동지들에게 오리엔테이션이 필요해서다.

1만 배, 3박4일간 하루 3,333배, 영하 30℃ 이상에 세찬 바람이 온 몸을 휘감는 천상 허허벌판의 태백산 '천제단'[1]—아무나 할 수 있는 일이 아님에도 그들의 순수한 열정은 칼바람과 육신 고통을 이겨 내었다. 그것도 시리즈로 진행된 5년 동안이나! 그들에게 죄를 지은 몸이다. 죽을 때까지 그들에게 감사해야 한다.

73년도부터 시작한 낙동강 짝사랑 발품이 23년 째 되던 해, 새로운 천년이 째깍째깍 다가오고 있었다. 언제 죽을지 모르면서 나는 '낙동강 2030'이란 생명 찾기 프로그램을 만들었다. 2030 프로그램이란, 낙동강의 237개 지점마다 하천, 하천망, 환경문제, 생태문제, 문화재, 정책관계, 사례 발굴, 주민 공동체 문제 등을 과제로 정하고 점검과 공유하는 일이다. 이 일을 2030년까지 해야겠다는 약속을 엮어놓은 뜻이다.

스스로 하는 일이라서, 여러 가지 문제가 따라 다니며 나를 어렵게 할 때가 많지만, 그 때마다 나름대로의 담금질로 극복하는 것이 습관처럼 되었다. 사랑하는 청년들과 태백산 천제단에서 행한 낙동

1_ 1567m 태백산 정상에 있는 제단으로 낙동강과 한강의 경계부에서 낙동강 수계 쪽 30여m 지점에 있다. 매년 10월3일 '천제제'를 올린다.

 강은 흘러야 한다

강 1만 배 의식은 숱한 나만의 담금질이 아닌, 미래로 나아갈 청년들과 함께 한 약속의 담금질 행위였다. 지금 그들은, 30대 중반의 나이로 각 처에서 열심히 살고 있다. 직장인으로, 교사로, 시민운동가로서 그들의 안목은 사회적 거름으로 활동되고 있기에 늘 감사하는 마음이다.

5년 간 실시된 '낙동강 1만 배 의식'에 한 번도 빠진 적이 없는 안재홍 군이 가까이 다가와 귓속말로 묻는다. 2003년 태백 '피재'[1]의 행사를 마치고서다.

"선생님, 이제부터 태백에서 절 할 일이 없겠네요?"

"그래, 섭섭하제! 5년 동안이나 정성을 바쳤으니 빛나는 졸업식을 한 번 멋지게 하자꾸나."

사람들이 몇몇 바뀌었지만, 담금질 된 새로운 마음으로 우리 모두는 그날 밤을 신바람 나게 보냈다. 그날 밤 홍조 띤 얼굴로 얼큰해진 재홍이가 내 곁에 더 바짝 다가와 앉는다.

"선생님 사랑해요." 징그럽지만 진짜 사랑이 담긴 목소리다.

"짜식 징그럽기는, 나는 니보다 열 배는 더 사랑한다, 짜슥아."
하며,

"재홍아! 이제 우리가 졸업했으니까 졸업 선물을 만들어야 될 거 아이가?" 하니,

"오! 예, 무슨 선물?" 한다.

나는 1998년 낙동강의 최남단 땅 끝인 '을숙도 기수역'[2] 경계지

1_ 낙동강과 한강 그리고 삼척 방면의 오십천이 분기하는 고갯마루다. 물의 인연을 상징적으로 나타내는 곳이다.**

2_ 낙동강 하구 가덕도에서 다대포까지의 해면을 경계로, 상류 낙동강 쪽을 향한 델타 지구를 통틀어 말한다. 낙동강 생태계의 최종 결산지다.

에서 '낙동강에 새로운 희망을! 낙동강, 이제부터 우리가 사랑하겠습니다."라는 새천년맞이 메시지 행사를 개최하였다. 500명 가까운 사람들이 모여 각자의 마음을 낙동강에 뿌려준 세레머니에서 나는 1999년부터 2003년까지 향후 5년 동안 낙동강 생명찾기를 위한 천제단 1만 배 의식을 올리기로 공표하였다(매년 1월 15일부터 1월 18일까지). 그날 경북대학교 사회학과 졸업반이던 재홍이가 먼 길 찾아왔기에 이 같은 인연이 닿은 것이다.

이 행사를 마치고 손삽, 호미, 칼, 노끈, 수통, 장갑 등과 꺾꽂이할 때 횡으로 잘린 부분에 바르는 '옥신벨트'를 챙겨, 나만의 새로운 발품을 시작했다. 새로운 발품이란, 강안이나 강변에 버드나무를 심는 일이었다. 6.25 한국전쟁 이후 우리나라의 산들은 대부분 벌거숭이였다가 '산림녹화'라는 범국민적 운동으로, 지금의 푸른 산·숲이 되었듯이 우리의 강에도 그 같은 일이 필요해서였다.

전쟁의 포화 속에 불타버린 산, 먹고 살아가기 위해 무작정 벌목과 벌채를 당해버린 산은 인간에게 재화로 곳곳에서 앙갚음하고 있었다. 이런 경험을 가지고 있는 나라에서, 무분별하고 무책임한 관행은 강으로 옮겨가 태연히 재연되었다. 제방을 쌓고, 강변도로를 만들고, 아파트를 짓기 위해 강에서는 생명과 같은 버드나무와 갈대밭·부들밭을 모조리 없애 버린 것이다.

그것들은 물이 오염될 수밖에 없는 암모니아성의 질소나 인을 먹고 살면서 물이 필요로 하는 용존산소를 내뿜어 주는 식생이지 않은가! 그것들이 없어지는 양만큼 물은 오염될 수밖에 없고, 사회적 부담은 커져온 것이다. 유수지장지를 피해 강이 가리키는 곳을 찾아 버드나무 하나씩 심는 일이 필요해서였다. '낙동강에 새로운

매년 태백산 천제단에서 올리는 '낙동강 생명 기원 천제'에는 3,000여 명의 시민이 참석한다.

희망을! 낙동강, 이제부터 우리가 사랑하겠습니다.'의 실천행동을
나 스스로 먼저 묵묵히 하는 것이 도리였기 때문이다.

"재홍아, 태백산에서 5년간의 마지막 1만 배 마치는 날 저녁, 너
한테 졸업 선물 이야기한 일 기억나는가?"

"예, 분명히 기억하고 있습니다. 그런데 무슨 선물인데 아직까지
왜 소식이 없습니까?"

"아하, 내가 너거들한테 주는 선물이 아니고, 너거들과 함께 만들
자는 뜻이었다 이눔아! 우리가 함께 저 낙동강에 선물을 주자는 제
안이었다 아이가……."

낙동강 하구에서 새천년맞이 메시지 행사를 마치고부터 강에 버
드나무를 심어왔다는 이야기를 해주며, 그 어려운 1만 배까지 겪어
낸 이들이야말로 단 몇 개의 버드나무라도 심게 해야겠다는 내 생
각을 이야기해 주니 안재홍 군은 당장 그러겠다고 환한 웃음을 지
었다. 그들의 지극한 참여로 봄·가을마다 심어진 삽목 식수가 무
려 15만 그루 정도 되었고 각 계에서, 각지에서 심어진 버드나무가

50여 만 그루가 넘었을 것이다. 지금 살아남아 있는 것이 확인 결과 7% 정도뿐이지만, 잘 살아가길 두 손 모은다.

●

썰물처럼 빠져나간 태백 주민들 자리에 남은 것들

1,567m 고지에 봄이 찾아오면 진달래, 철쭉 냄새가 천지에서 진동한다. 자홍색 꽃잎을 피운 백합과의 얼레지 · 흰 얼레지가 철쭉과에 뒤질세라 온 몸으로 바람결을 흔들어 댄다. 5월 태백산 장군봉은 환상을 창조한다. 여기에다, '살아 천년이요 죽어 천년'이라고 부르는 주목의 거목들이, 백두대간과 낙동강과 한강의 파수꾼으로 버텨 서서 이곳에서 시작되는 봄의 축제를 지켜주고 있기에 든든하기까지 하다.

주목은 낙동강에서 식물 생태의 상징이다. 조류 생명의 상징이 재두루미고, 어류 생명이 백천계곡의 열목어라고 생각하는 나는, 낙동강 생태계의 상징적 지표종인 이들 3종의 상태에 따라 강도, 사람의 환경도 변할 수 있다고 보기에 늘 이들을 예의주시하고 관찰한다.

1990년대 초기부터 태백산의 주목이 점점 줄어들고 있음이 발견되었다. 주목종의 안정적 개체수 유지를 위해, 1996년부터 1997년까지 1년 간 태백시 관계자들이 600여 종의 주목 모종을 심고 가꾸어 왔는데, 97년 봄날 숫자를 점검해 보니 절반 이상이 뿌리 채 파여져 없어진 것이다. 나도 그 현장을 일일이 점검해 보았지만, 참으로 안타까운

심정이었다. 모든 일에서, 해야 될 일이 있고 하지 말아야 할 일이 있지 않은가! 1,500m 고지에 살아갈 수 있는 종을 엄선하여 심은 것이 과연 도둑질해 간 사람의 밭이나 정원에서 살아갈 수 있을까?

태백의 황지, 장성, 소도, 철암의 4개 생활 터전은 평균 660m의 표고를 가지고 있다. 낙동강의 발원지이자 한강 발원지이기도 한 태백은 1960년대부터 시작된 우리나라의 '국가경제개발 5개년계획'[1]으로 인하여, 인해의 썰물과 밀물 현상을 겪었다. 한 때 120,000명(1987년)까지 되던 인구가, 지금은 50,000명을 겨우 유지하고 있다. 약 7만 여명이 썰물처럼 빠져 나간 것이다. 43개의 석탄광산이 1989년 '석탄합리화조치'[2]로 모두 폐광되고 지금은 제대로 가동되는 것이 두 개뿐이다.

1_ 1962년부터 1981년까지 4차례에 걸쳐 '국가경제개발 5개년계획'이란 이름으로 실천되었으나 1982년부터는 '경제사회발전계획'이라는 이름으로 바뀌어 제7차까지(1996년) 이어져 왔음.
2_ 국가경제개발의 기초 에너지였던 석탄사업이 석유산업 등 대체 에너지로 바뀌면서 1989년에 실행되었다.

우리나라에서, 산업구조 변동이 일으킨 대표적인 인구 증·감 지역이다. 석탄 산업이 물러나면서 남아 살게 된 주민들은 심각한 박탈감에 빠졌다. 한 때 강아지도 만 원짜리 한 장씩 물고 다닌다 하던 곳이, 재정 자립기반 상실로 인해 대공황에 직면한 것이다. 낙동강에서 첫 재채기가 시작된 것이다.

도시의 경제적 궁핍은 환경 문제로 연결된다. 온통 시꺼멓게 변해버린 도시 환경을 바꾸려 하니까 도시의 새로운 환경 문제가 꼬리를 물고 나타난다. 국가 지원으로 한 폐광조치 사업들은 완벽에 철저함을 기해야 함에도 불구하고, 갑자기 너무 많은 것을 잃어버린 도시는 그럴만한 겨를을 챙길 수 없었다. 일종의 대충대충이 통과 의례처럼 묵인되기 시작한 것이다.

생각해 보라. 탄광의 갱구를 막고 범벅칠된 외경을 정비하는 일도 일이지만, 태백산의 석탄 매립 형태가 대부분 '고구마탄층'[1]으로 형성되어 있다하니, 석탄을 들어낸 공간은 공동화 구역으로 남게 될 것이 아닌가! 그곳에 다른 물질을 채워 넣지 않는 이상, 지진 같은 지각변동이 일어난다면 어떻게 될 것인가! 생각만 해도 끔찍한 일이다. 그렇잖아도 문경 광산 중에서 가은 지역의 폐광에서 몇 차례 주변의 땅이 움푹 내려앉고, 집채가 우르르 무너진 일이 있음에야 어찌 마음을 놓을 수 있겠는가. 폐광에서 나타나는 지각 충격이, 그 우려심이 두 번째 재채기를 만든다. 또, 야금야금 흘러내리는 폐광 침출수는 하천을 온통 붉게 만들어버리는 일명 '옐로우보이 현상'[2]으로 기승을 부리

1_ 석탄 매장 층이 일직선으로 되어있지 않고 마치 고구마의 모습으로 탄층을 이루고 있다하여 붙여진 이름.

2_ 황철화 현상이라고 불린다. 폐광 침출수에 섞여 나온 철 성분이 산소와 결합되면서 변색하는 현상으로 태백 폐광지 하천은 대부분 이 영향으로 벌겋게 물들어 있다.

황지는 낙동강 생명의 원천지로서 매우 소중한 곳이다. 이러한 황지 주변에 건물들이 들어서
면서 샘의 수량과 수질에 변동이 생기고 있다.

며, 물고기 한 마리 살지 못하게 하고 있다. 한편 석회암층이 많은
소도천 소로골 상류는 소로천 바닥 전체가 주로 해안에 나타나는
백화현상처럼 새하얗게 변색되어 있다. 폐광의 후유증으로 나타나
는 자연 변화나 하천 영향이 제3의 재채기인 것이다.

　낙동강 발원지 '황지'는 하루 5,000톤 이상의 물을 뿜어내는 천년의
샘이다. 낙동강의 물 뿌리가 되고 태초의 물씨가 되는 이 같은 곳은
신성시되어야 하는 곳이다. 1997년 여름, 지역 내 시민단체에서 (환경
단체가 아닌) 황지샘 환경보호운동의 일환으로 샘 바닥 청소를 하였다.
　오가는 사람들이 물고기 밥이라고 과자 부스러기를 던져 넣기도
하고, 개인의 소원이나 희망을 염원하면서 동전을 마구잡이로 던지
다보니 샘 전체가 흐릿하게 오염되었기 때문이다. 이런 일은, 천연
의 샘이 가지고 있는 신비한 자연성에 접근하는 일은, 잠수복 입고
망태 들고 휘젓는 방식이어서는 안 되는 일이다. 전문가의 의견과 방

법을 동원하여 최소한 생태계를 건드리지 않고도 할 수 있는 일일 텐데, 의욕이 앞서서 시행착오를 범한 것이다. 마음은 주민단체가 만들고 기술과 집행은 전문가와 더불어 했으면 얼마나 좋았을까.

과자 부스러기를 샘에 던져 놓으면 물고기들은 반도 먹지 못하고 나머지는 바닥에 가라앉아 부영양화를 일으키는 원인으로 작용한다. 샘 속의 플랑크톤이 매체가 되어 먹이사슬 행위가 반복되어 일어나면 샘의 용존산소는 고갈되고 물은 부영양화 현상으로 흐릿해 지는 것이다. 황지샘의 숨 가쁜 재채기는 1999년 봄까지 계속되었음을 잊지 말아야 한다.

> 니기미 씨부럴 것 농사나 짓지
> 강원도 탄광에는 X빨러 왔나
> 아리랑 아리랑 아라리요
> 노부리 고개로 넘어간다
> 산지사방이 일터인데
> 그리도 할 일 없어 탄광에 왔나
> 아리랑 아리랑 아라리요
> 아리랑 막장으로 들어간다
> 이판사판이 공사판인데
> 한 많고 설움 많은 탄광에 왔나
> 아리랑 아리랑 아라리요
> 아리랑 탄광은 말도 많다

태백에 갈 때마다 장성 규폐센터 앞에서 발걸음이 저절로 멈춰진

 강은 흘러야 한다

다. 지금은 태백중앙병원으로 이름이 바뀌었지만 90년대 중반까지는 '규폐(진폐)'[1] 센터였다. 지하 1,000m가 넘는 막장 갱 속에서 시시각각 몰려오는 메탄가스, 탄산가스, 일산화탄소를 미세한 석탄 분진과 함께 들이마신 사람들이 과연 정상적인 호흡기관을 유지할 수 있을까?

석탄가루나 돌가루는 다른 먼지와 달리, 체내에 흡수되어 녹지 않고 몸속을 돌아다니다, 종국에는 폐를 경화시키는 작용을 한다고 한다. 이 같은 증상이 진폐와 규폐다. 이 병에 걸리면 겉으로는 살아있는 몸이지만 신체적 기능은 이미 죽은 몸이나 다름없다. 내가 가끔씩 찾아갈 때인 1996년엔 2,100명의 환자가 있었지만, 그 후 계속 숫자가 줄어 2004년 420여명, 지금은 그 반 정도 밖에 되지 않는다. 병상에서 멀그머니 나를 쳐다보는 그들의 시선을 대할 수 없어 속눈물 담아 나와 버리지만, 그들의 허무와 고독감은 며칠 동안 내 가슴을 짓누르고 있었다. 우리들 모두는 벌써 잊고 있지만, 낙동강의 생명 줄기엔 그들이 살점 떼어 만든 '광부아리랑' 노래가 물결 속에 젖어 있음을 나는 잊을 수가 없다.

●
잔기침 멈추지 않는 인연의 땅, 생명의 물길

낙동강과 한강, 오십천이 분기하는 삼수령 피재는 물이 인연을 만나는 곳이다. 우리가 5년 간 1만 배 의식을 치른 행사 중에 두 번을 이

1_ 석탄광산에서 발생하는 석탄 미세가루가 사람의 폐에 들러붙어 경화를 일으키는 병으로, 낙동강 유역에서는 태백중앙병원에 아직도 많은 환자들이 입원해 있다.

곳에서 했으니까 나에게도 보통 인연의 땅이 아니다. 삼수령에서 황지 쪽으로 10분 정도 걸어 내려오면 완만한 경사의 구릉지가 나타나면서 하늘과 땅이 아주 편안한 느낌으로 만나고 있다. 이곳이 아홉 마리의 소가 엎드려 있는 모습이라 하여 이름 지어진 '구와우'다. 이 같은 고산 구릉지와 능선이 있는 곳에서 산골짜기의 궁핍한 주민들은 화전농을 하며 살아왔다. 주인 없는 산을 불 질러 조, 밀, 옥수수, 보리 등을 재배한, 일명 약탈농업으로 살아가는 사람들을 화전민이라고 불러 왔지만 지금은 그런 농가를 쉽게 찾을 수가 없어졌다.

이곳에 작은 몸짓에 하얀 얼굴을 가진 한 여성이 거의 매일 아침저녁마다 나타나 구와우의 하늘을 쳐다보고 있다. 그녀의 머리만큼 커다란 카메라는, 내가 보기에는 허공뿐인데 맨날 그곳의 하늘만 찍어대고 있다. 김환희, 그 때 나이 31세(2001년), 풍수 사진가 이석필 선생의 제자다. 이석필 선생은 예전부터 잘 알고 있었지만 김환희 씨는 그곳으로부터 인연이 되었다. 그 후 약 3년 간 나의 낙동강 생명 찾기 운동의 일원이 되어, 강의 구석구석을 뒤지면서 사진을 만들어 대던 그녀가 2003년 4월 3일 조용히 눈을 감았다. 그녀가 유방암에 걸려있었음에도, 그것이 전이현상으로 온 몸에 퍼질 때까지 아무도 몰랐던 것이다. 자신의 생명을 하나씩 하나씩 떼어 내어 만들어진 낙동강의 사진들은 고스란히 유언으로 전해져 나에게 보관되어 있다.

"선생님, 강이 너무 아름답습니다. 저도 강처럼 살고 싶어요."

이 말 들을 때가 그녀 몸에서 터져오는 고통이 극심할 때인것 같은데, 눈치도 채지 못한 나의 청맹과니가 부끄럽고 또 부끄러울 뿐이다.

27.8km짜리 물길을 가진 '황지천'은 천연성 석회동굴인 '구문소'에서 하천의 역할을 마감한다. 구멍의 옛 말인 구무소라고도 불리

장성 황지천, 철암 철암천, 소도 소도천은 폐광 이후에도 침출수 문제에 시달리고 있다.

는 구문소 인근 상류에 '광미 침전수지'[1]라고 부르는 아연 제련 뒷물 처리못이 있었다. 이 광미 침전수지에서 조금씩 흘러나오는 아연 침출수는, 계곡을 막기 전부터 있었던 작은 실개천을 따라 구문소 바로 아래 황지천 끝자리에 섞여 들고 있다.

1997년부터 2001년까지 매년 두 차례씩 정기적인 관찰과 조사를 할 때 아연과 철, 기타 중금속 성분은 모두 기준치의 백 배 이상이었다. 이 침전수지는 연화봉(1,052m) 너머 봉화군 연화리 '연화광업소'에서 발생시킨 폐수지이지만 오염은 태백에서 일어나고 있다.

원인지 따로 오염지 따로이다 보니 국가에서 어떤 조치나 조정자 역할을 해 주는 것이 마땅할 텐데도, 그렇지 못하다 보니 태백시와 봉화군은 석탄합리화사업단과 네 탓, 당신 탓만 외치고 있었다.

1999년을 목표로 3차에 걸친 복토작업을 마쳤을 때 땅 표면은 거북등 같은 판조각으로 경화되어 있었고, 주변의 활엽수는 대부분 말라비틀어지고 크고 작은 풀들은 밑뿌리에서부터 허옇게 죽어 있었다.

1_ 아연 · 철 등 중금속을 제련하고 그 뒷물을 가두어 모아두는 인공 저수지.

나하고 몇 차례 이곳을 조사했던 밀양대학교 김영식 교수(환경공학과)는 땅 밑에서 치고 올라오는 역겨운 독기 때문인지 연신 헛구역질을 했다. 지금은 '드림월드'란 이름의 오토바이 경륜 연습장으로 변해 있지만, 지하 깊숙이 숨겨져 있는 중금속 성분은 침출수를 타고 낙동강에 흘러들고 있다. 구문소 바로 아래쪽 합수지에서 바람만 불면 코끝을 건드리는 불쾌한 냄새가 있다. 어디에서, 무엇 때문일까. 강은 이런 일 때문에 재채기를 하는 것이다.

봉화군의 낙동강 1지류인 송정리천을 거꾸로 타고 올라가면 대현리 마을을 관통하여 합수하는 제2지류인 병오천이 나타난다. 병오천이 태백산을 향해 오르는 물길이고, 그곳에 붙여진 계곡 이름이 '백천계곡'이다.

백천계곡은 더러운 물에서는 단 하루도 살지 못하는 '열목어'[1]가 무리지어 살고 있는 곳이다. 섭씨 20℃ 이하의 수온과 산소가 풍부해야 살 수 있는, 서식 환경이 예사 까다롭지 않은 이 물고기는 한때 봉화의 고선계곡과 청옥골계곡, 석포 반야계곡에서 서식 실험을 해 보았지만 모두 실패하였다.

이런 결과를 종합해 볼 때, 백천계곡은 열목어 생활권의 남방 한계선에 해당되며, 서식환경 역시 중요한 곳으로 검증됨에 따라 철저한 보호가 필요한 곳이다. 그럼에도 뜻에 반하는 일들이 생겨서 깊은 염려가 쌓인다. 현불사 사찰 위쪽의 계곡 부근에 살면서 농사를 짓고 있는 노부부께서 내가 그곳에 갈 때마다 하소연한다.

"이보시오! 제발 철없는 사람들한테 어리석은 짓 말라 해 주소."

1_ 극지송어과의 민물고기. 성어일 때 몸길이가 65cm이며 은빛 몸에 자홍색의 점들이 흩어져 있고 낮은 수온에서만 살 수 있다.

철없다고 표현된 사람들은 봉화군에서 태백산 등산로를 이곳으로 정하겠다는 관료들을 칭하는 것이며, 어리석은 짓이란 이제 정착하기 시작한 열목어가 마음 놓고 살아가려고 하는데도 제 욕심만으로 굳이 이 길을 가야겠다는 등산객을 두고 하는 말이다.

"할아버지 할머니는 이곳에서 제일 높은 파수꾼입니다. 할아버지께서 '이놈들! 안 된다'하면 안 되는 것입니다. 저기 바위 밑에 움츠려 있는 열목어들이 할아버지만 믿고 여기 온 것 아닙니까? 저 놈들도 돕고 우리가 또 돕고 하면 아무도 할아버지를 이길 사람은 없습니다. 할아버지 파이팅!"하니 시골 웃음으로 연신 고개를 끄덕이신다.

●

있는 것과 없는 것에 대한 새로운 모색

백천계곡 태백산 등산로는 있는 것이 나을까? 없는 것이 나을까?

그것은 빙하시대 때부터 살아왔다는 희귀종 '열목어'가 낙동강까지 내려와 유일한 서식 장소로 이곳 백천계곡을 선택했다는 가치 기준에서 답을 찾아야 될 것 같다. 높은 산, 깊은 계곡, 푸른 숲 속을 구불거리며 달릴 수 있는 물은 참으로 행복할 것 같다. 거기에다 간혹 쉬어갈 수 있는 크고 작은 웅덩이들이 곳곳에서 기다리고 있다면 금상첨화가 된다.

태백산 천제단-천왕단-문수봉-연화봉으로 이어지는 태백과 봉화의 경계 벨트는 백두대간과 낙동정맥을 갈라놓은 중요한 산맥의 분기점이기도하지만 낙동강의 유년기 성장 환경을 살펴볼 수 있는 곳이다. 태백 방면은 고산분지를 이루는 지형이어서 산의 기세가 그리 가파르지 않지만, 봉화 방면은 산과 산 사이 접경지대가 많아 곳곳에 계곡이 있어 '산계하천'[1]이 많고, 굽이침이 강하고 여울이 세차게 일어나는 곳이다. 그야말로 청정산간이며 청정하천이다.

봉화군 석포면 대현리, 상류에는 열목어가 살아가는 백천계곡이 있지만 하류에는 연화광업소와 석탄광산이 있었다. 참 아이러니한 모습이지 않은가? 상류는 '생명의 상징'이 살고 있고, 하류는 '죽음의 상징'이 존재하고 있으니 말이다. 청정지가 품어 안은 이질성이 이곳에 있는 것이다.

연화광업소는 1962년 8월에 이곳에 들어서고 1993년에 문을 닫았다. 태백산을 중심으로 묻혀있는 한국산 아연석을 채광하여, 여기에서 얼마 떨어져 있지 않은 하류 쪽 석포리에 세운 석포제련소에서 '아연괴'를 생산해 왔다. 1993년에 연화광업소는 폐광되었지

1_ 산과 산 사이를 타고 흐르는 하천. 낙동강은 1개의 대간과 2개의 정맥으로 둘러싸여 있기에 우리나라에서 제일 많은 산계하천을 가지고 있다.

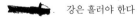 강은 흘러야 한다

만, 제련과 아연괴를 만드는 석포제련소는 그대로 두었다. 나라 안의 산업단지에서 이곳의 아연괴가 절대적으로 필요했기 때문이다. 이곳에서 바뀐 것이 있다면, 아연의 재료가 전부 수입된다는 것하고 그 모든 것이 중국과 러시아, 캐나다에서 들여온다는 사실이다.

'원인지 원인자 처리기준'[1]과 국토 이용의 이해관계로 보더라도 이 제련소를 타 지역으로 옮기는 것이 마땅할 것이다. 태백에서부터 석탄 환경 해방이 일어났다면, 당연히 이곳도 환경 해방이 되었어야 했다고 생각된다. 우리 몸의 기관 수술이 필요했다면, 몸속에 유기된 종양들을 한꺼번에 수술과정에 포함시키는 것처럼.

복잡한 이해관계가 있었다. 열목어가 살고 있는 곳을 태백산 등산로로 만들려 하는 지방자치단체의 무분별 같은 속마음이 그 이해관계의 저변에 도사리고 있었던 것이다.

'재정자립도'![2] 지방이 자립하기 위해 벌이는 사업들이 제련소 발목을 잡아버렸다.

명분이 생긴 것이다. 수많은 환경단체들이 퇴출을 요구해도 그 명분 때문에 꿈쩍도 하지 않는다. 1999년 전문가들과 실시한 수질조사에서(석포제련소 배수구 아래쪽) BOD 13.86ppm, 용존산소 8.2ppm, 전기농도 406.8로 나타났다. 나와 함께 조사에 참여한 영남자연생태보존회의 류승원 박사는 "아무리 재정자립도가 중요하다지만 이 같은 청정지구에서, 세계에 내놓아도 명품이 될 천혜의 자연 공간에 이를 방치하는 나라꼴이 너무 한심합니다." 하며 풀썩

1_ 하천 집수역에서 발생하는 오염의 책임은 그 오염을 유발한 현장에서 처리해야 되는 제안 모델로써, 총량규제제도와 병행하면 효율이 클 것이다.

2_ 지방자치단체의 재정적 자립 능력을 비율로 표시한 것이며, 낙동강에서는 골재채취 등이 지방재정 확충방법으로 선택되고 있다.

퍼져 앉는다. 비록 국지적인 상황이지만 이 수치는 오염이 극심한 대구의 금호강과 비슷한 상황이다.

한 곳이 원인을 만들면 좋은 것이나 나쁜 것이 연속적으로 일어나는 '도미노 현상', 이곳도 예외일 수 없다. 산간오지였던 석포리에 지금은 2,000명이 넘는 주민이 살고 있다. 제련소가 들어서면서 형성된 이해관계의 인구다. 청정지에 새로운 사회가 들어선 것이다.

석포제련소가 만든 또 다른 생산, 경제적 먹이사슬구조다. 석포리-석포제련소-승부리로 가는 강변길 따라 걸어가다 보면 오른편으로 난 시멘트 길이 나타난다. 그 길 따라 구불구불 1km 쯤 가면 산 속의 얕은 계곡을 막아 만든 폐기물 매립장이 나타난다. 폐기물 처리업체 '미래와 환경'에서 매립을 하고, 일정 시간이 지나면 봉화군에서 관리하는, 매립 후 20년 책임의 현장이다.

매립장 명칭은 '봉화 석포 쓰레기 매립장'이지만 초기 매립 시에 지켜본 나는 그곳이 일반 쓰레기 매립장이 아닌 산업폐기물 매립장이었음을 알고 있다. 1990년과 2000년도 두 차례에 걸쳐 '공식 답사단'의 명분으로 3곳을 파 보았더니 산업폐기물 특유의 독한 냄새가 '확'하고 쏠려 왔다. 1988년, 낙동강 하류인 김해시 한림면 안하리에 있는 산업폐기물 매립장에서 겪었던 구토 증세가 이곳에서도 그대로였다. 그때 12명의 동행자들도, 1999년 석포매립장에 함께 갔던 7명의 사람들도 한결같이 같은 증세를 나타냈었고, 주변에 바짝 마른 나뭇잎들도 그대로 닮아 있었다. 산업폐기물법 상, 쓰레기와 산업폐기물은 영업권이 전국에 걸쳐 있다.

이곳에 묻힌 폐기물들은 대부분이 경기도 일원의 산업현장에서 실어온 것이 확인되기도 하였다. 최소한 환경 문제에서 발생과 처리는 '총량원칙'이 지켜져야 하고, 그것의 실천으로 '원인지 원인자' 문화가 자리 잡아야 한다. 이곳이 특별히 위험하다고 판단되는 이유는, 올라갈 때는 구불구불 1km 였지만 매립장 하단 침출수지에서 낙동강까지는 불과 200여m 밖에 안 되어 지각 변동이나 대형 수난이 일어날 땐 융단폭격 같은 환경 사고가 예측되기 때문이다. 절대 있어서는 안 될 곳에 만들어 놓은 환경 불감증은 어떻게 해야 치료될 수 있을까.

봉화군 석포면에서 청량산 계곡이 시작되는 명호면까지의 '봉화협곡'[1]에 두 개의 '소수력발전소'[2]가 강의 흐름을 막고 있다. 흐르는 물의 낙차를 이용해 만든 소수력발전소는 일정량의 전기를 생산하여 주변에 공급하는 순기능도 있지만 흐르는 물의 속도를 인위적으로 늦추는 '유하장애'[3]를 일으키는 문제와(수질 영향), 보 설치로 인한 어류 이동로 차단(생태 영향), 보 하류의 건천화(유지수량 영향) 등 하천 활동에 대한 역기능이 훨씬 많다.

특히 상류에 댐을 막고, 그 옆으로 터널을 뚫어 낙차가 큰 반대편 산 쪽 강에 물을 떨어뜨리는 터널식 수력발전방법인 '임기소수력'은 무려 5.5km의 하류에 건천화를 일으킨다.

하루 1,200kw의 전기 생산(한 달 150kw를 소비하는 가정의 9개월 분량)을 위해 당장의 이익보다 지속적으로 손실이 클 수밖에 없는 이 같은 구조를 그대로 둘 것인지 모두 한 번 생각해 볼 일이다.

1_ 우리나라에서 제일 긴 산과 산 사이의 협곡하천이다. 약 72km 전체를 휘감아 도는 굽이굽이는 그 풍경만으로도 주변을 압도한다.
2_ 경사가 크고 유지수량이 많은 산계하천에 만든 소규모 댐으로 물의 낙차를 이용하여 전기를 생산한다.
3_ 물의 속도를 인위적으로 늦추어 발생하는 물 환경 장애.

하회마을

강은 흘러야 한다

2_ 시대 변화에 멍에를 짊어진 강

●

약속과 배반의 시기

"사람이 병들면 병원이나 약국을 찾는데
　아! 낙동강, 당신은 어디로 가야 합니까?"

1980년 9월 제5차 공식행사였던 42일 간의 도보순례를 마치고, 그때만 해도 온통 시꺼먼 태백 황지에서 내뱉은 나의 언어다. 역천 순례의 방법으로 걸어온 나날의 현장 모습들이 전보다 더 변해가기에 안타까워 나온 말이다. 낙동강은 그 때부터 속으로 신음하며 아파하고 있었다. 국가경제개발 5개변계획이 새마을운동과 더불어 우리의 강을 새로운 시각으로 보면서부터다.

새마을운동의 3대 정신이었던 근면·자조·협동이 나라를 새롭게 일구는 동력이었다면, 우리 강들은 자신이 살아가야 될 생존의 울타리를 나라와 국민을 위해 하나씩 내어주는 개발의 시장이 되어 버렸다. 강은 그 시절부터 시름시림 아파하기 시작한 것이다.

근면·자조·협동이 그 시절 국민이 외쳐 부른 '잘살아 보세'의 자양분이었고 원심력으로 동력을 일으킨 것은 주지의 사실이다. '잘살아 보세!'의 새마을운동 문화 속에 국토의 근간인 강과 자연을 배려하는 안목이 있었다면 강은 그렇게 쉽게 병들지 않았을 것이다.

백범 김구 선생께서 말씀하신 '문화의 힘-온 국토산하에 다양한 생명들이 함께 어울리며 살 수 있는 세상'과 같은 국민적 자아가 개발문화를 견제할 수 있었다면, 그 강들이 내어준 울타리의 땅은 오직 강과 함께 살아가는 소중한 상생의 자리였을 것이다. 상생의 자리를 빼앗아버린 우리의 무분별 소치는 그 자체만으로 강의 원초적 오염원이었다.

참으로 어처구니없는 일을 당한 적이 있다. 태백 황지에서 내뱉은 나의 애절했던 언어를 메시지로 포스터를 제작, 낙동강 유역 곳곳에 게시하던 중 경찰서에 잡혀 간 일이 있었다. 조서 내용에서 왜 그랬냐? 무슨 목적이냐?를 줄기차게 물었지만 그들이 원하는 답을 말할 수가 없었다. 그런 일들이 조서로 꾸며질 분량이 아니었기 때문이다. 2005년 5월인가, 태백산 천제단에서 1만 배를 같이 했던 청년들과 지금의 구미대교 아래 강가에 버드나무를 심다가 불현듯이 "있제, 십여 년 전에 내가 이곳에 포스터를 붙이다가 잡혀 간 일이 있데이."하니 그들은 놀라면서 동시에 묻는다.

"무슨 포스터요? 왜요?"

"강은 병들면서 아파하는데 사람들은 하도 관심을 보이지 않아 '사람이 병들면 병원이나 약국을 찾아가는데, 낙동강 당신은 어디로 가야 합니까?'라는 포스터를 만들어 곳곳에 붙였다는 것이 죄가 된다는구나."하니 그 친구들은 또 동시에 "참 희한한 세상이네요." 라고 합창을 한다.

강은 땅과 물과 주변의 모든 생명체가 공동으로 참여해 있는 합성어다. 주변의 모든 생명체를 대표하며 '사람'으로 대표성을 둔다면, 강은 사람과 땅과 물의 삼위로 존재하는 곳이다. 이 세 가지 요소들 중에서 어느 것 하나라도 건강치 못하면 연동의 작용으로 다른 것들도 직접적인 영향을 받게 된다.

물의 생활에서만 살펴보더라도 강바닥(하상)과 강바닥 아래 지층(토성)이 건강해야 하고, 또 물이 품고 살아가는 식물과 동물이 다양해야 되듯이 사람과 땅의 생활에서도 상호 연동관계는 쉴 틈 없는 움직임으로 존재를 확인시키고 있는 것이다.

강은 육상 생태계의 생명보루다. 물은 한시도 쉬지 않고 움직이는 '생명의 약속'과 같은 물체다. 강은 이 같은 생명의 약속 속에 길을 만들어 주고 땅과 사람과 같은 생명체들에게 생활의 기회를 제공한다. 강이 던져주는 생명의 약속 안에 공생의 원칙이 있고 공존의 배려가 있다. '공생'은 '공존'의 필요를 낳고 공존은 '공영'이라는 문화 발전의 꼭짓점을 만든다. 강의 입장에서 볼 때 공영을 꾀하는 3요소 중에서 주도적 역할자가 무엇이냐에 따라 운명도 달라질 수 있을 것이다.

우리나라의 경제발전 역사 속에 엄연히 있었던 다섯 차례에 걸친 국가경제개발 5개년계획과 새마을운동은 국가발전이라는 '공영'을 향한 국가·국민의 약속이었다. 당시 박정희 대통령은 국가발전 계획의 구심점으로 낙동강을 선택했다.

자신의 고향땅으로 흐르는 낙동강을 발전의 젖줄로 삼고, 그 강의 발원지 산 속에 무진장 묻혀있는 태백광산 석탄을 기초 에너지 삼아 구미, 대구, 부산, 마산·창원 등 유역권 산업단지와 역외권인 포항과 울산, 그리고 거제 권에 만드는 대형 공단에 산업용수로 공급하였다. 그 와중에 낙동강은 곳곳이 절개되고 물길이 막혀 유역으로부터 거침없이 쏟아져 들어오는 각종 오폐수에 의해 오염의 융단폭격을 당한 것이다. 유역의 각급 공장에서 생산된 가전제품들이 쏟아내는 엄청난 양의 생활 오폐수는 강과 하천 유지수량을 순식간에 장악해 버렸고, 합성세제 사용으로 발생된 강물의 '계면화현상'[1]은 물의 호흡기능을 막아버리고, 편리해진 부엌살림과 생산성 중심의 비료농법은 강을 '부영양화'[2]의 밭으로 만들어 버린 것이다. 또, 아무런 통제 없이 흘려보낸 공장들의 생산 찌꺼기 물은 강을 '중금속 저축장'[3]으로 바꿔버렸다. 그야말로 되로 주고 말로 받는 오염시대였다.

　　예로부터 전통 가치로 행해지던 생태적 삶이 편리와 편의주의의 강습으로 우리의 강은 국가와 유역으로부터 심각한 배신을 당한 것이다.

●
실종된 균형 감각 속에 갈증하는 수요관리

　　물의 이용에서 수요관리와 공급관리라는 두 개의 개념이 있다.

1_ 합성세제 사용의 증가로 미처리된 세제 오폐수는 강으로 들어와 수막현상(표면장력)을 일으키고 물을 미끌미끌하게 한다.
2_ 물속의 영양염류인 질소나 인 같은 물질이 너무 많아 산소를 고갈시켜 물을 썩게 만드는 현상.
3_ 비록 미량의 중금속이지만 이 물질들이 축적되는 현상을 경고하는 의미를 가지고 있다.

 　강은 흘러야 한다

예컨대, 물이 자원이면 그 물을 사용하는 사람들은 수요가 된다. 수요자인 사람들은 자원의 총량을 인식하고, 그 총량에 맞춰 살아가는 생활이 필요하며 그것에 대해 일정한 책임을 지게 된다. 반면에 공급관리는 수요를 예측하여 공급계획을 짜는 방법으로 공급자에게 1차 책임이 있다.

수요와 공급의 원인지는 그것을 필요로 하는 '현장'이다. 수요와 공급의 관계에서 기본 질서는 '균형'이며 최종 목표는 '총량관리'다. 기본 질서인 균형이 무너지면 수요 과장과 공급 과잉의 수요 트러블이 생기고 결과적으로 환경 문제와 소비자 문제 같은 악순환이 뒤따른다.

낙동강이 생태교란을 겪고 국지적 오염이 빈발하는 이유에서 공급 중심의 부정확성을 떼어놓을 수 없다. 현장을 제대로 인식하지 못한 상태에서 개발의 논리에만 길들어져 있던 국책사업도 그렇거니와, 54개나 되는 지방 자치단체의 경쟁적 개발관행도 여기에 한 몫을 하고 있는 것이 주지의 사실이다.

우리나라의 선거 때마다 후보들이 제시하는 공약들은 대부분이 공급 과잉의 유혹에 포장되어 있다. 수요자들의 유·무형적인 욕구를 이용해 수요를 스스로 부풀린 것이다.

수요는 공급을 부추기고, 공급은 개발의 명분을 쌓는 과정에서 총량은 뒤죽박죽 혼란에 빠져 버린다. 수요를 부풀리는 행위는 소비자를 유혹하는 범죄행위이며 배임죄와 같은 것이다.

수요와 공급의 견제장치에 '예비 타당성평가'[1]와 '사전 환경성 검

1_ 경제성을 무시하고 무리하게 진행되는 정부사업을 차단하기 위해 지난 1999년부터 도입, 실시되었으나 2009년 3월 국가재정법 시행령 13조에서 4대강사업의 명분인 '재해예방'의 근거로 준설과 보 설치 등을 이 평가에서 비켜나게 하였다.

토[1]란 제도가 있고 사업의 실시에서 최종 '환경영향평가'[2] 제도가 있다. 수요가 사람일 수도 있지만 강이나 산이 될 수도 있고 자연과 문화재가 대상일 수도 있다. 예를 들어 도로 하나를 만든다면 그 도로를 만드는 기술이나 재료도 그렇고 이를 계획하고 추진하는 정책들도 공급자에 속한다. 반면에, 그 도로 구역에 존재하는 산, 하천, 자연, 문화재 같은 것이 수요자 영역에 포함되는 것이다.

이 중 하천이나 자연 생태지점이 도로 사업구역에 포함되어 있다면, 그 사업이 환경에 미치는 영향을 조사하기 위해선 최소한 4계절에 걸쳐 구체적인 조사와 검증이 있어야 한다. 계절마다 그곳에 살아가는 동식물과 생태에 피해를 최소화해야 되기 때문이다. 공급이 소중한 수요적 자원을 보호할 의무가 있기 때문이다.

그런데 간혹 이상한 명분을 내세워 절차상 원칙 기준인 기간·구간·영향의 내용 등이 교묘하게 바뀌고 뒤섞여 사업들을 완성시키는 사례를 많이 보아 왔을 것이다.

현재 국책사업으로 추진 중인 '4대강 정비사업'에서, 예산 평가 기준인 500억 이상을 피해가기 위해 최대 480억 사업들이 즐비하게 많고, 구간 평가 기준인 10km 이상의 원칙을 피해 6~7km 사업이 많은 것은 웬일일까? 그것들은 당장은 단위 사업이지만, 나중에는 합쳐진 사업으로 다시 태어나는 것이다. 이런 경우는 수요가 축소되는 기현상으로 소비자들을 교란시키는 속임수에 불과한 것이다.

1_ 환경에 해당하는 각종 행정 계획이나 개발의 초기 단계에서 환경에 미치는 영향을 고려하고, 개발과 보존의 조화를 꾀할 목적으로 도입된 제도.**

2_ 개발이 환경에 미치는 영향을 사전에 예측 평가하고 그로인한 환경 영향을 사전에 차단하는 제도.

  강은 흘러야 한다

문경 진남교반은 대구·경북에서 지정한 8경 중 제1경이며 역사·사 회·문화적으로 소중한 가치를 지니고 있다. 이런 지역에 대한 환경영향평가는 신중하게 이뤄져야 한다.

나를 도와 수년간 낙동강 현장을 촬영하던 예종태 선생이 나를 깨운다. 태백-영월-단양을 거쳐 문경 진남교반을 지나가던 중이었다.

"선생님, 저기 좀 보세요."하며 진남교반 병풍바위 산꼭대기를 가리킨다.

어디로 올라갔는지 신기하게 감색 포클레인 한 대가 거기에 있다. 가던 길을 멈추고 여기저기 수소문해 봤더니 도로를 만들기 위해 산을 깎아내기 위해서란다.

문경시청에 전화로 물어본다.

"지금 진남교반 꼭대기에 포클레인 한 대가 있는데 도대체 무슨 일입니까?"

"아! 예, 그건 부산지방국토관리청에서 3번 국도를 확장하기 위해 그 산을 깎아내는 사업입니다"

아무런 문제의식도 느껴지지 않는 답변이다.

"여기는 대구·경북에서 자랑하는 8경 중에서 제1경치가 아닙니까! 특히 이곳 고모산성은 역사적으로나 자연 풍치로 보나 너무 중요한 곳이고, 폐광 후 관광산업에 애를 쓰고 있는 당신들 고장에서 이런 일이 발생하는데 그냥 두고 보고 있었어야 되겠습니까?" 라고 교장 선생같이 훈계조로 말하니 아무 말이 없다.

"예 선생, 이 일을 어쩌죠?"

연신 카메라 셔터를 눌러대고 있는 예종태 선생한테 무의식적으로 물었다.

"막아야죠."

항상 대답이 간단한 예 선생의 눈에도 결연한 의지가 엿보인다. 문경에서 활동하는 문화계 인사와 시민 관계자들을 두루 찾아 만나도 속수 무책한 반응이 나를 무기력하게 한다.

당시 국회 환경포럼 자문 위원이었던 나는 이 문제를 가지고 팔방으로 뛰어다녔지만, 환경영향평가 제도에서 문화와 역사 부문의 보호 장치는 없었다. 당시 위원장이었던 김상현 의원에게 부탁하여 의원회관에서, 이 문제를 다루는 정책자문 주제발표를 하고 나서야 정책의 보완을 약속받았던 기억이 난다.

이 후, 낙동강에서 일어나는 각종 환경문제를 예방하기 위해서는 현장 활동도 중요하지만 미비한 정책 보완이 급선무임을 깨닫고 정책과 제도에 관한 학습을 할 수밖에 없었다.

지금까지 700여 차례의 순회 사랑방을 열어 주민과의 현장 문제를 토론하면서 낙동강 주민의 소비자 정신과 주민 주체의 우리 강 지키기를 말해 왔지만, 끊임없이 발상되고 진행되는 개발의 공급자 기세는 날이 갈수록 드세어 지고 있다.

수요를 부풀리게 하는 행위, 수요를 전도시켜 교란케 하는 행위, 수요를 단락화하여 주민을 착시화로 몰아넣는 행위는 그 명분이 아무리 좋은 것일지라도 허용되어서는 안 된다. 낙동강을 지키고 살리는 일 중에서도 이 같은 짓을 감시하는 주민 행동이 최상의 덕목이 되어야 한다.

●
에코 테러로 흠집투성이 되어버린 강

안동 도심을 조금 벗어난 수하동 낙동강 변은 마치 어떤 테러 집단의 캠프 같은 느낌을 준다. 골재 적사장이 산더미를 이루고 있고, 건축 폐기물이 담벼락처럼 줄을 선 가운데 연이어 하수처리장의 고약한 냄새가 코를 막게 하고, 얕은 비탈길을 오르다 보면 매립이 끝나가는 쓰레기 매립장이 불룩한 배를 드러내고 있다.

2km가 채 안 되는 짧은 거리에 있는 것들이 하나같이 강을 위협하는 것뿐이다. 강변길을 경계로 바짝 들어붙어 있는 상태라 강과의 이간 거리를 재고 말고 할 틈도 없는 곳이다. 나는 이곳을 낙동강의 안동 오염벨트라고 부르고 있다. 큰 비가 내려 범람을 일으킨다면 그곳의 내용물들은 고스란히 강으로 빠져들 것 같은 예감이 드는 것은 나만의 염려가 아니다. 우리나라의 환경정책에서 수정정책이 필요한 현장 사례가 바로 이곳이다.

하수처리장과 쓰레기 매립장, 소각장 같은 주민 기피시설은 결국 강과 산 속으로 쫓겨 가는 것이 우리의 현실이다. 지방자체단체마

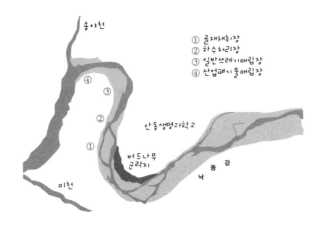

① 골재채취장
② 하수처리장
③ 일반쓰레기매립장
④ 산업폐기물매립장

송야천

안동생명과학고

버드나무
군락지

낙 동 강

미천

다 대부분이 도심 외곽 지역인 강과 하천 하류에 하수처리장을 만들고, 산과 산 사이의 공간을 찾아 쓰레기 매립장을 만들어 놓았다. 산과 산 사이는 계곡이고 계곡은 하천의 시작점인 곳이기에 물과는 떼어놓을 수 없는 이해관계가 생기는 것이다. 정부에서 진정한 의지로 강을 살리겠다면 이와 같은 관행과 구조를 개서시키는 노력이 있어야 마땅하다.

하회마을 밑 광덕리에서 구담리까지의 낙동강은 우리나라에서 가장 큰 규모의 하천숲을 가지고 있다. 하천 안에 비집고 들어온 버드나무 숲이 30년 세월 속에 70만평이 넘게 자신의 영역을 확장한 것이다. 1976년 안동댐이 축조되기까지는 자연하천의 원형인 모래하천이었지만, 안동댐이 들어서면서 '통수단면'[1]이 바뀌어 곳곳에 작은 모래섬을 만들었다. 같은 모래섬(사주)이라도 그곳에 식생이

1_ 물이 흐르는 하천의 폭과 면적. 상류에 유량과 유속에 영향을 주는 구조물이 들어서면 하류의 통수단면적이 줄어들고 생태계의 자리도 변형되게 된다.

들어서 서식할 수 있는 곳이 있고 식생이 생장할 수 없는 곳이 있지만, 구담습지의 초기 모래섬은 식생을 적극적으로 받아들이는 영양분이 많아 습지의 기초식물들이 자리를 잡은 곳이다.

구담습지라고 이름을 정한 것은 점차적으로 확장되는 과정에서 강 복판의 중심 하도를 제외한 양안 기슭에 새로운 물길이 생겨 중심하도와 소통할 수 있었고, 그 물길들의 이동과정에서 '정체수역'[1]을 만들어 습지에서 살아가는 동식물들을 거두어 들였기 때문이다. 이 같은 상황에서 그때까지 일정한 유지수량을 감당했던 반변천에 임하댐이 들어서고 나서부터는 구담습지의 영역은 전보다 더 넓어진 것이다.

구담습지에 에코테러가 발생했다.

6km 가량의 습지벨트 하류에 살고 있는 구담 주민들이 상류의

1_ 하천의 지형적 조건이나 하류의 구조물 설치로 인해 물이 제 속도로 흐르지 못하는 물길구역을 말하며, 범람의 원인이 되는 곳이다.

광덕교 다리 부근부터 하류의 구담교까지, 한창 왕성하게 자라고 있는 버드나무를 밑둥치 채로 싹둑 잘라버린 것이다. 이유는 그것이 '유수지장'[1]을 일으켜 범람의 원인이 된다는 것이다.

안동댐과 임하댐으로부터 생기게 된 하천의 통수면 변화와 그 변화의 구체적 산물인 하천습지가 일부 사람들의 편견과 오해에 의해 강제 벌목의 피습을 당한 것이다. 나이테를 점검해 보니 대부분의 나무가 20년에서 23년 정도를 살아온 연륜을 가지고 있었다. 안동댐이 만들어진 것이 1976년이고, 피습당한 해가 1997년부터 1999년까지였으니까 버드나무의 연륜과 일치하고 있었다.

무작정한 행동으로, 그것도 3년간 계속하여 베어낸 버드나무가 그들의 생각대로 없어져야 당연할 것인데, 그렇지 않고 오히려 지금은 그전보다 3배 이상 숲이 더 우거져 있으니 문제가 되는 것이다. 버드나무는 뿌리 채 뽑아내지 않으면 그 몸통에서 보통 3배~4배의 새 순이 돋아나는 식물이다.

전문가들과 의논하고, 방법을 찾아내는 절차와 노력이 실종되어 버린 생태폭력은 테러와 다를 바 없지 않은가? 다섯 차례에 걸쳐 주민들과 만나 설득해 보았지만, 그들의 사고는 꽁꽁 얼어붙은 두꺼운 얼음장 같아 대안적 조치로 현장의 생태가치를 조사하기로 하였다.

당시 환경부 수질국장이었던 곽결호 전 장관에게 전화를 걸었다.

"국장님, 안동 하회마을 아래 동네인 광덕과 구담 사이 낙동강에 70만평의 하천습지가 자리 잡고 있는 것을 알고 계십니까?"

2_ 물이 정상적으로 흐르지 못하게 들어서 있는 장애물을 뜻하며, 버들 군락지가 강 복판에서 퇴적층을 넓힌 곳 등이 해당된다.

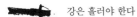

"알고 있습니다. 왜 그러십니까, 무슨 일이 있습니까?"

나는 그 분과 가끔씩 전화를 하기 때문인지, 금방 무슨 일이 있음을 알아차린다.

"우리는 그곳을 하천 안에서 만들어진 '구담습지'라고 부르고 있습니다. 안동댐, 임하댐이 들어서고 나서 습지의 꼭지식물인 버드나무과가 20~23년 째 자라서 안정기에 들어선 것도 알고 계십니까?"하니

"아, 그렇습니까. 구체적인 것은 알아봐야 될 것 같습니다." 한다.

"그런데 큰일이 생겼습니다. 이곳의 아랫마을인 구담마을 주민들이 전기톱으로 그 많은 나무들을 잘라내고 있는데, 딱히 막아낼 방도가 없습니다. 좋은 방법이 있으면 좀 가르쳐 주십시오." 마음이 급해 SOS를 쳤다.

"지금 막을 방법은 그곳이 습지 생태로 인정받을 수 있는 동식물의 서식환경을 증명할 길 밖에 없고, 다른 방법은 같이 한번 찾아봅시다."라고 대답하며 같이 한번 가보자고 했다.

낙동강은 엄연한 국가하천인데, 이곳에 일어나고 있는 환경과 생태 변화는 환경부의 몫이 너무 적고 외곽적임에 나를 안타깝게 한다. 물과 하천 구역의 일들은 국토해양부가, 수질과 생태는 환경부가 양원 관리하는 문제 때문에 이 같은 시급한 일이 어떤 결정을 내려야 할 때 진정 필요한 대책이 투입되지 않는다. 통합관리가 없는 사고 공간마다 우리의 강은 에코 테러에 노출되어 있는 것이다.

가슴까지 오는 긴 몸장화를 신고 안동대 정규영 교수팀, 이종은 교수팀과 몇 몇 전문가들이 현장의 생태 서식상태를 조사한 결과,

이곳에는 국가가 보호해야 될 황조롱이, 수달 등이 둥지를 튼 지 오래되었고 백로 등 철새들이 숫자를 늘려가고 있을 때였다.

두 번째 현장 조사 후 제방에 둘러앉아 현장 토론회를 열었다. 내가 먼저 이야기를 끄집어낸다.

"이곳의 하천 변화는 1976년 안동댐, 1992년 임하댐 건설로부터 일어났습니다. 자연 상태의 하천이었을 때는 평소 하천 안의 물 이동이 자유로웠습니다만, 댐으로부터 일정량으로 통제를 받는 상태에서는 물 이동이 그렇지 못합니다. 그런 가운데 이 같은 방대한 하천안 습지가 우리 앞에 나타났습니다. 구담습지의 가치와 지금처럼 무작정한 판단으로 일시에 벌목되어 버리는 것에 대해 말씀들 해주시죠."

먼저 영남자연생태보존회 류승원 박사가 바통을 받는다.

"습지는 지구상에서 가장 생산력이 높은 생태계로 수금류, 어류, 포유류, 파충류, 양서류의 중요한 서식지입니다. 개척자 식물에 의해 길을 튼 습지식물이 그들만의 울타리를 만들어 하천이 외부로부터 침해받을 수 있는 여러 가지 요인을 방어하고 해소시키는, 인간으로 치면 허파와 같은 오염필터 기능을 해줍니다.

낙동강 본류의 상부 지점에 댐이 들어선 후 물의 작용에서 역기능이 생기는 것이 당연지사 아닙니까? 이 구담습지는 일반 습지의 가치와는 많이 다릅니다. 즉, 댐이 만들어놓은 생태소통의 부작용들을 스스로 책임지는 생태적 선택 같은 가치가 포함되어 있습니다. 이런 곳이야말로 국민 모두가 귀하게 여기고 또한 책임을 느껴야 할 곳입니다."

아주 구체적이고 긴 이야기였지만 대략 정리한 내용이다.

자연의 친구들 차준엽 선생이 다음 바통을 받는다.

 강은 흘러야 한다

"자연 생태계는 항상 스스로 살아가는 방법을 몸으로 말하고 있습니다. 구담습지, 바로 이런 곳이 생태계의 뜻이며 그들의 표현 방식입니다. 이런 곳을 단지 인간이라는 이유로 함부로 훼손한다면 반드시 복수하고 말 것입니다. 두고 보십시오. 인간으로서, 자중하고 신중해야 할 판단이 느껴지는 곳입니다."

참 맞는 말이다. 벌목된 버들 본체에서 벌써부터 다섯, 여섯의 새 식구가 자라고 있고 버들이 자리 잡은 모래톱 언덕은 1m가 훨씬 넘는 높이가 되었다.

우리의 생각에 따라 다시 찾아올 수도, 영원히 찾지 않을 수도 있는 황조롱이, 왜가리, 백로, 수달 등도 새하얗게 질린 얼굴로 어디론가 사라져 버렸다. 나하고 1년 가까이 강의 연륜을 찍기 위해 나서 주신 사진작가 최민식 선생께서 잘려버린 숲을 보면서 "쯧쯧……. 제 가족이라면 저랬겠나, 한심한 일들이다." 하시며 표정이 일그러진다.

IMF로 태어난 '공공근로사업'의 책임은 누가 지는가? 국가의 하천 정비계획을 물고 들어와 구담습지를 마음껏 유린하게 만든 책임은 누구에게 물어야 하나? 우리가 부르고 있는 공식명칭인 '구담배후습지'의 훼절은 안동시 풍천면 면장이 기획하고, 집행하고, 책임질 일은 분명 아님을 함께 깨우쳐야 할 사례다.

시대 변화의 멍에를 짊어진 강

　안동의 구담 배후습지 파괴가 댐과 주민의 이해관계에서 삐져나온 생태 테러라면, 문경에서 이루어질 뻔한 영강 영순습지는, 경부운하가 기획한 하천 테러 행위다.

　"박 부사장님, 이곳에서 뱃길은 어디에 만듭니까?"

　"저 건너편 제방을 기점으로 약 100m 하천 안쪽에 만듭니다."

　"거기로 뱃길 만든다면 저 천금 같은 습지가 거의 사라지게 되는데요?"

　"습지는 사라지지 않습니다. 조금 덜어낼 뿐입니다."

　"?……"

　문경 영강 하류의 영순 습지에서 겨울 찬바람 맞으면서 한반도 대운하계획을 맡은 박 모 부사장과 내가 나눈 대화 내용이다. 운하 추진자 측의 최고 토목기술자 눈엔 자연이 만들어낸 습지가 그렇게 간단하게 보이는 것인가!

　"박 부사장님, 저 습지는 인간이 함부로 이렇게 저렇게 해서는 안 되는 곳입니다. 살펴보면 알 것이지만, 저 습지에 살고 있는 식물들은 30년의 기나긴 연륜으로 저 자리에 있는 것들입니다. 저들 속에는 생태계의 질서가 존재하고 있고 우리 국토 생태 총량이 담겨있고 지구의 생태 몫까지 있습니다. 다른 곳이면 모르겠으나 하필 저곳에 뱃길을 만들려고 고집합니까?"

　자연하천의 고유한 생태 맥박과 호흡기능을 고려치 않는 그들만

태풍 루사로 동강 난 김천철교. 강의 흐름을 막으면 어떤 일이 벌어지는지 우리에게 가르쳐준 사건이다.

의 조경적 발상이 너무 안타깝다. 나를 비롯한 많은 국민, 가족, 학생들이 필요로 하는 생각과 그들의 생각이 왜 이렇게도 차이가 큰 것일까? 입이 얼어붙어 말이 제대로 되지 않지만, 이 사람과의 대화 속에 엉뚱한 사실들이 클로즈업되어 내 머리를 친다.

"강 가 저렇게 비어있는 곳은 습지를 만들고……." 자전거 좋아하는 어느 정치인의 말과 "반대를 위한 반대를 하니까 제대로 볼 줄 모르는 것 아닙니까!"하는 버릇과 교양을 어디다 맡겨 둔지도 모르는 사람의 앙칼진 목소리가 합쳐진다.

최근 운하 대신 하는 사업으로 '4대강 정비사업'을 추진하면서 안동 '하회보' 문제를 제기하는 사람들에게 "그 장소가 문제라면 조금 옮기면 됩니다!"라고 마치 자기 집 어떤 물건 옮기듯 말하는 부산지방국토관리청 모 팀장의 발상도 함께 합쳐져 우리를 슬프게 하고 있다. 30년 이상 강을 쫓아다닌 사람이 무슨 할 일이 없어 반대

를 위한 반대만 할까? 진실만을 이야기하기에도 바쁜 사람에게 누명을 씌었어야 되겠는가.

또, 박 부사장과 나눈 대화를 안 할 수 없다.

"루사 때 김천철교 동강 나버린 것은 알고 있습니까?"

"잘 알고 있습니다."

"왜 그렇게 되었다고 생각합니까?"

"그거야 워낙 노후되었기 때문이죠."

"운하 만들면 다리나 보, 제방 등 콘크리트 시설물이 계속 안전하겠습니까?"

"요즘은 기술이나 공법이 뛰어나서 전혀 염려할 필요가 없습니다."

묻는 사람인 내가 바보천치다. 모두 다 안전하고 끄떡없다 하는데, 등신 아니면 바보천치다. 김천철교, 87년 '쉘마' 때도, 95년 '제니스' 때도, 99년 '올가' 때도 아무 탈 없었던 철교가 2002년 8월 31일 '루사' 태풍엔 견디지 못하고 두 동강 나버렸다. 큰 비가 올 때,

김천의 감천과 직지사천이 합수하는 시내 지좌동에 가보면 김천철
교가 노후되었다는 사실만이 아닌 것을 당장 알 수 있을 것이다.

  우리나라 4대강에서 낙동강의 하천망이 제일 많고 복잡하다. 백
두대간과 낙동정맥, 낙남정맥으로 둘러진 중부 내륙의 충적평야는
크고 작은 수많은 산들의 영향으로 곳곳에 물길을 만들어 놓았기
때문이다. 그중에서 백두대간 방면의 낙동강의 서쪽 고산지대는 낙
동강이 흐르고 있는 중부 내륙 쪽보다 강수량이 특별하게 많다. 적
게는 2~300mm, 제일 많은 곳은 500여 mm의 차이가 있다. 그것
도 7~8월에 집중적으로 쏟아진다. 그 시기에 생기는 국지성 호우
도 해가 갈수록 잦아지고 '순간 강수량'[1]도 엄청 많아지고 있다. 지
구의 기후변화가 낙동강에서도 나타나는 징조처럼 보인다. 박 부사
장이 자신에 찬 어조의 입모습을 보면서
  "부사장님은 어디에서 살고 계십니까?" 라고 혼잣말처럼 내뱉어
버렸다. 그 사람은 강의 현장에서 살아가야 될 숱한 유역 주민의 염
려와 우려를 전혀 안중에 두지 않고 말하기 때문이다.
  "낙동강의 '하천망'[2]은 생각보다 복잡합니다. 각급 하천마다 하
상계수가 다르고, 강을 둘러싼 산맥과 산간지대의 '단순표고차 영
향'[3]이 크고, 강수기 때마다 일어나는 본류와 지류의 '유량충돌 현

1_ 국지성 호우와 비슷하나, 산과 산 사이에서 일어나는 기류 충돌로 인해 순간순간 쏟아지는
   강수량이 하천을 위협할 정도인 강수량을 뜻한다.
2_ 본류에 대한 대지류의 하천 짜임형식. 낙동강 대지류는 평균 15~20개의 하천망으로 짜여
   져있다.
3_ 산으로 둘러싸인 하천에서 일어나는 급경사 표고차의 영향.

본류 영향권의 각급 하천에서 일어나는 세굴과 붕괴현상은 본류와 동 떨어진 사건이 아니다.

상'¹도 제각각 다릅니다.

김천철교 파손에서 이와 같은 현장 배경이 간과되어서는 안 되고, 국민의 생활을 보호할 책임이 있는 정부에서도 사전 예방치 못한 책임이 큽니다. 유역주민의 물음에 단순히 '노후되었기 때문'이라고 일축하는 것은 윤리적인 문제입니다."

주간 촬영 후 저녁 식사 때, 20명이 넘는 KBS '추적60분' 팀에게 내가 한 말이다. 경부운하에서도, 4대강 정비 사업에서도 나타난 자료는 모두가 중앙공급식이고 획일적이다.

문경(운하)에서든, 안동(4대강)에서 시작하든 본류는 지류로 엮어져 있는 하천망을 비켜갈 수 없다. 운하 때의 본류 구간 300km를 기준으로 살펴보았더니 160개 정도의 하천이 본류와 직접적인 이해관계를 맺고 있고, 이해관계의 지류 10km 미만을 계산해 보았더

1_ 하천과 하천 사이, 하천과 본류 사이 합수지에서 생기는 물의 양, 물의 속도, 물의 기세가 충돌하여 일으키는 피해 현상.

 강은 흘러야 한다

견고하기 그지없는 낙동강 제방도 물의 대반란 땐 힘없이 무너질 때가 자주 있다.

니 2,500km가 넘는다. 착시되고, 오차 · 편차가 생긴 만큼은 고스란히 유역주민에게 부담으로 되돌아간다.

본류에 큰물이 들면, 지류의 물은 갈 곳을 잃는다. 높은 산간에서 갑자기 생긴 국지성 호우는 급류로 변해 그곳에 있는 하천을 치고 들고, 하천의 수량은 그 기세를 받아 본류로 밀고 가는데, 본류는 '지금은 아니올시다.'하며 입장을 거부한다. 강의 바깥 물은 달려가자는데 강의 안쪽 물은 갈 길이 없다며 멈춰버린다. 강과 지류의 유량 충돌이 거세게 일어난다. 강은 곳곳에서 소용돌이에 휩싸이고, 바깥 물은 범람으로 안쪽 물은 '세굴'[1]로 제각각의 역할을 한다.

낙동강의 남강 하류 법수면 백산제가 무너지고, 낙동강과 합류하는 성주 신천 하류 제방이 무너져 후포 벌판을 온통 물에 잠기게 만든 일, 고령의 회천 합수지와 맞닿아있는 우곡면 도진제방이 붕괴된 사건, 그리고 김해시 한림면 전체가 물속에 잠겨버린 사태가 본류에서 일어난 유량의 자연 통제에 기인되어 있다.

1_ 급류에 의하여 수로의 바닥이나 둑이 패는 일.

　1999년 국지성 집중호우 때 발생한 성주 신천의 후포벌판 범람 말고는 모두가 2002년 루사 때를 시작하여 일어난 일들이다. 한림 범람 사태 때의 억장 무너지는 일을 잊지 못해 '한림면 재난대책위' 의 위원장을 맡고 있는 심재문 위원장은 목 쉰 소리로,

　"그때 부산에서 전기를 끊지 않았다면 이런 비참한 일은 없었을 겁니다. 요 아래 삼랑진 철교 쪽 수위가 7m를 넘었기 때문에 엄청 나게 불어난 화포천 수량은 갈 곳이 없어 마냥 한림벌판으로 치고 들어 왔습니다.

　마을까지 치고 들어온 물이 집안을 넘어 지붕까지 차오를 지경 이라서 주민들은 만약을 대배해 준비해 놓은 강제 펌핑을 시도했습 니다만, 본류 수위가 위험 수위를 넘고 있는 상황에서 위기를 느낀 부산이 정전을 시켜 버렸습니다.

　제 살기 위해 판단을 잘 못한 것이죠. 진영읍, 진례면, 한림면, 생 림면에 쏟아진 엄청난 수량을 받아들일 수밖에 없는 우리 주민들은 마치 지옥과도 같은 고통을 당했습니다." 라고 절규를 한다.

정보 부재, 소통 부재, 원칙 부재의 결과다. 큰비 올 때를 대비하여 화포천 유역은 물론, 각 하천 유역마다 '수량 실명제'[1]와 같은 집수역 관리형의 지방자치 단체 수리권이 필요한 시기라고 생각된다. 전국에 산재해 있는 18,000여개의 저수지를 점검하여 그 사용의 용도를 재활시킨다면, 본류에서 일어나는 폐해를 줄여갈 수 있을 것이다.

아열대 현상의 기후변화는 앞으로 어떤 재앙을 불러올 지 그 아무도 모른다. 낙동강 본류를 보호하는 일은 첫째도, 마지막도 강이 젊어지는 부하도를 줄여야 하는 일이다. 본류를 도와주는 하천망에서 차단과 절제와 축적의 뜻을 지금부터 찾지 못한다면, 재앙은 악순환처럼 반복될 것이다.

1_ 수량총량제라고도 부른다. 한 하천이 담아낼 수 있는 수량을 총량화하고, 가뭄이나 홍수가 왔을 때를 대비하는 대안으로 요구되고 있다.

하천에 포크레인이 난입함과 동시에 하천의 생태력은 반신불구가 된다

강은 흘러야 한다

3_ 바람 불어도 펄럭이지 못하는
   옷고름 같은 강

●

낙동강 오염벨트 강가에 주저앉은 어느 낭인의 심상

일자리가 없이 돌아다닌 사람을 두고 '낭인'이라 부른다. 그렇게 보면 나도 낭인의 신세다. '낙동강'이란 일자리가 있는데도 평생 한 번도 일정한 보수나 대가를 받아본 적이 없기 때문에 하는 푸념이다.

상주 경천대를 거쳐 품 넓고 경치 좋은 훤한 낙동강을 따라 걷노라면 온갖 번민이 사라져 버린다. 대원군의 서원 철폐령을 당했던 도남서원, 의성 위천 합수지 위쪽에 있는 토진나루, 낙동강나루의 상류 종점지 기능을 가졌던 낙동나루, 넓디넓은 강폭에 은빛모래 반짝이는 도계, 해평의 강은 낙동강에서도 가장 여유로운 물길을 품고 있다.

낙동강이 만들어낸 물·생태·자연이 인간이 삶으로 적셔놓은 문화와 어떤 간섭도 없이 공존을 누리고 있는 곳이다.

나는 이런 곳을 '강의 자원지구'[1]라고 이야기한다. 그런데 이 같

1_ 강과 하천의 상류 지구를 부를 때 쓰는 말로 오염원이 없거나 오염원에 이길 수 있는 자정 능력이 있는 구간을 뜻함 (참고) 소비지구, 영향지구.

은 평화로운 정경이 구미 지역에 다다라 '구미천'을 만나고 나서는 일그러진 모습이 되어 버린다. 자연스러움은 사라지고, 강은 일정한 형식으로 정형화되어 인간의 요구대로 이리저리 변한 만신창이가 되기 시작한다.

구미 제2산업단지 '한천'줄기에 있는 두산전자에서 무단으로 버린 미량의 페놀이 전대미문의 한국판 환경쇼크를 일으키게 하였다. 1991년 3월 16일 버려진 페놀이 단 하루만인 3월 17일 하류 대구의 집안 부엌까지 뛰어든 것이다.

북경의 나비 날갯짓이 미국 텍사스에서 토네이도를 발생시킨다는 나비효과처럼 온 나라를 벌집 쑤시듯 해놓았다. 대구에 살고 있는 임산부들의 불안, 낙동강 유역 주민들의 수돗물에 대한 불신, 개발 미몽에 빠져있던 많은 국민들의 경악과 긴장감이 동시에 뒤섞여 환경 쇼크를 일으킨 것이다.

강의 녹조현상과 계면화 현상은 강의 생명을 서서히 갉아 먹지만, 중금속 오염은 물과 물의 생명체들, 인간을 순식간에 죽음으로 몰아가는 무서운 폭발력을 가지고 있기 때문에 모두가 두려워하는 것이다.

낙동강 오염벨트라고 명명한 구간은, 구미 제1산업단지가 시작되는 구미천과 건너편 제2, 제4산업단지가 있는 한천 합수지에서부터 대구 달성군 현풍에 있는 달성 제1산업단지까지의 70여km를 말한다. 강이 지니고 있는 자정용량과 생태 유지용량이 외부로부터 집중적인 공격과 간섭을 받는 영역을 두고 나는 전부터 '강의 오염벨트'라고 지칭해 왔다.

구미 아래의 칠곡군 왜관 낙동강은 골재 백화점이다. 골재 채취의 결과가 강을 어떻게 바꾸어 놓는가를 살필 수 있는 종합 전시장이다. 강의 골재를 파내기 위해서는 몇 단계의 절차와 뒷마무리 일이 있어야하지만, 절차에서 우선적으로 고려되어야 할 일은 강의 생태유지다.

예비 타당성 평가와 사전 환경성 검토는 이미 끝난 일이었지만, 사업의 실시단계에서 중간 평가 성격인 '기간 단위평가'[1] 즉, 해마다 사후 평가와 더불어 환경영향평가가 필요한 곳이 강의 골재 채취 사업이다.

강의 생태성, 강의 수위 안정, 하상 경사도 회복, 환경 부하도 제거, 강의 소통력 보호 등이 적극적으로 요구되는 중요한 지점임에도 불구하고, 이에 대한 부작용과 책임은 그 아무도 지지 않고 있다. 그래서 이곳의 강은 스스로 가슴을 치며 고통스러워하는 것이다.

경부 고속철도가 지나가는 중지리 낙동강에서 대구시와 경계 지점인 금남리 낙동강에는 몇 년 전까지 7개의 채취장이 있었고, 이곳에서 연간 200만 루베의 모래가 쉴 틈 없이 우리나라의 건설 현장으로 실려 나갔다.

왜관읍에서 대구로 가는 79번 국도로 갈 일이 있으면 금남리의 강을 살펴보라. 물길을 틀어막고 모래를 퍼내는 사업장 주변은 여기저기가 웅덩이 되어 물은 그 속에만 갇혀 있다.

웅덩이뿐만 아니다. 누구인지는 모르겠으나 전에 이곳에서 사업

1_ 환경영향평가가 끝난 사업장이라도 연속성이 필요한 사업. 즉, 골재 채취장 같은 곳은 하천과 하상의 인정을 위해 기간을 정한 검증과 평가가 있어야 한다.

을 맡았던 사람들이 버리고 간 준설용 폐자재들이 곳곳에 버려져 있고 철없는 연버들, 키버들들이 그것들을 숨겨주고 있다. 산화되어 녹이 슨 두께가 3mm나 되고 비가 올 때마다 마치 핏빛 같은 벌건 물이 웅덩이 속을 빠져 들어간다.

지금은 저 세상 사람이 되어 버렸지만, 동의대에서 수리ㆍ수문을 강의하고 있던 서규우 교수와 몇 차례 왜관 강을 조사한 일이 있다.

골재사업이 끝난 곳엔 물이 들어차 웅덩이가 노출되지 않는다. 그렇지만, 배를 타고 상류에서 하류까지 조사ㆍ관측해 본 결과는 놀랄 정도를 넘는 교란이 발견되었다. 깊은 곳은 6m 정도, 낮은 곳은 1m가 채 되지 않고 2m, 3m, 4m 등 강바닥이 폭탄 맞은 땅처럼 움푹움푹 패어져 있다. 깊은 곳은 골재 채취의 중심 사업장이었고 얕은 곳은 사업장이 아닌 곳이었다. 원래 왜관 낙동강은 평균 수심이 1m 남짓이었다. 골재 채취가 본격적으로 시작되기 전부터 나는 이곳을 자주 찾았기 때문에 그 깊이를 잘 알고 있기 때문이다.

답사 갈 때마다 일행들에게 나는 늘 이곳 근방에 있는 다부동 전투와 철교를 이야기해 주면서 "저 낙동강은 칠곡 왜관과 건너편 성주의 문화를 연결시키는 고리 역할을 하는 곳입니다. 깊이도 적당해 '줄배'[1]로 건너가도 되는 곳이었기에 두 곳 고장 사람들은 마치 이웃과 같은 정겨움을 가지고 살아 왔습니다."라고 말해 준 곳인데, 지금은 골재 사업이 뛰어들어 그 정서는 온데간데없이 사라져 버렸다.

1_ 강을 가로질러 쳐놓은 줄을 이용해 건너는 배.

 강은 흘러야 한다

왜관 강변 언덕에 '성 베네딕트 수도원'이 있고 이 수도원 수사들은 강변 농경지를 골라 유기농으로 농사를 짓는다. 한 때는 마을 사람들까지도 유기농을 하다가 지금은 대부분이 공급중심농법인 비닐 농을 하고 있다. 이들에겐 일정량의 농업용수가 필요하기 때문에 적당한 곳에 우물을 판다. 강의 물을 펌핑하여 사용하기도 하지만, 수요가 만만치 않아 자급용으로 우물을 파야하는 것이다.

낙산리 낙산성당 앞 공터에 주저앉아 휴식을 하고 있는데, 전부터 안면이 있는 수사 한 분과 농부 두 분이 다가와 인사를 건넨다.

"아이구, 또 오셨네요." 하며 막걸리 한 사발을 준다.

피곤한데다 속이 비어있어 꿀꺽하고 단숨에 비워 버렸다.

"갈증이 심했나 봅니다. 너무 맛있게 잡수시네요." 하며 한 잔을 더 권한다.

"몸이야 피곤할 때도 있지만, 저는 왜관 쪽 낙동강에만 오면 정신이 혼란해지고 가슴이 갑갑해 집니다. 전에는 저 강둑에서 시도 쓰고 버들피리도 불고하면서 즐거움이 많았는데……."

"그거야 우리도 마찬가지입니다. 저 놈의 트럭들이 연이어 모래를 퍼 나르면서부터 이곳은 옛날의 낙산 땅이 아닙니다. 저 제방 속에 갇힌 강도 우리 심정과 똑같을 겁니다."

"참- 수사님, 가끔씩 힘들 때마다 수도원에 가서 수사님들의 '그레고리안 성가'[1]를 들으면서 평정을 찾곤 했는데, 요즘은 그럴 기회를 못 가져 죄송하게 생각합니다."

1_ 무반주로 부르는 가톨릭교회의 합창곡 형식으로 수사들에 의해 불리어지고 있다. 낙동 강에서는 왜관에 있는 성 베네딕트 수도원의 그레고리안이 유명하다.

"언제 시간 나시면 오세요. 김 선생께서도 아시다시피 우리가 사랑하고 있는 저 강에도 늘 그레고리안이 연주되고 있습니다.

물소리, 바람 소리, 새들 소리 그 모두가 평화의 음정이며 순리의 음계입니다. 그곳에서 늘 그것들과 마주하는 김 선생이 더 부럽습니다."하며 막걸리를 한 잔 가득 따라준다.

"여기 우물들은 물이 충분합니까?"

강에서 모래를 파내면 그 깊이만큼 강변 농경지 지하수맥에 영향이 있을 것을 염두에 두고 물어 보았다.

"강에서 모래를 파내기 시작하면서부터 곤욕을 치르고 있습니다. 이제 우물을 깊게 파지 않으면 물이 나오지 않습니다. 수맥이 뒤틀려 강으로 빨려 들어가니까 그렇게 되는 것입니다. 강의 것을 떼 내어 가서 다른 데는 좋은 일시키고 막상 여기에 살고 있는 사람들은 고통을 받고……. 못할 짓들을 하고 있습니다."

골재 채취 때문에 강변 농민들이 억장을 치고 있다. 제 살점 빼앗겨 상처투성이가 되어버린 강도 억장이 무너진 채로 흐느적거리고 있다. 모래를 빼앗긴 강은 물의 흐름 같은 순리마저 빼앗기고 있다.

강이 걸치고 있는 옷고름은 풀려버리고, 온갖 자식들이 달라붙어 바짝 말라버린 젖통을 빨아대다가, 그것도 모자라서 이제는 인공 수유기까지 들이대고 있다. 온갖 것들이 바짝 붙어 흘려버린 콧물, 땟물이 절고 절어 굳어버린 채 바람이 불어도 펄럭이지 않는다.

●

도미노 현상 같은 강의 수난

모래가 파헤쳐진 왜관의 낙동강은 가까이에는 대구 지역 상수원을 건드리고, 멀리로는 낙동강과 인접해 있는 지방자치단체들의 재정 자립도를 충동한다. 왜관 골재 채취의 경우, 사다리 거꾸로 타듯이 채취를 하는 방식은 하류에 직접적이고 집중적인 영향을 끼친다. 현장의 모래씨를 말려 버리는 문제를 차치하고서라도, 대구시 같은 250만의 대도시 상수원은 직접 타격을 받아 궁여지책의 편법이 동원된다.

편법으로 동원된 방식이 '강정 수중보'다. 낙동강 표류수에 73% 의존하는 대구시로서는 상수원의 안정적 확보가 최우선의 선택이다. 이리 빼고 저리 재고해도 달리 대책을 마련할 길이 없는 것이 대구시의 낙동강 관계다. 대구 죽곡리에 있는 강정 취수장은 원래 취수를 하기 위하여 '돌보'[1]를 쌓았다.

큰 비가 오면 이 돌보가 흐트러져 취수에 어려움을 당하기도 했지만, 또 하나의 중요한 원인은 상류 왜관 골재 채취로 물 흐름이 원만치 못한 것도 중요한 작용을 했다고 판단된다. 여기 저기 갇혀 있던 물이 태풍이 몰고 오는 강우 때마다 본류의 물 세력을 받아 한꺼번에 취수장을 덮치게 되니 그 돌보는 무너질 수밖에 없기 때문이다.

대구시는 이곳 취수장의 안정된 취수 시설을 만들기 위하여 2.5m 높이의 고무 수중보(라브보: 수량 상태에 따라 보의 높이를 줄이고

1_ 물을 가두어 모으기 위해 돌로써만 쌓은 보.

늘리는 제어 구조물)를 만들었다. 기본 사업비 170억 원을 들인 이 보를 만들면서 이보다 몇 년 전에 경험했던 '낙동강 위천공단 갈등'이 재연되었다. 최소 94%의 낙동강 표류수 의존도를 가지고 있는 부산·울산·경남의 상수원 이해 주민들은 또 한 번 대립과 갈등을 겪게 된 것이다. 법정까지 간 이 사건은 우여곡절 끝에 '강정 취수보에 관한 대구·부산 공동관리'라는 일부 조정 판결을 얻어 냈지만, 가뭄이 들 때마다 충돌의 폭발력은 그대로 잠재되어 있다.

2006년 여름철, 국회의원과 보좌관 그리고 전문위원 몇 명을 초치하여 답사하면서, 상·하류 간 하천이용에 관한 공동협의체 구성과 그에 따르는 법 제도 및 정책을 강구해 달라고 부탁했지만 웬일인지 아직도 무소식이다. 정치에서 중요한 일이 치수, 이수 같은 물 문제일 텐데 그들은 무슨 일을 무엇 때문에, 왜 하는지 알 수가 없다.

천연기념물 제203호인 재두루미와 제228호인 흑두루미는 낙동강을 찾아오는 철새 중에서 두 번째 가라면 서러워할 진객이다. 이처럼 귀한 손님인 재두루미 48마리가 2000년 3월 구미 해평습지에서 독사당했다. 강변에 방치된, 볍씨를 소독하는 '다이메크론' 소독제에 중독되었기 때문이다. 두루미과는 벼와 보리, 밀을 먹는 조류라서 그렇게 된 것이다.

매년 11월 초가 되면, 시베리아에서 일본의 '이즈미'로 월동차 가다가 잠깐 쉬어가기 위해 내리는 곳이 대구의 달성습지였다. 대구의 도시 팽창과 성서공단의 습지 침습, 비닐하우스 등으로 서식 환경이 바뀌고 먹이 밭을 잃어버렸기 때문에 그들은 더 이상 달성습지에 내릴 수가 없었다. 대체 기착지를 찾던 중 해평습지가 선택된

구미 해평습지에 내려앉은 천연 기념물 제203호 재두루미.

것이다. 대구에서 오랫동안 낙동강 지킴이로 활동하고 있는 박주덕 선생께 물어본다.

"박 선생님, 달성습지에 두루미가 몇 년도까지 찾아왔습니까?"

"1995년도까지는 약 1,000마리가 왔었고 많은 숫자가 이곳에서 가지 않고 월동도 했습니다."

"그렇다면 95년 이후에는 한 마리도 찾아오지 않았다는 말씀입니까?"

"몇 마리가 찾아오긴 했지만 대부분이 이즈미로 가버렸습니다"

박 선생은 두루미 행방을 찾기 위하여 낙동강 하구로, 이즈미로 관찰하려고 일본 NHK 방송 팀과 두루 둘러보았다 한다. 1995년도는 달성습지 주변에 만들어진 대구 성서공단이 한창 바쁜 망치질하던 때라 시기가 맞아 떨어진다.

"두루미가 왜 여기를 떠나 버렸다고 생각합니까?"

"그야 그들이 쪼아 먹을 강변의 논밭이 공업단지가 되어 버렸고 제방이 들어서고, 그나마 남아있는 땅도 비닐하우스가 덮어 버렸기

| 물닭 둥지 | 물닭 새끼와 알 | 섬개비 알 |
| 쇠물닭 둥지 | 쇠물닭알 | 쇠제비갈매기 새끼 |

보를 설치해 수심이 깊어지고 통수단면적이 넓어지면 조류의 산란터가 없어진다

때문이죠."

우리 인간들이, 두루미가 필요로 하는 먹이사슬을 모두 걷어냈기 때문이란다.

"박 선생님, 2000년 3월 초에 일어난 구미 해평습지의 두루미 독사 사건을 알고 계십니까?"

"잘 알고 있습니다. 두루미는 주변 환경에 워낙 민감한 조류인데, 우리들의 부족한 배려심이 그 일을 만든 것이나 다름없죠."

박 선생은 독사 사건을 자신의 책임으로 알고 있다. 휑하니 뚫린 달성습지에 울리는 한 인간의 자각이 메아리친다.

같이 걸어가던 영남자연생태보존회 류승원 박사에게 말길을 돌려본다.

"류 박사님, 운하도 그렇겠지만 4대강사업으로 대형 '보'가 들어선다면 두루미 같은 철새들 살림살이가 어떻게 될 것 같습니까?"

"보가 들어서고 수심이 깊어진다면 상대적인 변화가 생깁니다.

예를 들어 강의 통수단면이 넓어져서 수상 활동을 싫어하는 조류들의 활동 공간이 사라져 버리는 것 아니겠습니까? 수심이 평균 1m 정도라면 하천에 물길을 중심으로 형성되는 수변 공간의 모래 톱이 있을 것이고, 수변 식생대도 서식 공간을 확보할 수 있기 때문에 우리가 늘 입버릇처럼 말하는 종다양성이 가능해 질 것이라 생각합니다. 그렇지만 '보'가 1m, 2m도 아니고 11m 이상이 된다면 이런 기대는 하지 않는 것이 좋을 듯합니다."

키 작고 곧은 성격의 류박사 눈에서 절망의 느낌이 잠깐 스쳐진다.

●

삼색삼강의 화원 낙동강에서

황폐해진 달성습지가 제대로 복원되어 다시 살아난다면, 낙동강도 살아날 것이라 확신한다. 이 사실은 대구 시민 뿐 아니라 낙동강 유역 전 주민의 꿈이기도 하다. 낙동강의 하천 환경, 생태 환경, 물 환경, 육상 환경이 이곳의 환경지표와 모두 연결되어 있기 때문이다. 23,860km^2 유역의 중심이며 525.15km의 낙동강 유로 거리에서 가장 중추적인 자리이며, 수질 변화에서도 분기점이 되는 곳이다. 낙동강 유로 연장 525km에서 발원지로부터 약 357km의 하류 지점이지만, 태백에서 안동까지에 있는 산계하천 182km를 제외하면

중간 지점에 해당된다. [안동-대구(176km), 대구-하구 (167km)].

　사람 몸에 비유한다면 오장육부 자리에 해당되는 중요한 곳이다. 그런데 아무리 생각을 해봐도 옛날 같은 달성습지는 다시 못 볼 것 같다. 지금 있는 그대로 두고, 더 이상 아무것도 건드리지 말고 몇 가지만 도와준다면 이곳에 머물고 있는 자연섭리는 제2의 달성습지로 다시 태어날 것 같기도 하지만 단, 사회적 합의라는 노력과 국가의 의지가 이를 받쳐 줄 때 가능할 것이다.

　제방 바깥 쪽 배후습지는 성서공단을 만들면서 지하수맥으로 소통하던 물길을 잘라내어 버렸지만, 제방 안쪽에 있는 물길을 다시 찾아 준다면 이곳의 자연섭리는 생명의 새싹을 뿌리고 키워갈 수 있을 것 같다.

　지금으로부터 10여 년 전인 1997년~1998년 사이 측정한 수질은 BOD 100ppm을 넘나들었지만 2007년부터 지금까지는 BOD 6~7ppm을 넘지 않고 있다. 이 같은 기적의 사례가 달성습지 습지 생태에서도 분명히 일어날 것이다. 개발의 발상과 일방적인 인간의 이용만 주장할 것이 아니라, 되돌려주고 되찾아내는 발상으로 먼 미래를 함께 보는 안목이 우리를 지켜보고 있다.

　화원동산 언덕에 올라 금호강과 진천천이 만나는 합수지를 보면 참으로 신통한 광경이 벌어지고 있다. 낙동강 본류는 푸른 물이고 금호강은 먹물 풀어놓은 검은 물, 산기슭 따라 흘러오는 진천천은 주황색으로 물들인 갈색 빛이다. 낙동강의 수질 · 생태 · 수량이 서로 엇갈리는 이야기만 하듯 하고, 물은 하나인데 지역에 따라 세 가

생태를 쫓아내고 물을 교란시켜버린 금호강의 낙동강 화원 합수지.

지로 분화시키는 것처럼 '삼강삼색'[1]으로 모여 흐른다.

물은 하나인데, 전문가의 시각, 시민(단체)의 시각, 정치인의 시각이 서로 다르게 교차되어 모여든다. 낙동강의 오늘날 과제이며 미래의 숙제를 삼색으로 변신한 강물이 던져주고 있다.

유역면적 2,110km^2, 하천 연장 69.3km인 금호강은 대구, 경산, 영천의 286만 주민의 젖줄이다. 금호강은 포항 죽장에서 발원하여 36km 하천연장을 가진 자호천을 받아 흐르기 때문에 실제 거리는 100km가 넘는다.

금호강을 젖줄로 살아가는 이해 인구가 1950년도엔 313,000명이던 것이 1960년 중반에 670,000명으로 늘어났고, 그 시기부터 시작된 우리나라의 경제개발5개년 추진 와중에 90년대 초기까지는 매 10년 단위로 60여만 명씩 급팽창해 지금은 250만 명이 조금 넘는다.

50여만 명의 사람들이 모여 살아가는 금호강에 5배 가까운 220

1_세 곳의 강이 만나는 합수지에 나타나는 세 가지의 물빛 형태를 뜻함.

여만 명의 인구가 몰려 왔으니 그때부터 이 강은 구부러진 허리조차 펼 수 없었으며 그것도 부족해 검단공단, 서대구공단, 비산 염색공단, 성서공단과 같은 5개의 공업단지를 제 곁에 바짝 붙여 두었으니……, 억장을 부여잡고 온 몸을 뒤흔들었을 것이다.

강과 인구 팽창, 낙동강 하류와 환경 이해를 가진 부산이 6.25 한국동란으로 인구가 급격히 늘었다면, 대구는 우리나라의 근대화, 개발 정책으로 급속한 인구 팽창이 있었다. 공장이라는 일터가 생겨 사방 곳곳에서 이주해 온 것이다. 부산은 지리적으로 바다를 오염시키는 입장이지만 대구는 먹고 살아가는 와중에 금호강 오염이라는 멍에를 뒤덮어 쓴 것이다.

많은 사람들이 대구 쪽을 쳐다보며 '오염의 주범'이라고 한다. 그 말을 듣는 나는 그들의 인식과 표현을 수정해 준다. '금호강이 낙동강을 오염시키는 주범이라는 말은 동의하지만, 그 주범의 주체는 대구 사람도, 대구시도 아니다. 진짜 주범은 그 사회를 만들면서 금호강의 환경용량을 아예 무시하고 필요한 정책을 던져버린 무책임한 과거의 정치 행위였다.'라고 꼭꼭 말해주게 된다.

영천시 자양면에 있는 영천댐은 총 저수량 9천6백만 톤을 가진 '용수전용댐'[1]이다. 원래는 작은 호수로서 '자양호'란 명칭이었지만 산업화 과정에서 수자원을 공급하는 공급 중심정책에 의해 댐의 규모를 바꾸면서부터 '영천댐'이 되었다. 이 댐의 용수공급 목표지점은 포항종합산업단지다.

1_ 다목적댐보다 목적과 기능이 단순화인 댐을 말하며 농업용수 · 생활용수 · 공업용수 · 유지용수 댐이 있다.

금호강의 유지 수량도 목표에 포함되어 있지만, 낙동강 유역과는 별개의 역외 권에 물을 보내기 때문에 목적과 목표의 개념이 달라지는 것이다. 역외 권으로 보내야 하는 일정 수량은 결과적으로 직접 유역권 하천인 금호강의 유지수량을 감소시킬 수밖에 없기 때문에 금호강은 포항권의 순기능에 반해 역기능이 커지는 것이다. 참고로, 낙동강 유역 청도 지역에 있는 또 하나의 용수 전용댐인 '운문댐(총 저수량 1억3천5백만 톤)'은 유역 안에서 필요로 하는 용수만 보내주고 있다.

좀 특이한 상황으로, 댐의 기존 유로는 밀양강인데 그곳으로는 일정량의 유지수량만 보내면서 실질적인 용수 공급은 대구시에 상수원수로 보내고 있는 것이 이곳과 다른 점이다.

자양호를 영천댐으로 기능과 용도를 바꾸면서 하루 17만 톤씩을 포항제철과 포항산업단지에 보냈지만, 제철산업이 가지고 있는 특성상 하청 산업체가 늘어나고, 애초 계산했던 생활 인구보다 훨씬 많은 인구가 늘어나면서 물 수요는 더 늘어날 수밖에 없었다.

보통의 개발 사업은 수요를 부풀리는 관행인데, 이때는 수요 예측을 낮춰 잡은 것이다. 여기에다 1985년, 1992년, 1994년, 1995에 걸쳐 나타난 '대가뭄기'[1]는 포항 주민으로 하여금 집집마다 우물을 파게 하였지만 수요 과중으로 인해 지하수마저 고갈되어 버렸다. 그래서 생각해내었던 사업이 '영천 도수로사업', 즉 안동에 있는 임하댐 물을 영천댐으로 당겨와서 포항으로 되가져가는 사업이었다. 다시 말해, 치수 증대사업을 벌인 것이다. 영천댐에서 매일 포항으로 보내야 할 40만7천 톤을 채우기 위해 임하댐으로부터 매일 24

1_ 평균 10년 안에 5차례 이상 가뭄이 들 때를 말하며 비교되는 강수기로 대홍수기가 있다.

만 톤가량을 공급받아야만 가능했다.

영천 도수로 사업구간 거리는 총 53km이며 이 중 32km가 지하 도수로 사업이다. 평균 170여m 지하에 터널을 뚫어 그 속에 도수관을 연결하는 공법이다. 임하댐에서 안동시 길안면 송사리까지 21km는 육상 도수로를 설치했기 때문에 환경 문제 같은 것이 별로 없었지만, 송사리를 거쳐 청송군 현서면의 무계리 마을과 백자리 마을 그리고 모래실 같은 터널이 지나가는 7개 마을의 우물은 통째로 말라 버렸고 물 맑기로 이름난 '무계천'은 물기 하나 없는 '건천'[1]으로 변해 버렸다.

터널을 뚫으면서 그곳에 있던 수맥이 잘라지고 이로 인해 발생된 삼투압작용은 터널 부근의 지하수를 몽땅 밖으로 내보내 버리는 결과를 초래한 것이다. 그 때, 나를 돕던 직원 두 명과 대구의 류승원 박사와 함께 온 전문가, 그리고 그 일 때문에 생겨난 청송군 현서면 주민대책위의 최병재 위원장과 주민들이 현장을 훑고 다니며 조사한 기억이 새롭게 부각된다. 집집마다 있던 우물과 마을과 마을 사이로 흐르는 하천이 동시에 말라버리고 산기슭에 있는 활엽수들은 벌써부터 빛깔이 바래져 시들어가고 있었다.

집집마다 물 기근에 허덕이고, 청송 현서의 대표적 농작물인 사과밭은 외국에서나 볼 수 있는 물뿌리개 시설에 의존하고 있으면서도 주민들은 보상 문제에 매달려 편을 가르고 있었다. 물은 하나이지만 물이 가져다주는 물질적 이해관계는 결코 하나가 아님이 이곳에서도 나타난 것이다. 개발자 측에서 이같은 주민 심리를 놓칠리 없다는 것이 안타까울 뿐이다.

1_ 지형 상으로 저지대의 물길이지만 물이 샘솟지 않는, 또는 사라져버린 하천.

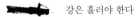

한 쪽은 생활을 돕기 위해 치수 증대사업을 하는데 또 한 쪽은 그 물 문제로 생존을 위협받고 있는 현장이 되어버린다. 생각해보건대, 나와 류 박사는 그 현장을 10번도 더 다녀왔다. 국회에서 환경포럼을 통해 그 시절 한국수자원공사 낙동강 본부장과 국회의원, 주민대표, 시민단체 등을 초청하여 토론을 벌였지만 아무런 소득이 없었다. 내가 들은 답변은 최병재 위원장의 "세상에 이런 변이 있을 수 있습니까! 우리는 어떻게 살아야 합니까?"라는 절박한 심정과 "당장은 물 문제 때문에 주민 고통이 따르겠습니다만, 시간이 지나면 물이 다시 자리 잡아 갈 것이기 때문에 조금만 참아 주십시오. 그 때까지 저희들이 물을 불편함 없도록 공급해 드리겠습니다."라고 대답한 수공 낙동강 본부장의 조심스러운 어조뿐이다.

●
누가? 강을 흐르지 못하게 하는가!

"성 박사님, 지금까지 내려오면서 보가 몇 개였습니까?"
부산 신라대에서 강의를 하다가 지금은 진주 수곡에서 농사를 지으면서 몇 개 대학에 나가고 있는 성찬기 박사에게 묻는다.
"가창에 있는 것까지 합하면 벌써 10개가 넘네요. 그런데 누가, 무엇 때문에 이렇게 칸칸이 보를 막았습니까? 참 말 못하는 물이 불쌍하네요. 대표님이 늘 말하는 '흐름'이 없네요. 우짤랍니까?"
싱긋 웃으며 나를 놀린다.
나하고 몇 차례 답사를 다니다가 문경새재에서 잠을 자던 중, 아버지가 편찮다는 전화를 받고 바로 달려간 선비 같은 효자다. 비가 부슬부슬 오던 새벽 1시에 천리 길 진주까지 달려간 것이 나한테는 미안했던지, 그 다음 주 답사 길에 자원하여 따라나선 동지다.

"대구 신천에는 보가 15개나 있습니다. 그것도 모두 콘크리트로 만들었습니다. 가까이 가서 한번 살펴보고 필요한 것은 사진에 담도록 합시다." 하며 수성교 아래에 있는 보에 올라섰다. 위를 쳐다보니 보가 있는 곳에만 물이 조금씩 차있고 그 위쪽 보까지 약 50m 가량은 아예 물이 흐르지 않는다.

"참 큰일입니다. 하천 안에서 이렇게 물이 단절되었어야 어떤 생물들이 여기서 살 수 있겠습니까. 하천의 생명인 연결성이 빵점이군요."

하며 성 박사는 쯧쯧 하며 혀를 찬다.

"성 박사, 여기 신천에 왜 이렇게 물막이 보가 많다고 생각합니까? 신천의 총 길이가 27km 이지만 15km는 도시를 벗어난 산간하천이기 때문에 일단 제외하기로 하고 실제 도시하천 구간은 12km 밖에 되지 않는데 너무 많다는 생각이 들지 않습니까?"

"제가 알기로는 대구 시내의 3개 도시하천 중에서 주민과 가장 밀접한 관계를 맺고 있는 하천이기 때문에 '물이 있는 하천'이 필요해서일 것입니다.

대표님도 아시다시피, 신천의 자연 수량은 이곳에서 필요로 하는 하천 유지수량에 턱없이 부족한 곳입니다. 그러니까 어디서 물을 당겨 오더라도 물을 가둬두어야 할 필요가 생긴 거죠."

사실이다. 신천은 도시의 다른 하천보다 하상구배(경사도)가 크다. 물이 있더라도 빠른 속도로 흘러가기 때문에 물의 정체에서 문제가 생기지만, 이곳은 유지수량을 충족할 '자용수량'[1]이 아예 없다고 해도 과언이 아닌 곳이다.

"그렇습니다. 도시하천은 주민들에게 물의 만족도를 주어야 친수공간이 되고 친수 문화도 생기는 것입니다. 비슬산에서 내려오는 물들이 가창댐에 갇히게 되고부터 대구시는 저 아래 금호강 합수지 건너편에 있는 '신천 하수처리장'의 처리수를 양수하여 상류에서 물을 흘려보내고 있습니다."

신천은 도시의 동서를 가르는 하천이기에 다리가 절대적으로 필요하다. 그래서인지, 하천을 건너는 다리가 무려 13개나 된다. 다리 밑으로는 15개나 되는 수중보가 있고, 12km 도심하천 구간이 획일적으로 직강화 되는 바람에 온통 콘크리트로 범벅이 되어 있다. 이 콘크리트가 태풍이 올 때마다 문제를 일으킨다. 둔치에 덧칠하듯 발라놓은 시멘트 블록이 여기저기로 떨어져 나가 흉물이 되기 일쑤다. 셀마, 루사, 매미 때도 어김없는 난장판이 되었다. 와우아파트 같은 사태를 직접 목격한 것만 4번이나 된다. 신기한 것은, 이런 우환을 정기적으로 당하면서도 신천은 늘 건재하다. 아마도 '유지관리비'[2]가 엄청 들어갈 것이다. 원래 자연을 사람의 뜻대로 인위적으로 바꾸면 그 뒷책임 또한 인간에게 되돌아오는 것이다. 단지 되돌아오는 방식의 결과가 '고통'과 '물질부담'이라는 것이 문제다. 그래서 환경영향평가가 필요하고 B.C(사업의 편익계산) 측정이 정확해야 되는 것이다.

1_ 하천에서 스스로 만들어진 수량을 말하며, 예전에는 일정한 유지수량을 가졌지만 개발로 인한 차단과 유실된 하천을 두고 빗대어 하는 말-(빗)가용수량.

2_ 이떤 사업을 마치고 그 후에 발생하는 모든 경비를 통틀어 말함-(예) 개수 비용, 보수비용 등.

"성 박사, 전체를 둘러보았으니 수중보에서 일어나는 환경문제도 보았겠지요?"

"큰일입니다. 차단된 보마다 차이는 있지만 신천하수처리장에서 살려놓은 물을 이곳에서 또 죽이고 있잖습니까? 어떤 보는 수중보 시설에다 '하상 평탄화'[1]까지 만들었으니 '자연여울'은 눈을 씻고 봐도 없었습니다. 돌보, 시멘트보, 고무보 등으로 만들어진 수중보 아래는 녹조가 심하게 나타나 있고 대부분이 이끼밭을 만들어 놓았습니다. 또 물을 가둬놓으니 '유하'[2]가 발생되고 그것으로부터 일어나는 물 환경의 부작용이 너무 많은 것 같아요."

맞다! 물은 고이면 썩게 되고, 썩은 물의 피해자는 그 물을 이용하는 사람과 물의 영향에서 벗어날 수 없는 생태계로 되돌아가는 것이다. 이곳에 설치된 각종 보는 하천 생태계가 요구하는 종 다양성과는 아예 관계가 없는 듯하다. 상류 가창지역 웅덩이에는 물고기가 몇 마리씩 떼를 지어 가는 것이 보이지만, 그 아래의 보에는 눈을 씻고 보아도 잘 보이지가 않는다. 설사 어도가 설치되어 있는 수성교 상류쪽 보를 살펴 보아도 마찬가지다. 보가 하천 생태계 단절의 중요한 원인지임이 밝혀지는 곳이다.

낙동강의 50년 평균 강수량은 계산의 방법에 따라 다를 수도 있겠으나 약 1,180mm 정도다. 이를 기준으로 경북 의성에 있는 '위천'과 경남 의령의 '유곡천'을 비교해 보면 흥미로운 사실이 발견

1_ 하천 바닥의 자연성을 도시·사회의 필요에 따라 평평하고 고르게 만든 일.
2_ 물이 흐르지 못하는 상태와 시간.

물은 고이면 썩는다. 여름철에 기온이 올라가면 부영양화의 결정체인 녹조밭이 생긴다.

된다. 위천이 흐르는 의성과 군위 지역의 평균 강수량은 971mm이고, 상대적으로 비교하고자 하는 의령 지역은 1,144mm다. 의성보다 의령 지역에 173mm 정도의 비가 더 내리는 것이다. 더군다나 1,499mm 강수대를 가지고 있는 남강권 지역이 맞붙어 있는 의령 지역은 강수량 확보에서 의성보다 유리한 영향지대임이 틀림없다. 그런데 강수량 적은 위천엔 늘 물이 졸졸 흐르고 있고, 강수량 많은 유곡천은 건천이 되어 물이 잘 보이지 않는다.

왜 그럴까?

하천에 설치된 보의 숫자 때문이다. 군위군 고로면 낙전리에서 발원하여 상주 중동면 낙동강까지 흐르는 117km의 위천은, 상류에서 발생한 수량들이 별다른 통제 없이 하류까지 이동되지만, 의령의 유곡천은 25km 밖에 되지 않는 단기하천임에도 하류로 갈수록 물이 부족해진다.

답사에 따라나선 구미 공동체 배문용 위원장에게 한 가지 확인을 해본다.

"배 위원장, 2001년 봄 가뭄이 극심하여 온 나라에서 양수기 보내기 운동을 펼친 것 알고 있습니까?"

농사를 짓는데 물이 없어서 양수기가 필요해서 만들어진 그때의 자발적인 국민운동이었다.

"우리가 있는 무을면 안곡리 주민들은 너무나 잘 알고 있습니다. 그리고 주민들은 마을의 어르신들께 무한한 고마움을 느끼고 있고요. 마을 뒷산에서 흘러온 물이 일차적으로 그곳 저수지에 들어가서 필요할 때 끄집어내어 쓸 수 있도록 해놓았기 때문입니다. 후손과 농토를 배려한 그분들의 안목 덕에 양수기 없이도 봄 농사 잘할 수 있었습니다." 하며 뿌듯한 표정을 짓는다.

"그곳에 낙동강과 연결된 '대천'이 있는데 그곳에도 여기 유곡천같은 수중보들이 설치되어 있습니까?"내가 확인차 물어본다.

"중간에 사람들이 왕래하는 낮은 보가 하나 있습니다만, 일상 때 물이 소통되는 데는 별 지장이 없습니다. 만약을 대비해서 우리가 이곳의 왕저수지라 부르고 있는 안곡저수지 물을 보내주기 때문에 염려 안하셔도 됩니다."

"다행입니다. 그 같은 상황을 두고 '원인지 원이자 분담'이 잘된 곳이라 합니다.

배 위원장께서 잘 살펴 주민들에게 자신감을 보태주십시오." 했다.

"대표님, 이 유곡천에는 우리가 존경하는 백산 안희제 선생과 홍의장군이라 불렸던 곽재우 장군이 태어난 곳이 아닙니까? 그분들은 빼앗긴 나라를 되찾으려고 그렇게 애를 쓰셨는데, 이 하천은 감옥소에 갇힌 것처럼 왜 이리 군데군데 물을 가두어 버렸습니까? 참 안타깝습니다. 이곳도 물 때문에 문화와 역사가 찌그러드는 그런 곳입니까?"

이 질문에 내가 곤혹스러워진다. 문화가 살아 있어야 환경도 살아난다고 넌더리나게 말해왔던 내게 날카로운 역공을 가한 것이다.

"괜히 내가 부끄러워지는군요. 말만 앞세웠던 내가 부끄러워집니다.

그렇지만 이곳에 오면 우리나라 각 처에서 자기 고장의 하천을 어떻게 관리하고 있는가를 비교해 볼 수 있어 도움이 되는 곳입니다."

유곡천은 상류의 압곡리, 송신리, 세간리에서, 하류인 입산리에서 하나같이 마을마다 수중보를 만들어 놓고 있다. 하천의 물 흐름은 물론이고, 생태계의 고리가 곳곳에 끊겨져 있다.

주변에 주거지가 별로 없어 근근이 하천의 명맥을 유지하고 있지만, 만약 소도시 같은 구조가 옆에 붙어 있다면 이런 하천은 금세 생명의 끈을 놓았을 것이다. 수중보를 걷어내지 않는 이상, 스스로 죽임을 당할 것이 분명한 현장이다.

위천 하천 양안에 비교적 넓은 평야가 있는 낙동강 제5집수역의 대지류인 위천은 의성과 군위의 젖줄이다.

강은 흘러야 한다

4_ 무엇을 살리려 하느냐고 되물어 오는 강

●

무엇을, 어디를 살리려 합니까?

대구 달성군 위천 마을 앞 강둑에 앉아 30분가량 강변 명상을 하고 스트레칭을 하려는데 낙동강이 나에게 귓속말로 질문을 한다.

'내가 죽었나요?'

'아니요, 당신은 옛날부터 줄곧 살아있었습니다.'

'그런데 당신들은 왜 나를 계속해서 죽었다고 말합니까?'

'대부분의 사람들은 당신이 굳건하게 살아있다고 생각합니다.'

'그렇다면, 당신들은 왜 마음대로 죽었다하고 살았다하고 횡설수설합니까?'

'죄송합니다. 지난 20년 간 우리들의 무지한 소치 때문에 당신을 너무 많이 괴롭혔습니다. 저희들이 살린다고 말하는 뜻은, 이제는 그만 괴롭히자는 자각의 뜻이며 반성의 각오입니다. 오해 없으시길 바랍니다.'

'음……, 앞으로도 나하고 내 새끼들하고 계속 살아갈 작정입니까?'

'당연하죠. 당신이 건강하면 우리도 건강해지고, 당신이 아파하

면 우리도 같이 병드는 것 아닙니까. 당신 없이는 우리는 하루도 살지 못합니다.'

'그러면 당신들이 즐겨 말하는 '지피지기'[1]의 뜻으로 함께 살아가도록 합시다.'

강과의 대화 속에 거짓말한 것 하나가 마음에 걸린다. 강을 살리자고 부르짖는 사람들이 패를 지어 다니면서, 그들은 지금의 강은 죽었으니까 이제 우리가 원하는 대로 살려놓자는 적반하장 꾼들이 있는데도, 나는 분명히 거짓말을 한 것이다.

한 때는 온 산하를 할퀴고 뜯어 버리던 사람들이, 그것으로 망가져 버린 강에 석고대죄를 고할 줄 모르고 저들만의 방법으로 엄연히 살아있는 강을 죽었다하며, 그것을 살리는 일이 나라를 살리는 일이라고 외치고 있다.

'내 사랑하는 강이여! 너무 너무 죄송합니다.

1993년 3월 16일 페놀사태를 계기로, 아니 그 때보다 훨씬 전부터 우리의 순박한 국민들은 당신의 역정을 덜어 드리려고 노력해 왔습니다. 아직 코흘리개를 벗어나지 못한 어린이들도 엄마 아빠 손을 잡고 당신 살갗에 붙은 부스러기를 떼어 내어 버리면서 '엄마야 누나야 강변 살자' 라는 노래를 부르지 않았습니까!'

'내 사랑하는 강이여! 당신께서 던져 준 충고인 '지피지기'의 정신을 공부하고 실천하여 지금의 당신 모습과 품 안에서 함께 살아가겠습니다.'

1_ 상대를 제대로 알아야 전쟁에서 위태롭지 않다는 손자의 말이지만, 여기에서는 '지금까지 강에게 행한 여러 시행착오를 반복하지 않는 것이 강을 돕는 길이라는 뜻으로 사용했다.

 강은 흘러야 한다

　지피지기, 낙동강을 올바로 아는 길이 그 강을 지키는 길이다. 낙동강의 자연하천 기준 '하상계수'[1]는 1 : 372다. 7개의 댐이 들어서고 나서는 계수 비율이 조금 떨어져 1 : 290 정도이지만, 이것도 보통 큰 것이 아니다.

　예를 들어, 유럽 라인강이 1 ; 18이고 중국의 양자강은 1 : 22 밖에 되지 않는다. 라인강이나 양자강은 1년 4계절 골고루 비를 뿌려주지만, 낙동강과 우리나라의 하천들은 하절기인 6, 7, 8월에 비가 집중적으로 오기 때문이다.

　하상계수는 하천 물길이 흐르는 면적부인 통수단면과 밀접한 관계를 가지고 있다. 통수단면이 여유를 가질 때 강에서 살아가는 동·식물의 생활도 다양해지지만, 강을 가득채운 통수단면, 그것도 수심이 깊은 상태라면 그곳에서만 살아가야 될 동·식물들에게 생활 터전을 빼앗아 버리는 몹쓸 짓이 생겨 버린다.

　강에 보를 만들면 하상계수는 거의 변화가 없다. 흐르고, 여울치

1_ 강에 물이 가장 많이 있을 때와 없을 때의 차이를 뜻함.

고, 굽이치고 하는 물의 자유와 자연의 섭리도 증발되어 버린다. 통수단면도 고정화 되어 버린다. 때문에 강의 적당한 하상계수는 생태적으로 아주 중요한 작용을 한다. 너무 큰 차이를 가진 하상계수도 문제가 되지만, 봄·여름·가을·겨울 사계절 내내 차이가 없는 하상계수는 더 큰 생태적 문제가 발생한다. 즉 하천 양안에서 물의 드나듦이 자주 생기면 그곳에 사는 동·식물에 하천 특유의 먹이 사슬 생성이 가능해지지만, 드나듦이 없어지는 호소화 현상의 통수단면 고정은 땅과 물의 경계지에서 살아가는 동·식물들의 서식처가 아예 사라져버리게 된다. 다시 말해 하천이 수용할 수 있는 생태 총량이 심각할 정도로 줄어든다는 것이다.

사진작가인 이석필 선생과 제방길을 걸으면서 이야기를 나눈다.
"이 선생, 하상계수니 통수단면적이니 하는 말 들어 봤습니까?"
"다 알고 있지! 그런데 그렇게 어려운 말은 부담이 와요."
"어쩝니까. 이런 언어를 풀어서 하려면 괜히 시간만 걸리니까 그냥 그렇게 부르는 것입니다."
"여기 대구 위천 같은 지역의 본류는 각 지류에서 온 물들이 모이니까 밖으로는 드러나진 않지만, 웬만한 지류에 가면 그곳의 통수단면만 보아도 위쪽에 보가 있는가, 댐이 있는가를 알 수 있습니다. 하상계수라면 한 하천에 물이 많을 때와 적을 때가 제대로 관측되어야 어느 정도 짐작이 갈 텐데, 곳곳에 보들이 있으면 평소엔 잘 모릅니다. 태풍이 오고 물이 엄청 많아지고 가뭄이 와서 하천 바닥이 바둑판처럼 갈라질 때야 제대로 알지. 바쁜 사람들이 또 그걸 알아서 뭐 할 겁니까?"

"낙동강의 하상계수는 외국의 강들에 비해 하상계수가 스무 배나 높습니다. 겨울과 초봄, 늦봄에는 물이 바닥을 기고, 여름철이 되어야 하천 안에 물이 가득 찹니다. 이런 한국의 낙동강판 하천 동향을 몸으로 느끼는 철새들은 산란 시기나 장소도 이곳 환경에 맞춰 가는 것 같아요. 이 선생은 밤낮 주야 가리지 않고 사진 찍으러 다니니까 나보다 훨씬 잘 알겠네요."

"그놈들은 물이 많은 본류에서 강안에 숲이나 풀이 자라는 여유지가 없으면 산란을 하지 않습니다. 인간들보다 위험한 것을 먼저 알고 있는 철새들은 제 살림살이 처신을 잘하고 있음을 자주 목격했죠. 이 이야기 하다보니까 걱정되는데, 저기-대구 달성습지 두루미들이 구미 해평과 고아 쪽으로 옮겨간 지가 벌써 10년 쯤 되었죠? 그 아래쪽에 보가 만들어지면 그들이 사는 곳까지 물이 들어찰 텐데 무슨 대책이 있습니까?"

평생 그냥 사진만 찍는 줄 알았는데 이선생도 그들의 미래가 걱정되는 모양이다. 이 선생이 말한 아래쪽 '보'는 정부가 짜고 있는 4대강사업의 '칠곡보'를 말한다.

보 높이 12m, 구간 거리 약 25km, 수위 6m로 계획이 잡혀 있으니까 낙동강의 완만한 경사도를 감안한다면 두루미 기착 둥지는 모두 물에 잠기게 된다. 내가 그곳의 예측을 말해 주었더니 거두절미하고 "미친 사람들!"이라고 일갈해 버린다.

운하 추진 시절, 오래되지 않았지만 나는 부산의 모 대학에서 열린 토론회 발제자로 참석하여 '얻는 것과 잃는 것'을 이야기했더니 객석에서 대뜸,

"반대론자들은 오직 반대를 위한 반대만 하고 있지 않습니까!"라는 고함소리가 들려왔다.

대꾸할 가치도 없는 천박한 말이었지만, 나는,

"평생을 두고 강 살리기만 한 사람을 두고 함부로 말하고 있습니다. 주린 배 골골 소리 들으며 강의 오염현장을 찾아다닐 때 당신은 어디서 무엇을 하고 있었습니까?" 하니,

"우리는 10년 동안 100명의 전문가와 함께 각종 시뮬레이션을 다 마치고 검증을 거쳤는데 왜 사실이 아니라고 합니까?" 한다.

내가 안타까운 것은 현장의 사실들이 아닌 것을 마치 사실인 것처럼 말하는 모습에서, 지금껏 현장을 유린해 왔던 탁상논리의 전형을 보았기 때문이다. 그들이 10년 동안 무슨 시뮬레이션을 어떤 방법으로 했다는 건가? 진정 강의 자연성과 안정성을 고려하여 연구를 했다는 말인가? 과연 토목의 기술과 자연의 생태적 요구를 일대일의 균형심을 가지고 했다는 뜻인가?

100명의 전문가도, 10년의 세월도 아니라는 것은 알 만한 사람들은 다 알고 있는 사실이다. 지금 진행 중인 4대강 사업에서 환경영향평가 같은 철저한 절차가 필요한 일들도, 단 몇 개월 만에 만들어야 할 급한 사람들이 언제 10년 전부터 준비해 왔단 말인가?

"이 선생, 고향이 어디요?"

"태백이지. 지금은 대전에 살고 있고"

"갈 길 잃은 구미 해평의 두루미는 어디로 갈 것 같소?"

"………"

"참 걱정이다, 걱정이야"

낙동강 생명을 찾아 사진 찍다 저 세상 간 언니 '고 김환희' 대신

 강은 흘러야 한다

카메라를 둘러맨 은환이의 입술이 굳게 다물어진다.

●

누가 이 강을 아름답다 했는가

'태백에서 안동까지는 산을 쫓아 '낙천'[1]하고 비로소 동쪽에서 오는 '동천(반변천)'을 만나 '낙동강'이 되었다'는 퇴계 선생의 말처럼 낙동강의 본격적인 시작은 안동이라 생각된다. 안동에서 부산까지 하천거리가 약 343km다. 그리고 안동 낙동강 표고는 80m 정도다. 안동 낙동강의 물이 하구 쪽에서 기다리는 태평양 바닷물을 만나기 위해서는 343km의 물길을 걸어야 하며, 함께 가자고 손을 잡는 96개 하천 형제를 만나야 한다. 96형제들이 거느리고 있는 825개의 손자, 손녀 하천들의 가족사를 듣다보면 어느새 성벽 같은 하굿둑이 앞을 가로 막는다.

비슷한 또래에 낙동강과 인연을 맺은 물의 형제들이 뿔뿔이 흩어져 살다가 어떤 것은 땅 속으로, 어떤 것은 하늘로 가버려 이제 남은 것들만 하구에 모인 것이다. 343km 거리에 80m의 표고, 표고차가 더 컸으면 다시 만난 형제들과 나눈 이야기도 적었을 것인데, 그나마 한 열흘 정도 나눈 정감은 저 바다에 가서라도 잊을 수가 없을 것이다. 낙동강의 '물의 삶' 인연은 그리 높지 않은 표고차로 만들어진 완만한 하상구배에 의해 '열흘간의 생활'을 마치게 된다.

1_ 주로 산과 산 사이 계곡으로 흐르는 하천수를 말하며, 여울성 기능이 좋아 하천 형태에서 자정력이 가장 큰 곳이다.

낙동강은 겉으로 나타나 있는 자연계만 볼 때 참 아름다운 강이다. 웅장하면서도 곱고 예쁜 강이다. 인간이 함부로 범접하지 않고 강의 자연 상태를 잘 지켜주면 세계의 어느 강보다도 생명력이 강하면서도 아름다운 강이다.

강수량, 하상 구배, 하상계수 등 강을 둘러싼 체질 문제가 있긴 하지만 산과 들이 적절하게 강을 받쳐 엮어 놓은 자연의 신경조직만 다치지 않게 한다면 이 강은 영원한 아름다움으로 축복을 베풀 것이다.

낙동강은 유역 산과 들의 중추신경계다. 물과 생태, 생활에서 저마다 지고 있는 강에 대한 소비의 총량이 지켜진다면 강은 그대로일 수 있지만, 총량의 수요를 함부로 부풀리거나 착시해 행동한다면 그 결과는 유역 전체에 거미줄처럼 짜여진 생명체들에게 지속적으로 심대한 타격을 입힐 것이다. 이 중추신경계 결정치는 본류에서 나타난다. 모든 강에서도 그렇겠지만 낙동강 같은 유기력이 큰 강은 본류의 자연성이 절대적으로 필요한 것이다.

앞서 말했지만, 본류의 자연능력에 대한 결정치를 한 치도 빼앗지 말아야 한다. 본류에 물길을 트고 있는 대지류는 작게는 8개 정도, 많게는 20개 이상의 하천망을 가지고 있다. 대지류마다 각각의 수량과 수질과 생태성을 가지고 본류와 소통한다. 대지류의 특성은 완만한 경사도를 가진 본류와 달리 하천의 평균 표고도, 하천의 기울기도 다르다. 강수량과 유속도 제각각 다르다.

이렇게 상이한 환경 속에서 생활했던 물이 본류에 와서는 그전

 강은 흘러야 한다

까지의 모든 것이 본류의 동질성으로 흡수된다. 이 같은 관점에서만 보더라도 본류는 모든 하천의 최종 결정치로써 그 기능이 지켜져야 하는 곳이다. 수량도, 수질도, 생태도, 흐름도 지금은 본류의 것이지만 원천적 태생은 대지류와 그 안의 하천망이기 때문이다.

본류가 보호되어야 하고, 본류가 함부로 결정되는 대상이 될 수 없는 이유가 바로 여기에 있는 것이다.

낙동강 하구 하상을 '0'으로 볼 때, 밀양강 합수지는 1.9m, 남지의 강은 9m, 대구 금호강 합수지는 21m, 문경 영강 합수지는 50m, 안동 낙동강은 80m 정도가 되는 것이 낙동강의 주요 구간 표고다. 90년도에 알아본 것이 지금은 약간 변했을 수도 있겠지만, 안동까지의 약 340km 거리에 표고차가 80m 밖에 안 된다면 낙동강은 이것만으로도 주변 환경에 민감할 수밖에 없다.

부산에 짓고 있는 롯데빌딩이 107층에다가 높이 510m다. 낙동강의 안동까지 표고차가 이 건물 높이의 1/5도 안 된다는 것에 생각들이 어떠신지? 표고차가 크게 없으면 하상 경사도가 완만해지고 경사도가 완만하면 물의 속도가 느리다. 물의 속도가 느린데 태풍이 하구를 덮쳐 해일까지 일어난다면 본류에 갇힌 물은 오갈 데 없는 신세로 유역 안 낮은 곳을 기웃거릴 것이다.

범람으로 갈 수 밖에 없는 단계다. 또 96개나 되는 낙동강의 '직접지류'[1]는 꽉 찬 본류로 비집고 들어오려 몸부림치고 하필이면 이때 만조기까지 겹친다면 만날 수 있는 것은 '대홍수'뿐이다.

시나리오가 아니다. 기후변화가 국지성호우 같은 강우 형태에서

1_ 제1지류: 반변천, 송야천, 미천, 영강, 위천, 감천, 밀양강 등 105개가 낙동강에 있으며 이 중 92개~96개 정도가 낙차공 계획에 포함되어 있다.

간헐적인 조짐을 보이다가 2000년대 중반기부터는 호우의 양과 기회가 계속 늘어나고 있기 때문이다. 이런 형편임에도, 본류에 11m 높이에 수심 6m 정도의 보가 8개나 있다면 그 체증의 폭발력은 과연 어떤 모습일까?

그때 만약 2002년 루사 태풍 때 '김해 한림 대범람'을 일으킨 것처럼 정전 사태가 생긴다면 상상도 못할 혼란을 경험할 것이다. 대재앙을 맞을 것이다.

유속은 물의 흐르는 속도를 뜻하고 '유하'는 물이 갇히어 흐르지 않는 상태를 말한다. 유하는 '토성'[1]이나 대기의 상태에 따라 침식과 증발의 기회를 가질 수 있지만 근본적으로 물을 썩게 만드는 원인지가 된다. '고인 물은 썩는다.'−유하를 두고 염려하는 말이다.

앞서 의령군 유곡천과 대구 신천의 수중보 문제를 언급했듯이, 낙동강 대지류와 소하천은 수중보 몸살을 앓고 있다. 현재 수중보 때문에 하천장애를 일으키는 곳이 갈수록 늘어나고 있지만 특히 밀양의 동천 같은 곳은 '산 너머 산' 같이 '보 너머 보'의 갑갑한 하천이다.

단장천과 나누어 밀양강으로 물길을 만든 이 하천은 전체 26km의 유로 연장에 거의 1km 간격마다 하나씩 설치되어 있고, 산내면에서 희곡리까지 10km 거리에는 평균 6~700m 거리마다 물을 막아 하천의 자연 기능을 송두리째 빼앗아 버렸다.

수중보는 그것을 만든 사람에게는 편리와 득이 있겠지만 하천의

1_ 땅의 성질-낙동강의 하천 바닥은 사질토, 점토, 자갈 등으로 형성되어 있으며 세굴이나 침식 같은 하상 변화에 땅의 성질이 영향을 입게 된다. 강의 개발에서 토성은 중요한 분별의 대상이 된다.

생태계에게는 치명적인 장애물이 된다. 물은 썩게 되고, 하천 식생은 본래의 터전을 잃게 되고, 어류들에겐 감옥이 된다. 한 발 더 나아가서는 인체의 '혈관 혈전'[1] 같이 물의 움직임을 마비시키고 그 하천이 소속된 하천망을 교란시킨다.

이곳 동천의 수중보에서 발생되는 수질 변화가 밀양강에 전이되고 끝내는 본류에 영향을 준다. 2000년 3월 밀양강 수질은 BOD 1.8ppm 이었는데 낙동강 본류는 3.5ppm이었다. 여기서 얻어지는 1.7ppm의 수질 해소력은 실로 엄청난 가치를 가지고 있다.

김명자 환경부 장관 시절 완성한 '낙동강 수질개선 종합계획'에서, 낙동강의 대구·경북·경남 분기점인 '대암' 지점의 수질 목표는 BOD 2.9ppm으로 못 박고, 대암에서 155여m 하류인 '물금'에는 이보다 0.1ppm 높은 BOD 3.0ppm을 목표로 설정했다.

이 목표를 달성시키기 위해 낙동강 특별법을 만들고, 수질총량관리제도가 시행되고 있음을 상기할 때, 밀양강에서 얻는 1.7ppm의 수치는 바로 하류 낙동강의 희망숫자다. 그런데 이 희망 숫자가 조금씩 떨어지고 있어 불안하다. 불안한 마음속에 제일 먼저 클로즈업되어 오는 것이 수중보다.

아름다운 강 낙동강에, 애물단지가 될 종양들이 자꾸만 생겨난다. 지류에서 그러더니 이제는 본류를 기웃거리는 '보'의 탐욕들. 강의 생명을 지켜주고 피붙이로 살아가는 모래를 마구 파헤쳐 내는 '골재 채취장'. 자꾸만 생겨나더니만 그 탐욕들은 결국 겨레의 생명

1_ 혈관에 피가 엉기어 굳는 현상처럼 하천의 흐름을 방해하는 구조물에 빗대어 하는 말.

이며 민족의 젖줄인 낙동강을 겨냥한다.

아무리 '하면 된다!'는 '돌관 의식'[1]의 발상일 지라도, 억겁 세월을 거쳐 오고 어쩌면 지금보다 더 먼 미래를 짊어지고 가야할 본류는 그 대상이 아닌 곳이다. 강의 생명 피붙이인 모래를 파내어 시멘트를 만들고, 그 시멘트의 콘크리트로 보를 만든다면 저 낙동강은 비가 올 때마다 "언젠가 너희의 어리석음을 탓하리라!" 하며 피울음 토할 것이다.

●

봄날 아지랑이 같은 낙동강의 수자원

이슬비, 보슬비, 부슬비, 가랑비 같은 감성 걸쳐 입은 잔비도, 앞이 보이지 않을 정도의 소낙비도 모두 하나같이 유역과 강의 수자원으로 다시 태어난다. 내린 비의 총량에서, 침투·증발·자연소비 등 자연의 활동으로 귀속되는 것을 제외하면 약 25%가 부존자원으로 남아 우리의 수자원이 된다.

현재 가동 중인 낙동강의 7개 댐에 담을 수 있는 총 저수량은 32억4천6백만 톤이다. 총 저수량 순위별로 보면, 다목적댐 부문에서 안동댐(12억4천8백만 톤)·합천댐(7억9천만 톤)·임하댐(5억9천5백만 톤)·남강댐(3억9백만 톤)·밀양댐(7천3백만 톤)이며, 용수전용댐 부문에서 운문댐(1억3천5백만 톤)·영천댐(9천6백만 톤)이다. 총 32억4천6백만 톤 중 다목적댐에 30억 1천5백만 톤, 용수전용댐에는 2억3천

1_ 어떤 일을 할 때 돌파와 관철을 주장하는 의식구조를 말하며 정밀하고 치밀한 일에서보다 토건업 같은 종목의 현장에서 주로 발휘된다.

1백만 톤이 최대량으로 저수될 수 있다.

낙동강 유역의 댐은 7개만이 아니다. 건설 중인 김천 부항댐과 군위 고로댐, 계획 중인 영주 송리원댐, 영천 보현댐, 남강권 수자원으로 나타났다가 수면 하에 들어가 있는 함양 문정댐 등 4개~5개가 합쳐진다면 11개 내지는 12개가 된다.

남한강의 충주댐(27억5천만 톤), 북한강의 소양강댐(29억 톤), 금강의 대청댐(14억9천만 톤)과 같이 대형댐은 아니지만 낙동강의 댐들은 복잡한 유역 구조와 동·서간의 '편차 심한 강수량'[1] 때문인지 마치 거미줄 쳐놓은 형국으로 곳곳에 자리 잡고 있다.

댐의 생리 상, 항상 물을 채워둘 수 없다. 유효 저수량이라는 '관리저수율'[2]이 있지만 댐 유역의 기상·기후 상황에 따라 자주 바뀌는 것이 상례다. 여름철 강수기를 대비하여 일정 부분을 비워야 하고, 홍수 때는 위험수위가 넘지 않도록 방류량을 결정하여 하류로 흘려보내야 한다.

여름철 강수기를 대비하여 댐을 온통 비워 놓았는데 비가 오지 않을 때도 하천과 유역에 많은 문제를 일으키지만, 홍수기 때 댐에서 일제히 방류하는 엄청난 수량은 본류의 수량 방어력을 일시에 무너뜨리게 된다.

평상시 8~20'CMS'[3]를 방류량으로 흘려보내던 수량이 홍수기에는 5,000~10,000 CMS를, 대홍수기에는 이보다 더 많은 물을 방류

1_ 낙동강 서부 백두대간 벨트는 연평균 강수량이 1,400mm 정도임에 반해, 중부내륙은 950mm 정도 밖에 되지 않아 동·서간 강수량 차가 심하다.
2_ 댐에서 목적에 따라 관리해 낼 수 있는 용량을 뜻함.
3_ 수량 단위를 표시하는 기호로써 '초 당 몇 톤'을 표시할 때 사용한다.

하기 때문에 그 모든 피해가 하천에 나타나는 것이다.

이런 정황에 비추어 가상컨대, 11m 높이에다 수심 6m 정도의 대형 보 8개가 본류를 꿰차고 들어선다면, 낙동강은 그날부터 몇 개의 불안과 불명예를 뒤집어 쓸 것이다. 태풍이 몰고 오는 엄청난 양의 폭우는 하천과 유역에서 잦은 자연 충돌을 일으킬 것이며, 충돌의 한계를 벗어난 대홍수 때에는 댐과 보가 합세하여 재난의 불씨를 붙일 것이 명약관화하다는 것이 중론이다.

10개 정도의 유역 댐에다 8개의 댐 같은 대형 보는 평상 시 설계자의 생각대로 일정 부분 순기능이 있을 수도 있겠으나, 많은 전문가나 국민이 우려하는 '잠복된 재난'의 도구임은 틀림없을 것이다.

한편 정부가 계획으로 발표한 92개의 '직접지류 낙차공 시설'[1]은 하천 순환구를 통째로 막아버리는 자연 통제장치로 그 발상 자체가 경악스럽다. 잠복된 재난의 도구에다 92개의 폭발물을 설치하는 것과 무엇이 다른가!

이와 같은 복잡한 구조 속에 설치되는 대형 공작물들은 그것들을 관리하는 데에만 해도 관리비가 엄청 들어갈 것이고, 내외에서 발생하는 제반 상황들과 문제를 처리하는데도 많은 돈이 필요할 것이다. 사후 관리비나 유지관리비의 재원의 모두 국민의 몫이 아닌가?

흐르지 못하는 강에서 깊은 문화는 생존하지 못한다. 강에서 건져내는 문화는 국민 개개인이 향유할 수 있는 감성의 전유물이다. 물이 강에서 흐르며 만들어 내는 생명과 평화, 공존이 인간 감성에

1_ 낙동강의 하천망에서 낙동강에 직접 유입되는 제1지류 합수지에 설치되는 낙차공을 말하지만, 그 숫자가 너무 많아 향후 하천 장애를 일으키는 중요 원인지로 나타날 것이다.

 강은 흘러야 한다

착지하지 못하고 어딘가를 방황하다가 이성의 날갯짓에 휩싸여 버린다. 강에 대한 느낌과 인식의 자유가 획일화되어 강을, 오해하고 착시하게 된다.

'댐'과 '보'란 것은 물을 통제하는 기능만 있는 것 같지만, 자연에 대한 인간의 감성과 이성의 관계마저 통제하려 들기 때문에 많은 사람들이 고민하고 있다. 강이 발산해 내는 인간의 정신문화는 영원무궁하다. '흐름은 자연의 건강한 움직임이며, 한 곳에 머물지 않는 기운의 섭리다. 섭리는 이동을 추구하며, 이동은 만남으로서 하나의 파장을 끝낸다.'

'한 번의 파장은 흐름이 근본이고, 파장의 새로운 시도는 '동질성'과 '이질성'으로 새로운 경험을 한다.'이 생각들은 나의 20대 젊은 날, 도산서원에서 수행하는 과정에 머리에 담아둔 화두였다. 이 화두 수행을 마치고 나오던 날, 도산서원 앞 넓은 개활지에는 1년 전부터 물을 담기 시작한 안동댐이 옛 자리, 옛 것을 서서히 덮기 시작하는 것을 보았다.

서원 앞마당을 거쳐 걸어 나오는데 언뜻 생각나는 것이 있어 노트에 적은 글(인연은 마치 물과 같아 흐름으로 지탱하고 순리로 공존한다.)은 물을 가두는 댐에 대한 나의 첫 느낌이었으며 정서적 반발이었던 것 같다. 넋두리 같은 이 글이 나의 발목을 잡고 평생 동안 낙동강을 기웃거리게 만든 것 같아 도산서원 그곳에 갈 때마다 혼자서 쓴웃음을 짓는다. 지금, 무수히 많던 낙동강의 시나 소설이 침묵을 지키고 있다.

새로 태어나는 것들이 많으면 이들도 부스스 일어나 훈수를 둘

텐데 그렇지 못하니까 그냥 잠자듯이 쉬고 있는 것 같다. 오래 전에 분노하고 반발하고 또 그리워했던 김용호의 시도, 김정한의 소설도 잊혀져 가는 것 같아 안타깝다.

"두 번 다시 이 강에 빗돌 하나도 세우지 말라"고 호통 치던 이동순의 시도 메아리치지 않고 있어 더 안타깝다.

흐르지 못하는 강!

보가 점령한 강!

그 속에 봄날 아지랑이 같이 아른거리는 수자원의 정체. 어떤 시나 문학, 그것들을 품어 안은 문화가 탄생될까가 두렵기까지 하다.

"우리 안동에는요 여기 낙동강에 들어오는 큰 물길이 세 개나 있습니다. 벌써 그 중에 두 개나 막아버려 놓고 저 길안천 하나 밖에 안 남았는데 왜 그것까지 막을라꼬 지랄용천들 하고 있습니까!"

영천 도수로 지하 구간이 시작되는 안동시 길안면 송사리에 계곡 물길을 막는 '길안댐'을 건설하려 할 때 안동역에 모인 수천 명의 주민 중에서 한 명의 주민대표가 단상에 올라 불끈 쥔 주먹으로 연단을 탕! 탕! 치며 연설을 한다.

1976년 태백에서 흘러오는 낙동강 본류를 안동댐에 빼앗기고, 92년에는 영양에서 오는 반변천 물길마저 임하댐에 내줘버린 안동 주민들은 너나 할 것 없이 댐 피해에 노이로제가 걸려 있었다.

이런 상황에서 유일하게 상수원으로 사용하고 있는 길안천까지 막아버리겠다 하니, 주민들은 봉기하여 팔을 걷어붙인 것이다. 안동역에서 길안 송사리까지 60여 대의 차량에 분승한 차량 시위대들은 악착같은 목소리로 "길안천을 막지마라! 길안천은 우리의 마

 강은 흘러야 한다

지막 생명이다!" 라며 구호를 외치고 있다.

그때의 '댐 피해 대책위원장'이었던 김성현 위원장과 나는 같은 차를 타고 가면서,

"김 위원장, 주민 표정에 절절한 각오가 담겨 있군요. 그리고 이렇게 차량 시위까지 하는 것으로 보아 주민들이 이길 것 같고요." 하니,

"우리나라 수자원 정책이 너무 함부로 입니다. 생각해 보십시오. 옛날부터 살아온 생활 터전을 잃어버리는 것도 눈물이 날 지경인데, 댐 옆에서 재배되는 사과, 고추 같은 농작물은 아침나절마다 발생하는 안개와 일교차 때문에 피해가 극심하고 도시 전체가 요구하는 태양 에너지가 감소되어 광합성을 필요로 하는 생태계 전반에 연쇄적인 피해를 일으키고 있습니다. 우리 주민들이 흥분하고 반발하는 것은 생존권 문제보다 약탈하듯이 일방적으로 결정해 버리는 정부의 관행 때문입니다."

이후, 안동의 길안댐 계획은 악전고투 끝에 폐기되었지만, 사람 사는 곳 많고 복잡한 물길을 가진 낙동강은 댐으로부터 끈질긴 유혹을 받고 있다. 이 유혹의 결과가 4대강 사업에서 본류를 쓰러뜨리려 한다.

"깊은 물에는 소리가 없습니다."

십 년 전 어느 정치인이 한 말이지만, 내가 듣기에는 오염의 덫에 씌어 생명력을 소진의한 강의 SOS같다.

수질오염의 근원적 장치, 기후변화의 구심점이자 근거의 자리, 강변 유역 지하수맥의 교란 현장, 수변 농작물의 끝이 없는 갈등, 호소화로 치달려 가는 강물 등 염려의 시각으로 보는 것이 본류에

들어서려는 대형 보에 대한 국민의 생각이다.

2009년 3월, 부산 시민과 함께 현장 답사 중 참가자 한 분이 "선생님, 낙동강은 비가 와도 걱정 비가 안 와도 걱정이겠습니다."라고 문득 던지는 말에 주변의 참가자들이 무의식 같은 행동으로 고개를 끄덕인다.

그들 대화 끝머리에 나는 밑도 끝도 없는 말을 하며 아지랑이 같은 강을 쳐다보았다.

"강은 라이프이지 킬이 아닙니다."

"강은 '리버 · 라이프(River Life)'[1]이지 '리버 · 킬(River Kill)'[2]이 아닙니다. 리버 킬의 행동이 반복된다면 그것은 우리 모두가 방어해야 할 '에코 테러'[3]이기에 누군가가 물리쳐야 합니다."

●

준설토로 매만지는 상선약수의 심정

방송국 PD를 하면서 나의 다섯 번째 낙동강 발표회 사회를 맡아준 박준홍 형은 내가 24살 때 만든 '오! 낙동강'이라는 노래를 그리도 좋아했다. 내가 답사를 할 때마다 방송 장비를 차려 따라 나선 그는 잠깐잠깐 쉴 때마다 그 노래를 부른다.

1_ 강과 더불어 살아가는 모든 생명체.
2_ 강 생명을 해치는 파괴 행위, 교란, 오염을 통틀어 일컫는 말.
3_ 강의 생태계를 근본적으로 말살하는 행위를 뜻함.

"물결 따라 출렁이는 할머님 하얀 목소리

바-람 속 저 갈밭은 할아범 목소리

길다란 몸뚱이엔 동백향기 가득이어라

그 맑은 핏줄 모여 삼천리 젖줄

오!- 낙동강 오!- 낙동강

님은 순결 님은 생명이니"

걸쭉하게 한 곡 뽑아 놓고는 나를 보며 씩 웃으며 "참 좋제" 한
다. '참 좋제'란 말이 마무리에 항상 따라 붙는다.

다섯 번째 발표회 때의 주제가였던 이 노래가 합창단과 관현악
이 앙상블로 어우러지자, 사회석 뒤편에서 눈물을 짜내다 나에게
들켜 씩-웃던 모습이 그대로 리바이벌된다.

준홍 형은 낙동강을 참으로 사랑한 사람이었다. 어느 날 술에 취
한 두 사람이 부산 서면 로터리 한 복판에 있는 부산탑에 올라가서
제6회 리사이틀을 한답시고 '오! 낙동강'을 고래고래 부르다 경찰
서에 잡혀간 일도 있었다. 자초지종 끝에 훈계 방면되었지만 생각
해 보면 참 순진바보 같은 행각이었다.

"물이 이 세상에서 최상의 선이라 했제?"

대구 화원 강가에 앉아 있는데 형이 뜬금없이 물었다.

"네, 노자의 사상이자 언어이죠."라고 대답했더니,

"가장 좋은 것은 물과 같다. 물은 온갖 것을 이롭게 하면서도 다
투지 않는다. 뭇사람이 싫어하는 낮은 곳에도 가기를 좋아한다. 그
러므로 도에 가깝다."

하며 또 '참 좋제'의 특유 브랜드를 사용한다.

"형! 물이 상선약수라면 낙동강은 뭐라고 생각합니까?"

"음— 상선약수가 가는 길은 맞긴 한데……. 그 길이 좀 거칠고 복잡해서……. 뭐라고 하면 좋을까……. 에이 다음에 공부 좀 해서 대답해 줄게요."

발원지 태백에서부터 위쪽은 그런대로 괜찮은데 아래로 오면서 색깔이나 냄새를 맡으니까 아닌 것 같다고 뒷말을 달았다.

"형! 그러니까 문제란 겁니다. 이곳 대구 화원의 낙동강이 아무리 삼색삼강이지만, 언젠가는 상선약수가 되는 겁니다. 더럽다고 우왕좌왕하면 강이 섭섭하죠. 물이 낮은 곳에도 가지만 더러운 곳에도 가는 겁니다!"

훈계조로 말하며 그의 따뜻한 손을 잡았다.

"아! 김 형이 전에 해 준 말이 생각납니다. '낙동강! 이제 우리가 사랑할 차례입니다.'란 말 속에 그 뜻이 녹아 있었군요. 그래요 낙동강은 끝까지 상선약수의 강입니다. 우리 해 봅시다." 하며 내 두 손을 꼭 잡는다.

화원에서 고령교를 지나 도동서원 옛길로 접어드니까 비릿한 냄새가 전해 온다. 현풍 골재장과 건너편 고령 개진 골재 채취장의 준설 퇴적장에서 나는 냄새다. 일부는 강변에 산더미처럼 쌓여 있고 일부는 제방길 건너 논에 야적되어 있는데, 물에 잔뜩 젖은 모래에서 증발의 기운으로 하얀 엷은 연기가 뿌옇뿌옇 피어난다. 물이 증발하는 모습이다. 왜관 골재장에서 맡았던 냄새와 비교해 보니 이쪽 것이 더 심하다. 금호강에서 실려 내려온 오염물질이 침전되어 모래 속을 파고들었기 때문에 나타나는 현상이다.

"형, 어제 왜관에서 맡았던 냄새하고 오늘 여기에서 맡는 모래 냄새가 좀 다르죠?"

"그래요 많이 다르네요. 왜관 것은 물이 고여 있을 때의 약간 비릿한 냄새였는데 여기 것은 삐릿하네요."

"아니, 하나는 비릿하고 또 하나는 삐릿하다니요? '삐릿'은 무슨 냄새를 말하는 겁니까?"

"아이구 참, 그것도 모르고 매일 강을 다니능교? 왜관 것은 오염이 덜 되었고 여기 것은 오염이 많이 됐다는 나의 전문용어도 모르고 있다니 쯧쯧쯧." 하며 사투리도 섞어낸다.

"한 수 배웠수다. '비릿하다' '삐릿하다' 그것 참 기가 막힌 표현입니다."

"그런데 김 형, 얼마 전에 촬영 취재 왔을 때 합천 적포 채취장에서 맡은 냄새는 냄새가 별로 없던데요, 그것 무엇 때문입니까?"

"형은 '비릿'한 것하고 '삐릿'한 것만 알지 도대체 아는 게 뭐요!

합천 것은 물이 잘 흐르면서 넓은 강폭을 가지고 있기 때문에 모래 속 것들이 금세 금세 풀려 나가고요, 왜관 것이 비릿한 것은 골재 채취로 강이 막혀 물이 흐르지 못하니까 그렇고요, 현풍 것은 금호강 쪽에서 들어온 오염물질들이 아직 현풍을 벗어나지 못해서 그렇습니다.

오염물질들이 들어오는 양은 많은데 빠져나가는 양이 적으면 강바닥 오염이 정체됩니다. 정체되니까 그놈들을 먹고 사는 플랑크톤 같은 것들이 많이 늘어나는 것입니다. 결국 그놈들이 치고받고 죽고 살고를 반복하면서 물에 녹아있는 산소를 고갈시키고 고갈된 산소 때문에 물이 썩는 것 아니겠습니까?"

형이 귀를 쫑긋 세우고 유심히 듣는 척 한다.

"그러면 우째야 됩니까?"

잘 알면서 자꾸 캐묻는 모습이 영판 방송인이다.

"어쩌긴요, 낙동강에서 다른 곳은 멀쩡합니다. 강이 다 알아서 조신합니다.

강의 본성인 자정력으로 처리한단 말씀입니다. 우리가 도와줄 곳은 금호강과 그 아래 지점하고 부산의 낙동강 하구 등 한 두어 곳만 집중하여 정비해 주면 아무 탈이 없다고 봅니다."

"일리가 있습니다. '선택과 집중을 하라', 참 맞는 말입니다."

하며 가방 속을 뒤지더니 캔 커피 하나 꺼내주고 뭔가를 열심히 적는다.

현풍으로 나가서 '현풍곰탕'을 먹고 있는데 서예를 하며 내 일을 돕고 있는 의정 선생이 합류한다. 3천 원 하던 곰탕 값이 지금은 9천원이니까 격세지감이다.

"의정 선생, '산자분수령'이란 말이 있지요?"

"'산은 물을 건너지 않고 물은 산을 넘지 않는다.'란 말인데 고산자 김정호 선생이 지도를 만들기 위해 팔도강산을 돌아다니면서 깨우쳐 낸 교훈이라고 알고 있습니다. 그런데 왜요?"하고 되묻는다.

준홍 형이 나서며 말한다.

"제가 알기로는 산과 물은 원래부터 더불어 존재하지만, 그것들의 관계 속에는 엄연히 지켜져야 할 질서가 있을 것이고, 그 질서를 깨뜨리지 않기 위해서는 '분별심'이라는 경계가 필요하단 뜻 같아요. 이 땅 지리 지세를 찾아다니면서 자연이 만들어 놓은 법칙과 섭리를 인간 생활의 도리로 가르쳐 준 것이겠죠."

"형은 강에만 오면 시인이 되고 노래하는 예술가가 되더니 이제는 철학자가 되셨습니다. 말씀대로 있어야 될 곳과 행동해야 될 것이 구별되는 '분별심'이 가슴에 와 닿네요.

오늘 보았듯이 강의 모래는 물이라는 존재에서 볼 때 필연적인 인연을 가지고 있습니다. 물의 수질에서도 자정력의 기반이 되고, 식물과 동물의 생태계에서도 생활의 보금자리가 됩니다. 또 인간의 정서를 제공해 주는 측면에서도 간과할 수 없는 자원입니다." 라고 제법 길게 이야기 했더니, 의정 선생은 간단하게 짧은 한 마디로 말을 끝내 버린다.

"강에서 물과 모래는 한 몸입니다!"

산자분수령이 압축된 말이다. 강을 살리겠다면 모래를 살려야 된다는 경고다.

3부_ 천석의 종은 그 종채로 치면 울리지만,
낙동강은 하늘이 쳐도 울리지 않는다

낙동강의 굽이치는 물길이 자연과 가장 잘 어울린다고 칭송하는 삼동치의 낙동강

대구 사문진 나루터의 1960년대 풍경. 낙동강의 수량은 예나 지금이나 큰 변함이 없지만 낙동강
의 수많은 식솔을 먹여 살려왔다. 이 곳에 강정보가 들어서면 낙동강의 자연생태와 문화·역사
가 사라진다.

1_ 잘못된 인식, 자각 없는 행동

●

멀쩡한 강을 왜 자꾸만 죽었다고 하는가!

"강이 죽었습니다. 하수구와 다를 바 없이 죽었습니다. 살려 주십시오."

내 귀에 들려오는 소문인데, 그게 사실이라면 제 정신이 아닌 사람이다. 지난 20여 년 동안 많은 국민들이 지극정성으로 되찾아 놓은 이 강의 생명을 무슨 생각으로 왜곡하고 호도하는지를 알고 싶다. 낙동강 유역 광역자치단체장들이 헬기로 대통령을 모신 자리에서 자신들 젖줄을 그렇게 매도해도 되는 것인가? 다시 한 번 묻고 싶다.

강은 단순하게 '살고 죽고'하는 생물이 아니다.

억겁을 지켜오고, 또 억겁세월을 담아갈 만생물의 변치 않는 생명원이다. 대자연의 자궁과 같은 강이 죽어버린다면 그 생물들은, 우리는 어떻게 살아있단 말인가. 강은 누군가가 할퀴고 괴롭힌 만큼 고통스러워 할 뿐이다. 조이고 묶어놓은 고통의 사슬을 풀어주면 스스로 자신의 상처를 치유할 줄 아는 능력을 가지고 있다.

36년 동안 강 발품한 나는 어디에서라도 강이 죽었다는 표현을 쓰지 않는다.

"강이 너무 힘들어 하니까 우리가 도와줍시다." 한다.

강이 죽었다고 역설하던 모 광역시장은 스스로 기자회견을 열어, "낙동강 정비 사업은 해마다 되풀이 되는 홍수피해를 줄이고, 위기에 놓인 지역경제에서 '일자리창출의 효과'를 낼 수 있다." 하고, 모 정당의 전대표는 "4대강 정비 사업을 전광석화같이 착수해 질풍노도처럼 밀어붙여야 한다." 했다.

낙동강에서 그동안 일어난 홍수는 성주의 신천범람과 후포벌 홍수, 고령군 우곡면 도진제방붕괴로 일어난 회천범람, 태풍이 몰고오는 폭우기 때마다 하류정체현상이 빚어내는 합천 청덕의 황강범람, 함안 법수지구 저지대의 상습 침수, 백산제방의 고통, 김해 화포천 하류의 병목화로 큰 비가 올 때마다 범람되다가 결국 2002년 루사 때 당해버린 김해 한림 대홍수 등 모두 '합수지 부근 지류에서 일어난 것'[1]들이다.

평균 9m정도 되는 튼튼한 본류 제방은 하구 쪽에서 자연 발생하는 소통장애에 따라 영향을 받지만, 본류의 홍수방어능력은 그들이 말하는 것처럼 그리 허약하지가 않다. 그들은 사실도 아닌 것을 가지고 왜? 자꾸만 부풀려 국민을 불안하게 하는가!

'일자리 창출'이란 것도 정비사업 할 때 일정정도 인력이 필요하겠지만, 사후 관리하는데 인력이 그들 말처럼 지속적으로 필요한

1_ 체질이 서로 다른 하천이 만나는 곳은 평수기에는 잘 나타나지 않으나, 강우기 때는 수량과 경사도 차이에 따라 범람, 침식이 이루어져 잦은 피해를 일으키게 된다.

 강은 흘러야 한다

것일까? 부산의 6개 시민단체가 교대로 부산 화명둔치에서 벌이고 있는 현장의 인력을 관찰해보니까, 불과 25명 정도가 일하고 있을 뿐이었다. 매일 3명씩 하루 8시간 관찰한 것이니까 이 숫자는 거의 정확한 숫자였다.

그런데 그들은 이곳에서 창출되는 일자리 고용효과는 매일 500명 정도라고 말한다. 이곳만의 숫자로 볼 때 창출기대치의 5% 밖에 되지 않는다.

"4대강 정비 사업을 전광석화 같이 착수해 질풍노도처럼 밀어붙여야 한다."란 말은 무슨 전쟁의 언어 같아 소름이 끼친다. 강이 6.25 한국동란 때 중국군이 사용했던 인해전술의 대상이란 말인가? 우리의 사랑하는 강이, 토건업자들이 신봉처럼 여기고 있는 돌관정신의 지배물이란 말인가?

낙동강은 23,860km유역을 적시며, 이곳에 살고 있는 모든 생물체들이 하나같이 지녀야 할 70%의 수분을 공급하는 생명의 그릇이다. 흐르면서 자정하고 자정하면서 순환하는 물의 동태적 본능은 자연현장에 귀속되어 있는 것이지 탁상이나 어떤 논리에 귀의 될 수가 없는 것이다.

강이 엮어놓은 하천망의 유기력은 너무나 담대하고 치밀하여 감히 탁상에서 어떤 잣대로 계산되어서는 안 된다. 그 동태성이 계절마다 강수기마다 다르게 나타날 수 있기 때문이다.

낙동강 정비 사업에서 모래를 4억 4천만 톤을 준설하려다 이제와서는 3억 7천만 톤만 파내겠다한다. 원래 계획량의 16%를 줄이겠다고 한다. 가만히 당하는 강의 입장에서는 그나마 다행이다 싶겠지만 도대체 갈피가 없다. 준설의 거리를 일정하게 정하고, 각 사업구간마다 어느 정도를 파내자하는 일방적 계산만 있었지, 생태영향이나 수질영향 같은 치밀한 계산이 부재했기 때문에, 그리고 이 문제에 대한 여러 전문가들이 이의를 제기했기에 축소시킨 것 같아 안쓰럽기가 짝이 없다.

낙동강의 대형보 8개 중에서, 대구의 강정보는 애초 11.5m의 높이였다가 최근 14m로 수정했다더니 다시 11.5m로 되돌려졌다 한다. 낙동강에서 확보해야 할 10억 2천만 톤의 확보수량계획이 바뀌지 않은 상태에서, 나머지 보의 용량조정을 해 보니까 강정보 높이를 올려야만 하는 이유가 생긴 것 일게다. 보의 높이, 골재채취량이 높아졌다 낮아졌다하는 이유는 무엇일까?

정부가 말하는 수량 확보 · 홍수예방 · 수질개선의 목표와 낙동강에서 나타나는 자연의 동태성이 사전에 충분히 교감되고 교류되었다면 이런 일은 없었을 것이다. 이 사업에 대한 예비타당성평가나 사전환경성검토 같은 절차가 치밀하게 이뤄지지 않았다는 게 하나씩 드러나고 있는 사례다. 사업의 실시단계에서 적용되는 '환경영향평가'가 그 전 단계에서부터 일방적이고 주먹구구식이 아니었다면 이런 일이 일어날 리가 있겠는가.

강의 절대적 기반인 하상의 모래를 함부로 들어내고, 강생명의 본성이자 본능인 흐름을 막고자 하면서, 군데군데 졸속으로 짜고 맞추는 발상은 어디에서 왔는가?

국토의 중추신경계를 마디마디 해체하면서 "전광석화같이, 질풍노도처럼……" 부르짖는 그들의 국토에 대한 예의는 누구에게서 배

 강은 흘러야 한다

낙동강의 미래는 우리의 사랑하는 아이들의 미래다. 낙동강 생태를 해쳤을 때 아이들이 짊어 지여야 할 멍애는 ……. 하늘 높이 쌓아 올릴 보에는 아이들의 미래가 보잇 않는다.

웠는가를 국민의 이름으로 묻고 싶다. 또, 4대강 정비 사업을 부추기며 들어와 있는 자전거길도 사전환경성 검토 때는 전장 537km이었다가 막상 환경영향평가서 본안에서는 절반이 줄어 든 276km로 나타났고, 기존의 하천정비기본계획에서 97%정도가 끝난 홍수예방용 제방 쌓기도 애초계획이었던 20곳 38km가 3곳 4.9km로 축소되었다.

시중에 흘러 다니는 정보와 자료들을 취합해본 결과, 애초의 '고정보'[1]가 '가동보'[2]로 바뀐 것에서 원인을 찾을 수 있다. 낙동강에 10개의 보(본류 8개, 구담보·하구보추가)를 만들고 4억 4천만 톤의 모래를 준설(3억 7천만 톤으로 하향조정)하면 식수대란과 수질악화가 일어날 것이란 여론이 팽배해지자 고육지책으로 수정한 것일 게다.

낙동강은 죽지 않았다. 수변구역과 집수역에서 이런 저런 명분으

1_ 하천을 통째로 막아놓은 보를 말하며, 물이 넘쳐야 하류로 흐를 수 있다.

2_ 고정보에 부분 설치되는 시스템으로서 필요에 따라 가동수문을 통해 물을 하류로 빼낼 수 있다.

로 쳐 놓은 오염의 사슬고리 때문에 힘겨워 할 뿐이다. 몇 번에 걸쳐 말했지만, 물은 내려서 오고 흘러서 오가고 증발로 다시 태어난다.

물에게 길을 내어 준 저지대의 모래와 흙, 땅의 기반은 이 강의 사용자이면서 소비자인 우리 모두가 지키고 보호할 책임이 있다. 우리만 살기 위함이 아닌 자연과 더불어 세세연년 살아가야 할 미래가 있기 때문이다. 많은 국민들이 공들여 되찾아놓은 우리 강의 생명에 또 한 차례 무책임한 부담을 주면, 우리의 강은 다시는 우리를 품지 않을 것이다.

모래를 파내고, 곳곳에 하늘만큼 높은 보를 쌓고, 수위를 함부로 깊게 만들면 그때부터 강은 죽기 시작한다. 강을 살리자고 하면서 죽여 버리는 일들이 있어 많은 국민은 잠을 설치고 있다. 국민을 섬기겠다고 선언한 대통령께서 국민이 섬기고 있는 강도 섬겼으면 얼마나 좋겠는가!

"강의 물은 백성이고 강의 배는 임금이다."한 남명 조식선생의 말이 생각난다.

●

진정 호소의 강으로 갈 것인가

낙동강은, 1976년도에 꼭대기 물길이 막히고, 그로부터 10년쯤 뒤인 1987년에 맨 아래쪽 물길이 막혀 버렸다. 사람으로 치면 목과 항문을 막은 꼴이다. 물이야 흘러가지만 흐름에 자유가 없는 것이다. 물의 자연동태성이 간섭받기 시작하면서 하천 자정력은 점차적으로 떨어져 갔다.

'질소'나 '인'같은 오염성분이 짙어지고, 강물의 표면을 덮어 미끌미끌해진 계면화는 이 강을 떠날 생각도 없는 듯하는데, 가끔씩 배를 뒤집고 쓰러진 물고기는 어디에선가 잠복해 있을 중금속을 확인해 주고 있다.

이 같은 상황을 뒤늦게 알아차린 국민들은 제 살 꼬집으며 깨어난 것이다. 이 모든 것의 원인이 남의 것이 아닌 내 것에서부터임을 깨닫고, 강의 상처를 치료하고 간호하기 시작했다.

1960년대부터 병들기 시작한 강은 약 30년 동안 혼자 끙끙 앓고 있었지만. 그 후 20여 년간에 걸쳐 정성을 쏟은 국민의 마음과 행동은 끝내 강을 회복기에 들게 한 것이 엄연한 사실 아닌가. 비록, 아직까지 치유되지 못하고 있는 몇 개의 악성종양 같은 것이 있지만 기술 좋은 우리나라에서 정부의 의지만 있다면 충분히 해결될 것이라고 많은 사람들이 이구동성으로 말하고 있다.

물 확보를 위해 보를 세우면서 "이제 수질은 걱정 없습니다. 수질은 개선되게 되어 있습니다."라고 자신 있게 말하지만 과연 그럴까. 대다수 사람들은, 우리의 현명한 국민들은 상식을 신뢰하는 국민성을 가지고 있다. '빈대 잡으려다 집 한 칸 태워버린다.'란 속담도 있지 않은가. 그 빈대가 어디에 숨어 있는지를 알고 불을 피워야 한다는 상식을 말한 뜻이다.

얼마전, 총리께서 후보 시절에 4대강을 준설하여 보를 세우고, 그 강변에 중소도시를 만들면 좋겠다고 말했다. 그분이 경제학자여서 그런가?

국민의 상식은 그게 아닌 것이 문제다. '강은 무릇 경제를 지킬 수 있지만 경제는 강을 지키지 못한다.'가 국민이 꿰뚫고 있는 상식이다.

낙동강 343km에 보를 10개나 세우고, 그 곁에 온갖 시설물들을 설치하고 또 도시까지 만든다면 당장은 보기에 좋을 수도 있겠지만, 강은 그때부터 시름시름하며 병들어 갈 것이다.

강은 강이어야지 호수나 호소가 아니지 않는가.

호소화의 원인이 될 대형보 8개가 낙동강에 들어서고 1개의 물놀이 보, 1개의 하구보가 여기에 보태진다. 경부운하계획 취소 후 불과 얼마 되지 않은 기간 안에 몇 차례 설왕설래 끝에 나타난 결과물이다.

본류의 대형보 중 첫 번째 보는 상주 병성천과 낙동강이 합류되는 북방지점의 '상주보'다. 상주보는 높이 11m, 관리수위 7m이며, 하류 낙단교 위에 만들어지는 낙단보까지 거리가 14.9km로 구간이 가장 짧다.

'낙단보'는 높이가 11.5m, 수위 7.5m이고, 하류 감천합수지 위에 세워지는 구미보까지의 구간거리가 18.1km다.

'구미보'는 상주보와 같은 높이와 수위를 가지고 있으며, 왜관전적관 앞의 칠곡보까지 27.3km로 짜여져 있다.

상류에서 네 번째에 해당하는 '칠곡보'는 보의 높이가 1m 더 올라간 12m이며 반면, 수위는 6m로 1m가 줄어있다.

칠곡보에서 25.2km 아래에 있는 대구 '강정보'는 원래 2.5m의 수중보가 있던 곳이다. 한 때 14m 높이로 잘못 알려졌으나 실제규모는 11.5m에 5.5m의 수위다. 이곳은 낙동강의 유량이동에서 중요한 곳이다. 대도시 대구와 300만평이 넘는 성서공단이 바로 곁에 있기 때문에 여러 가지의 안전장치가 요구되는 곳이다.

강정보에서 20.4km 떨어진 '달성보'는 높이 10.5m이지만 수위는 대폭 낮아진 3.5m다. 상주보부터 대구 강정보까지는 일부 고정, 일부 가동보 체계로 건설되지만, 달성보에서 하류의 함안보까지는 모두가 유지용수보기능이다.

달성군 논공읍 앞강에 세워지는 달성보부터 그 아래쪽 보인 '합천보'는 수위가 3m~3.5m다. 이는 낙동강의 특수한 유량이동을 감안해서 설계한 것 같지만, 폭우시 상류에서 치고 내려오는 물 세력과 하류에서 '정체 역류하는 물이 상호 충돌하면서 꼼짝달싹 못하는 상황'[1] 이 벌어진다면, 낙동강하류는 범람위기에서 자유롭지 못할 것이다.

창녕군 이방면에 설치되는 9m 높이의 합천보 기능은 대구권역에서 내려오는 물의 영향을 받지만, 참 우려스럽다고 생각되는 문제는 합천보로부터 42.9km 떨어진 '함안보'의 소통능력이다. 13.2m의 높이에 7.2m관리수위로 결정된 함안보는 낙동강 최대 '강습하천'[2]인 황강의 물과 남강의 물 공격을 감당해야 될 뿐 아니라 하류의 정체역류까지 발생하다면 그야말로 진퇴유곡에 빠질 것이다.

낙동강 대형보의 평균구간거리는 31km다. 평균높이 11.5m, 평균수위가 6m다. 보가 만들어지면 보 안쪽의 통수단면적은 보의 높이와 수위에 비례하여 넓어진다. 설계도에 나타난 자료를 볼 때 통수면 평균이 489m다.

1_ 하구 또는 하류에서 물이 정체되어 흐르지 못하는 상황일 때를 뜻함.

2_ 주로 산간지대에서 국지성호우때, 많은 수량으로 하류를 강타하는 현상이 잦은 하천을 말한다.

통수면을 깊게, 넓혀서 10억 2천만 톤의 물을 확보하겠다 한다. 다시 말해 강을 버리고, 수량 확보용 댐을 만드는 목적과 비슷하다. 호소화 된 강을 만들어놓고, 거기에다 중소도시를 유치하고, 축구장과 같은 레크리에이션시설을 잔뜩 갖다놓고 자전거 길까지 엮어 놓겠다 하니 강이 어찌 견뎌 내겠는가.

지금도 하도 많은 '점오염'[1] 때문에 애를 먹는데 엎친 데 덮친 격으로 강을 졸라매면 그 뒤처리는 누가 하는가? 강과 평생토록 더불어 살아갈 수밖에 없는 유역의 주민과 자치단체의 몫이 될 게 불 보듯 뻔한 일이다.

통수면 확장은 생태공간을 쫓아낸다. 강에서 생태계 교란 같은 변화가 온다. 곳곳에 세워진 10여개의 보에서 물은 제대로 흐르지 못하고 갇혀 버린다. 유하시간이 늘어나면 태양광선을 받는 양만큼 수온이 변하고, 더워진 수온은 조류번식을 촉진하고 강을 녹조화로 몰고 간다. 수질문제가 끊임없이 생겨난다.

수심이 지금보다 5~6배 깊어지고 통수면이 4배 이상 확장되면 당연히 기후변화가 생긴다. 기후변화는 강가에서 재배하는 농작물에게 알게 모르게 피해를 입힌다. 윗물은 미지근하고 아랫물은 냉랭하게 변한 수온은 수생태계를 괴롭히고, 해가 뜨는 아침나절마다 물안개를 일으키고, 그 물 안개는 농작물 성장을 이리저리 방해한다. 4대강 정비 사업은 유역을 지키며 살아온 이 땅 농부들에게 커다란 숙제를 던져주고 있다.

'10개의 보'도 모자라서인가, 낙동강의 92개 직접지류에 '낙차공'

1_ 강의 주변에 들어서 있는 공장, 축사 등 관찰과 관리가 가능한 오염원.-(반)비점오염.

시설을 하려한다. 92개라고도 하고 96개라고도 하는 이 낙차공에서 어떤 일이 일어날까?

평균높이 2~3m에다 길이는 하천마다 다른 낙차공들은 근본적으로 하천생태계를 부정하는 폭력적 조치다. 작은 도랑에서 시작된 물길이 소하천과 대지류를 타고 본류에 가야 바다를 만나는데, 본류에서부터 원천 봉쇄된다. 운명에도 없는 차단과 격리를 당할 수밖에 없다. 그 모두가 본류에서 벌이는 준설과 보건설로 생기는 일이지만, 하천망의 소통으로 살아가는 물과 물길은 억장이 무너질 일이다. 사시사철 하느님께서 비를 주룩주룩 내려주면 그나마 다행이겠지만, 좀처럼 그럴 기미가 보이지를 않으니까 더 답답해진다.

3단계의 낙차공이든 본류 가동보처럼 부분적인 낙차방식이든 그곳의 물이 자유롭지 못한 것은 너무나 자명하다. 흐르는 물이 자유롭지 못하니 그 물 속에 기대어 사는 생물 또한 그렇게 된다. 낙동강에 존재했던 전성기의 가야시대가 다시 도래하는 것 같다. 이름하여, 생태가야시대라고 불러도 좋을 것 같다.

태풍이나 폭우가 쏟아지면 본류 보의 능력에 자신의 운명을 맡길 수밖에 없을 것이며, 본류에서 빨간 신호등이 꺼지지 않으면 고스란히 범람으로 갈 것이다. 반대로 가뭄이라도 온다면, 바닥이 난 수량에 유하가 걸려 조류와 녹조가 쉬지 않고 기침질 할 것이다.

콘크리트의 대형보가 콘크리트의 '낙차공'[1]을 불러들인다. 낙동강이 온통 시멘트와 콘크리트의 사슬고리로 변한다. 끊임없이 개·보수를 해야 하며 나라와 지역살림살이에서 해마다 유지관리비를

1_ 하천과 하천사이에 있는 표고차를 단계적으로 줄이기 위해 설치된 구조물, 4대강사업에서 본류준설로 인한 하상충돌을 막기 위해 설치하려 함.

떼 내어 놔야한다. 천번만번 생각해도 악순환을 치를 일이 무엇 때문에 성급하게 결정되어야 하는가? 댐과 보에 대한 세계적 추세를 살펴보더라도 우리나라보다 훨씬 이전에 댐이나 보를 만들었던 환경 선진국에서는 여러 사례로 이것들의 부작용을 발견하고 허물어 치우고 있다. 미국만 하더라도 친자연 회복이란 기치를 걸고 지난 10여 년간 40개의 댐을 해체했고, 총 467개의 댐과 보를 철거하는 계획을 마련하고 있다.

'낙동강 보건설이 수질에 미치는 영향평가'를 연구하여 발표한 부산가톨릭대 김좌관 교수에게 물어본다.

"김 교수님께서 연구한 과제의 핵심은 무엇입니까?"

"보를 10개 정도 설치하면 낙동강 수질에 심대한 악영향이 온다는 겁니다. 국민모두가 잘 알고 있는 '고인 물은 썩는다.'를 경계하자는 거죠. 미국은 수문학적 평균체류시간이 7일을, 일본은 1,000만 톤 이상의 물이 4일 이상 될 때 그곳을 호수로 규정합니다.

낙동강에 8개 이상의 보가 들어선다면, 평균 유속이 지금의 12일 정도에서 10배이상 늘어납니다. 인제대 박재현 교수 등과 연구한 것을 비교해보니 약 130일정도가 됩니다. 원래 12일정도의 유속에서 늘어난 시간만큼이 체류시간, 즉 유하가 되는 거죠. 이런 현상에서 낙동강은 강 자체로서 호소화되어 조류성장에 완전 노출됩니다.

여기에다 곳곳에 낙차공까지 들어선다면 낙동강의 수질오염은 지병에서 중병으로 옮겨 전이될 수밖에 없을 겁니다. 그리고 국가의 총체적인 환경경영능력이 발휘되지 않는 한, 유역과 지방자치단체에서 그 고통을 분담해야 될 것 같습니다."

나이가 50을 넘겼는데도 김 교수는 항상 30대의 해맑은 얼굴이다. 그런데 4대강 문제와 낙동강 보를 이야기 할 때의 표정은 걱정의 빛이 역력하고, 누군가가 질문이라도 할라치면 그때마다 난감해 한다. 학자로서 해답을 내린 뒤이기 때문이다.

●
사상누각이 될 수 없는 겨레의 젖줄

"발상과 의욕은 강하지만 실현도 지속도 불가능한 일입니다."

낙동강의 서부경남권 시민단체들이 연대하여 주최한 토론회에 가면서 택시기사가 나한테 한 말이다.

"그분은 청계천도 했는데 무슨 일을 못하겠습니까! 죽은 강을 살리겠다하는데 왜들 반대하는지 모르겠네요, 강도 살리고 일자리도 만들어 경제도 살리고! 얼마나 좋습니까."

몇 달 전 서울 프레스센터 행사장에 갔다가 로비에서 들은 모 여성단체 회원의 말이다.

4대강 정비 사업의 목전에 서있는 낙동강사람들의 생각이 이렇게도 다르다. 생각이 다른 것만 아니라 여러 곳에서 삿대질하며 서로 으르렁거리고 있다.

강은 생명의 물을 모으고 나누는 상생과 통합의 길인데, 그 무엇이 그 누군가가 끼어들어 국민을 이질적 패거리로 갈라놓고 있다. 자연의 섭리와 국민의 정서를 전도시키려 하는 속셈은 어디에서 왔는가. 앞의 택시기사는 자연과의 공존을 이야기하고, 뒤의 여성은 자연의 이용을 주장한다. 자연을 두고, 도리와 순리가 이용과 효율이라는 세력과 충돌하고 있다.

'넓고 푸른 강가에 수풀이 우거지고 수풀 속 곳곳에 형형색색 깔끔한 주택들이 늘어선 가운데 수상스키가 하얀 물살을 가르는 풍경, 반듯하게 깔린 모래밭 뒤에는 갈대가 흐드러지게 피어나고, 1m도 넘게 치솟아 춤추는 물고기 떼 속에 그곳에 살아가는 주민의 환희와 만족의 표정이 팔짱낀 채 앉아있다.'

나에게 꾸짖듯이 말한 그 여성은 이와 같은 홍보물을 신뢰한 것이다. 참 부끄럽고 민망했지만, 그 여성의 결연한 의지를 반박할 필요가 없었다. 새 정부 들어서고 실용주의가 넓게 퍼지더니 강을 생각하는 이데올로기까지 이토록 급성장한 것을 그때야 실감했기 때문이다.

맞다! 그들의 인식 속에 청계천도 4대강도 똑같은 강일 것이다. 대통령께서 가끔씩 언급하는 청계천과 울산 태화강도 4대강 정비 사업과 같은 것이란 얘기다. 유일하게 지켜져야 할, 국민의 분별심이 한꺼번에 무너지고 있다. 질서와 단계가 없는 모래성과 탑은 너무 쉽게 무너진다는 역사의 상식을 내팽개치고 있는 시대가 온 것 같다. 이게 사실인가?

많은 반대가 있었지만 그 반대하는 사람들을 설득하여 이루어냈다는 청계천이 우리의 4대강이나 낙동강과 같은 곳인가. 먼저 강과 하천의 일반적인 개념부터 살펴보자. '강'은 바닷물과 강물이 만나는 기수지구(하구)에서부터 가장 높고 먼 거리에 있는 발원지까지를 일컬으며, 넓은 유역과 그 유역 안에 존재하는 다양한 생태계를 끌어안을 수 있는 기운찬 큰 물길을 말한다. 그러나 '하천'은 유역 산간 곳곳에서 발원한 물길이, 그곳을 둘러 싼 소유역을 적시며 최종지점인 강이나 그곳보다 큰 물길에 합류하는 것을 의미한다.

육지의 저지대를 골라 물이 모이는 장소 즉, 집수지란 뜻에서 큰 강은 유역·대유역이라고 부르지만 하천은 소유역 또는 집수역이라고 부르는 이유도 이런 연유에서다.

우리가 본류라고 부르고 있는 큰 강은 결코 독립된 공간이 될 수 없는 곳이다. 수많은 하천이 사슬고리처럼 얽혀있고, 모든 하천들의 강수량을 받아들여야하며, 하천마다에서 발생하는 환경문제와 생태의 연결성까지 거두어들이는 곳이다. 이런 강이 작은 청계천과 비교될 수 없고, 어떤 사업이든 간에 같이 취급되어서는 안 된다.

하천이 지나는 마을마다 풍습과 문화가 있고 역사와 문명이 곶감처럼 꿰어져있기 때문에, 이것만으로도 청계천 같은 '단기형 하천'[1]과 함부로 비교되어서는 안 되는 것이다. 물이 흐르지 못하는 도시하천바닥을 긁어낸 뒤 콘크리트로 물길을 만들고, 양수로 퍼올린 물을 하천유지수로 사용하는 청계천은, 4대강 사업에서 그 어느 것 하나라도 참고 될 것이 없다고 생각한다.

복잡한 도시 서울, 오염의 백화점처럼 되어버린 도심 속 청계천과 오염의 방패막이로 버텨서있는 고가도로, 쾌적한 도시환경을 열망하는 시민 등 시민의 환경권을 배려한 사업으로 청계천은 국민의 시선을 한 몸에 받으며 박수를 받았지만, 4대강이나 낙동강에 비교되어서는 안 될 일이다.

아니기를 바라지만, 그 일로 부풀어진 자신감이 '운하'와 '4대강 사업'으로 옮겨졌다면 청계천의 창조적 부활도, 그 일을 만든 당사자의 성심도 언젠가는 물거품처럼 사라져 버릴 것이다.

1_ 유역이 복잡하지 않고 물길의 거리가 짧은 하천. 보통 2~3지류에 많으나 제1지류에도 있음.

청계천사업은 대통령께서 말하는 '실용'의 선택이자 받아들임의 소통이었다. 청계천의 선택은 서울시민과 서울환경에 대한 실용적 수단이었을 것이라 생각되지만 이 논리가 우리의 4대강과 낙동강 다리를 건너와서는 방황을 금치 못할 것이다.

청계천은 2003년 7월부터 2005년 9월까지 2년 2개월간에 걸쳐 집중적으로 집행된 사업이다. 대도시 중심부라는 배경도 작용했겠지만 당시 서울시장이었던 현 대통령의 돌관 정신과 같은 추진력도 한 몫을 했을 것이다.

2009년 6월 29일 대통령의 18차 라디오 연설에서,

"완전히 죽었던 태화강을 준설해서 물을 풍부하게 하고 환경 친화적으로 강을 정비하고 나니까, 이제는 울산의 아주 보물이 되었습니다……. 4대강 살리기도 바로 그런 목적입니다."라고 했다.

울산 태화강, 과연 준설하고 보를 쌓고 해서 강이 깨끗해졌는가? 우리나라의 산업화에 의해 급속한 도시 팽창 속에 갇힌 태화강은, 1997년 광역시로 승격할 때만 해도 죽은 물고기 떼가 자주 떠오르고 악취가 진동하는 강이었다.

그때만 해도 도심외곽에 있는 척과천, 두산천 및 울주군의 하천들이 실어 나르는 축산폐수·생활폐수가 도심이 있는 하류로 여과 없이 쏟아져 들어오고, 하류공업단지의 공장폐수는 오히려 역천하면서 이들과 함께 강바닥에 내려앉았다. 해류로 인해 바다로 실려 내려가지 못한 오염된 오니들이 냄새를 풍기며 물을 변색시킨 것이지 태화강 41km 전체가 오염된 것은 아니었다.

울산시는 하류 명촌교에서 8.8km 위쪽 삼호교까지가 하상오염 구간임을 파악하고 최고 50cm 두께로 66만 8천 톤의 오니를 걷어

내 주었다. 태화강오염의 원인을 파악한 울산시가 사회적합의체 결과물로 '에코폴리스 울산'운동을 탄생시켰기에 가능한 일이었다.

2002년부터 2007년까지 6년간 범시민 협치로 전개한 태화강 정비 사업은 정확한 목표가 있었기에 가능했다.

첫째, 생활오폐수와 축산폐수, 공장폐수에 대한 차단조치를 취하고,

둘째, 차단·차집된 오폐수를 처리하기 위하여 용연하수처리장, 언양 하수종말처리장, 방어진 하수처리장 등의 3개 처리장을 신설하고,

셋째, 하류 강바닥에 축적되어 있는 하천오니를 걷어낸 다음,

넷째, 하천오염을 부채질하는 각 지류 수중보와 본류 명촌보를 걷어내어 물의 흐름을 원활하게 소통시킨다.

이 단계는 내가 구성한 내용이지만 실제로 2002년부터 2007년까지의 사업단계가 이 속에 모두 포함되어 있다.

태화강오염은 여러 가지 주변 환경에 영향을 받았겠으나 핵심은 1987년에 길이 600m, 넓이 0.6m, 높이 1m로 세워진 하류의 명촌보에 의해 일어난 것이다. 여기서부터 8.8km 떨어진 상류까지 퇴적물이 내려가지 못해 썩고 또 썩고 하여 독한 냄새까지 풍겨낸 것이다. 너무나 다행히도, 2006년 4월 이 보를 허물어버리자 울산시민과 울산시가 공동으로 노력한 태화강 살리기에 탄력이 붙어 나날이 새로워지고 있다.

태화강 정비사업의 특징은 원래의 태화강 생태총량에서 하나도 빼고 더한 것이 없다는 것이다. 하천이 가지고 있는 기본적 생태자원을 원래대로 되찾아 준 것 뿐이다. 대통령께서 4대강이 태화강에서 배울 점이 많다 했으나 현재 진행 중인 계획에서는 눈을 씻고 보아도 왜 보이지 않는 것일까?

2_ 평가와 검증을 기다리는 낙동강

●

강과 하천변화에 진통 겪는 생태계

강은 계절과 더불어서 살지만, 강의 물은 그냥 스쳐갈 뿐이다. 강은 계절의 내용을 만들지만, 물은 그냥 그 내음만 싣고 갈 뿐이다. 늘 같이 있는 것 같아도 전혀 그렇지 않다.

강의 '터', 강의 '계절'이 4대강 정비란 이름을 듣고 불안해한다. 강 길이 파헤쳐지고 강물이 강물 속 생명들에게 계절의 신호를 제때에 보낼 수 없기 때문이다. 강을 파헤치면 수심이 깊어져 수온이 변하게 되고, 높은 보를 만들면 수량이 늘어나서 강의 기존 하도를 대폭 넓혀 강의 양안까지 장악하게 된다. 평균 100m 통수면적이 5배 이상 늘어나 강의 생태계에 그것만큼의 변화를 요구하게 된다. 지금까지 1m 수위와 100여 미터의 넓이에서 길들여졌던 모든 동식물들이 새로운 적응을 하지 않으면 생존에 지장을 받게 된다.

1976년 안동댐이 들어서기까지는 낙동강은 자연하천과의 '수요 적응시기'[1]였다. 그러나 안동댐을 비롯한 여러 댐들이 생기면서부

1_ 자연하천에서 수량의 변화와 물길 움직임에 따라 적응하는 자연계 식생의 생리와 행태를 말한다.

터 자연하천 능력은 줄어들고 '공급요구의 시기'[1] 맞춰지는 변화를 겪어야했다. 자연하천 때와 댐 이후의 변화에서 강의 물길 폭이 달라지기 시작하여 본류는 통수단면위축 현상이라는 지형변화를 일으키며 하천 생태계에 변화를 몰고 왔다. 이 같은 변화와 부작용은 강을 찾아드는 식생과 조류에도 영향을 끼쳐 그들이 적응하는데 약 30년이 걸렸다.

강의 하천변은 물리적 · 화학적 변동이 심한 곳이다.

토양 조성(토성), 수분 함량(수성), 부식질 함양, 하상 기질이 매우 다양하고 범람과 같은 외부적 작용에 의한 지형의 변동, 유속의 변화 등 그 폭이 민감하게 변화한다.

유속이 빠른 곳에 잘 견디는 달뿌리풀과 갯버들이 주로 상류에 분포하고, 강의 생리 상 유속이 느려지는 중류에는 일년생 초본류가 발달하고 모래와 진흙 같은 퇴적층면이 발달한 하류에는 다년생 초본류와 버들류의 숲이 자리를 넓혀 군락을 이루기도 한다.

그러나 상 · 중 · 하류에 관계없이 '사행형'[2]을 가진 하천에서는 사행부 안쪽에 모래나 자갈이 퇴적되기 때문에, 수분 보유력 유무에 따라 생태 움직임이 달라진다. 수분이 있는 곳은 일년생 초본류가 자라고 수분이 없는 곳은 '나지'[3]가 되어 '육화현상'[4]을 일으킨다.

1_ 외부로부터 변화를 요구받는 자연계에서 변화된 현장의 특성에 따라 적응하는 자연계 식생 생리와 행태를 말한다.

2_ 구불구불 뱀처럼 휘어지거나 원형으로 된 하천.

3_ 강안에서 나무나 풀이 없는 맨 땅을 말하며 주로 이런 곳에서 강의 육화가 시작된다.

4_ 강안에서 물기를 제대로 받아들이지 못한 상태에서 딱딱한 육지의 땅처럼 변하는 현상을 두고 이렇게 부른다.

 강은 흘러야 한다

현재의 낙동강은 평균 수위가 1.2m 정도다. 강의 중심하폭은 전체 넓이의 1/3도 되지 않기 때문에 유지수량에서 부족한 것이 사실이다. 이런 현상 때문에 수변의 식생대가 강의 안쪽으로 침범하는 경우가 곳곳에 생겨나고, 심지어는 물길을 방해하면서 유수 지장을 일으키고 있다. 4대강 정비 사업에서 이런 곳을 찾아 도와주는 것이 마땅할 텐데, 일방적이고 무조건식으로 일을 만들려 한다. 유지수량이 부족하다면, 그것도 본류에서 대안을 만들려고 한다면, 수심은 그대로 두고 통수단면적을 약간 넓혀주는 방법이 분명히 있다고 판단한다.

6m 수위를 유지하면 강의 양안에 서식하는 식생대는 완전히 사라지게 되기 때문에, 지금 수위에서 전체 하폭의 1/3 정도만 하천 식생을 위해 배려한다면 누이 좋고 매부 좋은 공생의 지혜가 될 터인데…….

지금의 강 체질에 강도 살고, 물도 살고, 생태도 살고, 인간도 사는 길이 되는 평균율의 발상이 필요한데 이 정부에서는 그럴 여유가 없는 것 같다.

낙동강에는 텃새도 있고 철새도 있다. 또 나그네새도 많다.

흰뺨검둥오리나 솔개, 괭이갈매기 같은 것들이 낙동강에 호적을 두고 텃새로 살아간다. 낙동강의 겨울 철새인 고니나 재갈매기 등은 결빙으로 먹이터를 잃고, 결빙되지 않은 우리나라를 찾아와 월동한 후 시베리아, 만주, 몽고 등 원래의 고향으로 찾아간다.

여름철새인 쇠제비 갈매기, 백로, 흰물떼새, 개개비 등은 중국 남부, 말레이반도, 필리핀, 호주 등에서 날아와 여름철을 보내면서 번

흰뺨검둥오리	솔개	괭이갈매기
큰고니	큰재갈매기	쇠제비
중대백로	흰물떼새	개개비
꼬까도요	댕기흰죽지	재두루미
황로	저어새	참수리

식을 하고 되돌아간다. 우리나라의 여름철 기후가 따뜻하고 먹이가 많기 때문이다.

낙동강에 잠간 머물다 다시 날아가는 도요류나 물떼새류는 시베리아나 만주 같은 추운 곳에서 월동과 번식을 마친 뒤, 우리나라보다 더운 인도차이나나 말레이 반도로 가기 때문에 마치 나그네 같다하여 '나그네새'로 부른다.

늪이나 습지 또는 강변 물 낮은 곳을 좋아하는 두루미나 고니 같은 새들은 수변 구역이 줄어들고 수심이 깊어지는 4대강 정비 사업을 좋아할 리가 없다. 월동이나 번식을 위해 찾아오는 철새들에겐 심각한 환경변화가 일어날 것이다.

안동의 마애숲, 풍천의 구담습지, 내성천의 선몽대 강변, 상주 퇴강리 앞 강에서 영순습지까지, 구미의 해평습지, 고아강변에서 감천 합수지까지의 강변숲, 대구의 달성습지, 합천 청덕의 대 개활지, 창녕 임해진 나루에서 학포까지의 자연 생태 공간 등 곳곳에 내려앉아 있는 철새나 텃새 공간이 사라지게 될 것이다.

안동 하회마을 하류에 설치하려는 '구담보'에서는 어떤 일이 일어날까?

3m 높이의 보를 만들면 70만평 가까운 구담습지는 낙동강에서 완전히 사라지게 된다. 친수공간 조성을 목표로 물을 담아내려면 보 안쪽을 준설해야하고, 1976년 안동댐이 들어선 후부터 자라기 시작한 30년 역사의 버들 군락이 모두 파헤쳐져 제방 밖으로 끌려나와야 한다. 어림잡아 약 300만개의 버들이 퇴출되는 것이다.

이곳에 살고 있는 천연기념물 제303호인 황조롱이를 비롯한 희귀 동식물들도 동반 퇴출당할 수밖에 없다. 낙동강 상류에서 살아가는 희귀 동식물의 유일한 은거지인 구담습지의 숲은 보가 만들어내는 사회적 이익보다 훨씬 상위의 가치가 있는데도, 4대강 정비사업이라는 마술에 걸린 사람들 시선 속에는 아예 그림자조차도 보이지 않는 것 같다.

이 글을 쓰면서 순간적으로 "언젠가 너희의 어리석음을 탓하리라!" 라는 말이 저절로 튀어 나온다.

구미 해평습지에 가라앉은 고요한 평화는 방황하는 두루미의 침묵일 뿐이다. 2000년 3월, 달성습지에서 쫓겨난 두루미들이 낙동강의 여기저기를 방황하다 찾아낸 곳이 넓죽하고 먹잇감 있는 이곳 해평의 강이 아니던가. 그 몹쓸 놈의 '다이메크론'을 쪼아 먹다가 피를 토하고 죽어버린 48마리의 재두루미들은 그들만의 영혼의 소리로 가족과 친구들을 불러 모았다.

"어이 친구들! 이즈미 가는 길에 쉬어 갈 곳은 이곳뿐이네. 모두 여기서 쉬어 가시게."

하며 불러 모은 생전의 친구들이 이제는 3,000마리까지 되었건만, 이제는 4대강 정비란 명분을 만들어 이들을 또 한 번 쫓아내려 한다.

필시, 강은 공존의 세상인데 왜 오는 손님까지 쫓아내면서 인간만이 가지려하는 것인가!

평가와 검증에 대한 상식

"절차에 하자가 없도록 하겠다."

운하와 4대강 사업에서 입버릇처럼 말했던 정부의 약속이다. 맞는 말이다. 그렇게만 된다면. 단군 이래 처음으로 계획된, 상상도 할 수 없는 거대한 생태교란형 토목사업이기에 철저하고 투명한 검증이 있어야함은 두말 할 것이 없다.

"전광석화같이 착수해 질풍노도처럼 밀어붙여야 한다." 라고 말한 한나라당 박희태 전대표 말을 보태어 뜻을 풀이하면 '절차에 문제가 있더라도 강하게 밀어 붙이지 않으면 4대강 정비 사업은 달성하기 어렵기 때문에 전광석화같이 해야 한다.'는 부정적 긍정의 뜻이 깔려 있다.

전광석화?- 강의 안전과 인간의 생활!

복잡 미묘하고 불확실이 점철되어 있는 곳을 건드리면서 '번갯불에 콩 구워먹는'- 그 판의 기세 속에 국토 안정과 국민 안녕이 보호받을 수 있겠는가. 국민을 섬기겠다고 약속한 정권의 정치적 약속이 신뢰를 받을 수 있겠는가.

절대 그럴 일이 없을 것이다. 강은, 번갯불에 구워먹는 콩이 아니기 때문이다. 강은 사통팔달로 소통하고 존재한다.

하나를 잘 못 건드리면 사방팔방에서 꿈틀거리며 변동을 일으킨다. 강의 모래가 물의 생명을, 강의 보가 물의 흐름을, 물의 흐름이 강의 생태계를, 강 생태계가 인간의 생활을…….

한 치의 오차 없이 엮어져 있는 자연의 유기적 안전장치는 일반

적인 토건적 개발 대상이 될 수 없는 곳이다. 〈절차〉와 〈전광석화〉
는 서로 반대되는 개념이지 동질의 관계는 아니지 않은가? 낙동강
정비 사업에서만 살펴보더라도 절차와 전광석화는 곳곳에서 충돌
하고 있다. 충돌의 파열음을 감지한 유역주민들이 잠깐의 미몽 속
에서 깨어나고 있음에 나는 저절로 두 손이 모아진다.

　2009년 3월, 개정된 국가 재정법 시행령 13조에 '보 설치, 하천
준설사업 등은 재해예방 사업이기 때문에 예비 타당성 조사에서 제
외한다.'는 명분으로 낙동강의 10개 보와 4억 4천만 톤 골재 채취
가 평가와 검증을 빠져나가 버렸다.
　또 국가재정법은 총 공사비 500억 원 이상, 국가 재정지원 300억
원 이상인 사업에만 예비 타당성 조사를 하도록 했기 때문에 500억
원 미만에 해당되는 사업들은 모두 이 과정에서 자유로울 수 있도
록 미리 조치를 취해 놓았다.
　낙동강 선도 사업 지구인 안동과 상주, 구미 등을 둘러보았을 때,
대부분의 사업들이 500억 원을 넘지 않고 480억 원으로 정해진 것
이 우연은 아닐 것이다. 4대강 사업 전체에서 살펴볼 때 총 예산의
90% 정도가 예비 타당성조사 없이 사용된다.
　22조 2천억 원을 한정지어보면, 낙동강 자전거 도로 등 19건에 2
조 4773억 원의 사업비에만 예비 타당성 조사가 이뤄지고, 하도 준
설 · 보 건설 · 제방 보강 등 치수 사업에 드는 19조 7227억 원은 조
사가 면제되어 있다.
　이 같은 정황을 살펴보면 염려되는 곳이 지천에 널려 있다. 모래
준설에서만 보더라도, 모래의 수질 환경영향이 크기 때문에 그것이

없어졌을 때 생기는 문제들은 분명히 조사되어 밝혀져야 하고, 보 준설에서도 유하로 발생되는 수질 문제, 강 안에 서식하는 하천 생 태와 그 총량변화 또한 밝혀져야 하는 것들이다. 단지 재해 예방용 이란 이름을 빌려 엄연히 발생할 환경과 생태문제를 덮어 버리는 모순 적 행위는 영원히 비판받아 마땅한 소치들이다.

  평소부터 안동 낙동강에 생태기적을 일으키겠다고 포부를 말해 왔던 김휘동 시장과 몇 마디 주고받았다.

  "'낙동강 70리에 새 생명을'이라고 말씀하셨는데, 4대강 사업 내용 을 살펴보니 시장님의 생각과 상치되는 부분이 몇 군데 있더군요. 예 를 들어 이곳 둔치도 시장님은 강가 둔치 경계지에 식생대를 만들어 현재의 단절 상태를 소통의 관계로 발전시키겠다고 했지만, 4대강 계 획에서는 부분적으로 강변을 절개하는 설계가 되어 있던데요?"

  "아! 그것은 충분히 조정할 수 있는 사안입니다. 제가 안동시장 이 되면서부터 김 대표께 누차 이야기했지만 이번 기회에 자연이 숨 쉬는 강, 인간과 호흡하는 강, 숲과 생태가 어우러지는 강을 되 찾아 줄 것입니다. 요 앞의 모래섬이 만든 생태숲도 애초에 준설하 여 없애려 했으나 그대로 두기로 했습니다. 그대로 둘뿐 아니라 안 동의 학생이나 가족들이 체험학습도 할 수 있도록 방법을 찾아보겠 습니다." 하며 손가락으로 강 안쪽에 자리 잡은 모래섬을 가리킨다.

  "시장님, 시장님께서 꿈꾸는 안동 70리 낙동강은 일종의 '그랜드 패키지 생태계획'[1]인데 설계 계획과 재정에서는 모두 토막이 나 있

1_ 일정한 구간을 이용한 생태조성 계획에서 한 단계 발전된, 전체 구간을 패키지로 엮어 생태 디자인을 짜는 일을 말한다.

더군요. 그래서 아쉬움이 있습니다."

사업을 토막으로 잘라 나중에 이어 붙이기를 염두에 두고 말했더니 다음 약속이 있다면서 내 곁을 떠나갔다.

김 시장의 답변은 나도 알고 있는 것이다.

'우리가 사업을 요청하지만 설계나 집행은 부산지방국토관리청에서 다 합니다. 단지 내가 할 수 있는 일이란 친환경과 친생태의 필요를 요청하는 정도입니다.'

그의 걸어가는 뒷모습을 보면서, 안동 사람이 안동의 강이 요구하는 안동다운 일을 하고 싶은데, 모든 의사결정은 다른 곳에서 해 버리는 어떤 아쉬움 같은 것이 느껴져 온다.

정부에서 4대강 사업과 낙동강 정비 사업을 발표하면서 본류 사업구간에 해당되는 지방자치단체에 미리 사업계획을 만들어 올려 달라 한다.

평소부터 강과 하천 사업을 벼르고 있던 자치단체는 마치 고등학교 3학년들이 시험 준비하듯 예상 답안을 만들어 몇 차례 자체 검증을 거쳐 올려 보낸다.

정답이 수량 확보, 수질개선, 홍수 예방 등 재해관련인줄 알면서도 내 지역의 환경권과 생태자원 확보 같은 것들을 모조리 추려 모아 함께 보낸다. 시험 결과 통보를 받은 지방자치 단체들은 그만 맥이 풀려 버린다. 당장 내 곳에 필요한 과제들이 채택되지 못한 것이다. 지방분권의 희망, 지방 재정자립도와 같은 원인지 해결능력이 국가에 의해 무력화되어 버린다.

낙동강을 정비한다면서 정말 처치해 주어야 할 곳들이 6m의 수위 확보, 10개의 성벽 같은 보 사업의 그림자 속에 숨겨져 버린다.

운하에서 강 정비로 넘겨져 온 국책사업의 실체가 묘연하여 그저 가물가물할 뿐이다.

환경평가는 국민 환경 권리의 담보품이다. 담보가 부실하면 신용 불량이 되어 모든 권리에 제약이 따른다. 국민이 편안하려면 그 담보품이 든든해야 한다. 그런데, 수많은 국민들이 4대강사업이나 낙동강 정비사업의 담보품이 부실하다고 경고하고 있다.

'대통령 임기 중 완공!'이라는 일정 자체가 무모하기 그지없다. 전광석화라는 충성적인 용어도 이 때문에 나타난 것일 게다. 예비타당성 조사 뒤에 실시하는 '사전환경성검토'는 담보품의 가치를 결정하는 핵심과정이다. 예비타당성 조사를 기초로 '이 사업을 해야 될 것인가 말 것인가'를 결정하는 단계이기 때문에 그렇다.

생각해보자. 강이란 것은 모두가 상·중·하류로 분리될 수 없는 한 몸으로 이루어져 있다. 상·중·하류란 것은 우리가 편의적으로 구획하여 부르는 명칭일 뿐, 미리 쪼개져 있는 것이 아니다.

들리는 바에 의하면, 사업자인 '4대강 살리기 추진본부'에서 강을 여기저기로 쪼개어 평가를 실시했다 한다. 사실이 아니기를 바라지만, 사전 환경성 검토 자료도 20년이나 된 묵은 자료를 토대로 작성되었다 하는데, 그것이 사실이라면 이 사람들은 천벌을 받을 것이다.

생태란 무엇인가?

한 시 한 초도 멈춤이 없는 움직임의 실체다. 생태가 입고 있는 '공간의 실체'[1]는 시간의 움직임에 따라 생성과 분신을 거듭한다. 10년이

1_ 생태계의 생리 상 끝없는 생성과 퇴조를 반복하기 때문에, 어느 특정 공간에서 나타나는 생태적 특징은 고정적이지 않다는 뜻을 압축하여 옮긴 말이다.

면 강산이 변하다 했지만 생태도 그 속에 포함되는 것이 아니겠는가.

부실한 담보품은 낙동강에서 결정타를 날리고 있다. '낙동강 구역 사전환경성 검토 보완서'에서, 현장 조사가 4차례 이루어졌지만 사업기간이 2004년 12월부터 2005년 8월까지 한정되어 실시되었다. 이 기간 중에 실질 조사한 한 차례 당 기간이 6일이었다 하니 억장이 무너져 버린다.

건국 이래 최대의 토목 사업이, 그 사업으로 일어날 수많은 환경 변고를 판단하는 기간이 기껏 몇 개월 밖에 실시하지 않았다면, 사상누각의 현실이 바로 저 앞에서 우리를 지켜보고 있는 것과 같다. 또, 부산지방국토관리청이 2009년 5월 환경부에 제출한 문헌 자료에서 자료상 16종 가운데 절반이나 되는 8종이 10년이 지난 자료임이 밝혀졌으니 놀란 입이 다물어지지 않는다.

대통령께서 분명한 어조로 "절차에 하자가 없도록 하겠다."고 약속했는데 왜? 이런 짓이 생기는가?

●

낙동강 사업의 사전환경성검토 보완서를 보고나서(1)

환경평가는 국민이 누려야 할 환경권 권리의 담보품이라고 말한 바 있다. 국토의 중추신경계이며 세세연년 국민의 젖줄을 건드리면서 환경영향평가를 사업자 임의대로 한다면, 그것도 시간과 공간을 혼용시켜 사용한다면 그것으로부터 기인되는 불확실성은 모두 미

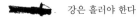 강은 흘러야 한다

래의 후손들에게 멍에를 씌울 것이다.

비가 많이 올 때나 아예 오지 않을 때나, 봄 여름 가을 겨울마다 때때로 나타나는 자연의 동태성 변화를 어찌 몇 달 만의 조사로 검증하려 하는지?

생활에 쫓기는 유역 주민들은 알려고도 하지 않는다. 진정 백년대계를 위하여 이 사업을 하겠다면 하나하나 찬찬히 짚어가며 해도 될 것을, 왜 쫓기듯이 해야만 하는가.

모래가 사라져버릴 강, 보에 갇혀버린 강을 만들면서 국운융성이라고 하고 백년대계 사업이라 한다면, 국민을 이해시키고 안심하게 만드는 일부터 먼저 하는 것이 도리라고 생각한다.

정부는 때때로 "4대 강이 썩었다." 하며 수질 개선을 명분화 시킨다. 또 "물이 절대적으로 부족하다." 며 수량 확보를 부르짖는다. 또 수량 확보를 강조하면서 홍수대책을 마련해야 한다고 한다.

그러나 강 곳곳에 대형보를 세우면 수질이 나빠진다고 모두들 우려하고 있지 않은가? 그렇다면 거기에 맞는 사전환경성 검토를 만들어 설명해 주면 될 것이고 물이 부족하여 본류를 가득 채우겠다 하면, 그것 때문에 피해를 입는 생태계에 대한 평가서를 공개하면 될 일 아닌가.

태풍이 몰고 온 엄청난 수량이 본류의 보를 강타할 때 개방식이라서 문제가 없다고 하기 보다는 국민이 안심할 수 있는 구체적인 설명과 설득이 필요함에도 그 어떤 곳에서도 그럴 기회를 주지 않는다.

정작 국민들이 걱정하는 것이 무엇이겠는가?

태풍이나 폭우가 연일 쏟아질 때, 안동 구담보를 뛰어넘은 물 세력이 가동보인 상주보와 낙단보, 구미보, 칠곡보, 강정보를 거쳐 흐르는 곡예를 부린다 해도 바로 아래쪽으로 연결된 달성보와 합천보, 함안보는 수위 유지용 보이기 때문에 꼼짝없이 물세례를 받을 수밖에 없다.

만약의 경우이지만, 이런 상황에서 하구 쪽에서 물이 꼼짝달싹 못하는 일이 일어난다면 낙동강 하류 유역은 온 천지가 물바다로 변할 것이다. 이런 일을 염려하고 불안해하는 사람들이 한 두 명이 아닐 때 정부와 사업자 측에서는 사전 평가에서 검증된 내용들을 제대로 알려주어야 한다.

낙동강 하천기본계획에서 만들어진 사전 환경성 검토 보완자료를 면면히 살펴보면, 앞서 말한 전광석화와 속전속결 같은 강요의 느낌이 곳곳에 배어 있다. 가장 기초적인 문제로 인식되어야 할 '환경현황 조사문제'에서, 조사 자료의 대부분이 2005년 이전 자료이고 동·식물상 조사의 경우 일부 조사 항목이 빠져있고 구체적인 조사 시기가 누락되어 있다. 또 낙동강 정비 사업에서 직접 관련되는 법정 보호지역과 보호종의 서식 유무가 표기의 오류를 범하고 있다.

한 예를 들자면, 양서 파충류 조사는 2000년 환경부가 만든 문헌 자료에 국한되어 있고 현지 조사도 공사를 하는 강안이나 수변구역이 아니고 내륙습지의 것이다.

그리고 부산 지역의 환경단체인 '생명그물' 등에서 낙동강 정비 사업 지구인 삼락둔치에서 서식하고 있는 '맹꽁이'를 발견하고, 이들을 보호하고자 구체적 프로그램까지 실천하고 있음에도 법정 보호종은 확인되지 않았다고 표기되어 있다.

내가 참여하고 있는 KNN 부산경남 방송의 '물은 생명입니다'에서도 수 년 전 몇 차례 현지 촬영을 했기에 잘 알고 있는 사실이다. '재해 예방'이라는 밑자리를 깔고 환경평가를 제외시킨 준설과 보 건설, 제방 보강사업은 이 사업에 실타래처럼 연결된 환경과 생태 과제를 거들떠보지도 않는 듯하다.

토지 이용에 관한 문제에서도-하천의 토지 이용 구분을 '보전구 역'[1]·'복원구역'[2]·'친수구역'[3]으로 구분하여 설정되어 있지만 낙 동강 정비 사업에서는 기존의 상례를 건너 뛰어 자의적으로 판단하 고 바꾸어 버린다.

강에는 환경평가 기준에 하천 자연도의 등급이란 것이 있다. 보 전구역같이 자연성이 높은 곳을 상위에 두고 친수구역 같은 이용지 구를 하위에 두었지만 낙동강사업에서는 보전구역이나 복원구역에 대한 배려가 보이지 않는다. 오히려 친수구역이 최대한으로 확장되 고 반대로 환경평가는 졸속으로 처리되고 있다.

둔치 친수지구의 이용에서도- 이 사업에서 특기할 것은 대도시 구간 전체를 친수 지구로 설정하였다. 대도시 둔치마다 수영장, 골 프장, 레저용 상업시설, 주차장 등을 권장하고 있다. 자치단체에서 원한다면 지원까지 해 준다. 대도시 둔치는 강과 사회를 연결시켜 주는 생태와 문화의 '경계지'[4]다. 이 경계지에서 요구되는 최상의 가치는 생태계를 고려한 문화의 접근이다. 사람의 편리보다 자연생 태계의 지속성을 감안한 묵언의 합의다. 강의 하천 둔치에 체육시

1_ 생태적인 보호가치가 있거나 그에 준하는 보호 동식물이 서식하는 자연공간.
2_ 훼손된 보전지구이거나 생태계 회복이 필요하다고 인정되는 자연지구나 복합지구 공간.
3_ 사람이 이용 가능한 자연지구 및 복합지구 공간.
4_ 강과 육지 사이에 있는 둔치, 숲, 제방 등을 일컫는 말.

설이 만들어지고 숱한 사람들이 나날이 왕래한다면 사람들에겐 좋을 것이 많지만, 사람들이 좋은 만큼 강의 고통은 배가 된다.

강 안팎 생태계 파괴는 눈을 감아도 보이는 것이고, 강변 오염과 강 안 수질 오염도 어깨를 나란히 하여 감수해야 할 일들이다. 자연 경관도 획일화를 피하지 못할 것이고 정부와 지자체에서는 비점오염관리와 유지관리비용 마련에 급급해 할 것이 분명해진다.

이런 상황을 피할 수 없다면 유역주민에게 어떤 지혜가 필요할까? 보전지구는 그대로 지켜주고 복원지구는 자연 생태계가 지속될 수 있도록 보전지구로 옮아가는 틀을 만들어 줘야 한다. 그래야만 친수지구는 공존의 수혜지로 가치를 키울 수 있다.

하도준설·굴착에 대하여– 강의 준설은 안으로 수질 악화의 동기가 되고 밖으로 육수 생태계 교란을 일으킬 소지가 많다. 강의 특정 지역이 아닌 전체 수계를 준설하면 강 근교 '육수 생태계'[1]는 물론이고 농경을 위한 물이용에도 많은 변화가 일어날 것이 분명해 보인다.

준설은 보와 더불어 하천 생태계 연결성이 위축, 단절되고 생태 경관도 훼손될 것이라는 전문가들의 지적이 아니더라도 상식이 이를 대변해 준다.

강바닥 표고가 낮아지는데 제내지의 지하수위를 낮춰 주지 않는 한 지하의 수맥 기운은 강으로 기울 수밖에 없는 것이 누구에게나 상식이기 때문이다. 생태 고리는 상호 연동으로 소통하여 그 연동력에 따라 변화를 겪는다.

국토해양부에서 전체 구간의 동시 준설을 지양하고, 준설 구간을

1_ 강과 연결되어 있는 땅과 물의 생태계 전체를 의미하고 있으나, 본서에서는 강을 향해 이어진 유역계통 생태계를 말함.

 강은 흘러야 한다

구분하여 하류에서 상류로 옮겨 가면서 단계적인 시행을 하겠다고 하고, 담수어류의 산란기인 4월~6월 중에서 최적성기에는 준설을 중지하겠다고 발표를 했다.

4억 4천만 톤이라는 엄청난 준설량을 2-3년 만에 채취하려면 낙동강의 복잡한 하천 이해관계상 결코 쉽지 않은 일이다. 정부가 짜 놓은 사업완공이 2012년까지인데 동시 다발 시행이 아니면 완공기일 내 달성은 힘들 것이다.

한 가지 의문이 가는 문제가 있다.

200년 빈도 홍수에 대비하기 위해 준설 계획을 세웠다 하지만, 2004년 한국수자원공사에서 연구 발표한 '낙동강 치수조사 보고서'에서는 안동부터 대구 구간의 빈도 측정을 500년까지도 문제가 없다고 밝히고 있다는 사실이다. 200년 빈도? 500년 빈도?- 좀 더 구체적으로 국민에게 알려야 할 일이다.

4억 4천만 톤에 달하는 준설 퇴적토는 달리 갈 곳이 없어 제내지 5km 이내에 야적장을 만들어 보관하겠다고 한다. 퇴적토는 토양오염과 악취로 인한 대기오염을 유발할 가능성이 크다.

만약, 준설토를 농경지에 객·복토로 사용할 경우 '토양환경보전법' 상 토양오염 기준을 고려한 환경평가를 실시해야 하고, 골재를 건축물 등에 활용하기 위해서도 '퇴적물의 입도 분포와 유해물질 함량' 조사도 있어야 한다.

누가 갖다 준 자료에서 4대강 전체 준설량 5억7천만 톤을 강변 저지대에 성토를 해야 하고 성토층의 높이를 5.7m 로 잡는다면 약 1억m^3의 부지가 필요하며 이를 100m 폭으로 가정했을 때 1,000km 길이가 필요해 진다. 낙동강의 정비구간은 350km다. 준설량 4억 4

천만 톤으로 앞의 것과 비교하며 계산해 보길 바란다.

이 준설토 문제는 어떤 검증을 거쳐야 유역이 편안해 질까?

강 가 하천변에 있는 제내지의 사질토 농경지에 미치는 환경영향이 어떤 것인가도 밝혀져 공개되어야 한다. 이것마저도 재해 예방이란 명분으로 덮어두지 않기를 소망한다.

●
낙동강 사업의 사전환경성검토 보완서를 보고나서(2)

상식으로 짚어볼 일이 있다.

모래는 국토 생명과 직접적 관계를 가진 강의 살점이다. 모래는 강의 몸을 만들고 강의 물을 지켜준다. 모래가 있는 물길의 강이 정상적인가? 모래가 없는 것이 정상적인가? 초등학생도, 박사를 딴 전문가들도 답은 뻔 할 것이다. 강에도 모래가 있어야 된다고!

국민 대부분이 답을 알고 있다면 이것은 국가의 순리가 되어야 한다. 강 생명의 본질적 근거인 모래를 파내는 일은 국민이 판단하고 선택할 일이다. 그런데 이 같은 국가 사회적 합의를 거치지 않은 채 일정 기간 위임받은 권력으로 강행한다면 국민의 뜻과 정면 배치된다.

국민은 반발하기 시작하고, 정부는 국민을 달래면서 당위성을 확보하기 위해 갖가지 명분을 만들어 낸다. 명분의 구체적 사실이 예비 타당성 조사를 빠져 나가는 국가 재정법 개정이다. 2009년 3월 개정된 이 법은 준설과 보 건설, 제방 공사가 포함된 '재해예방'에 관한 사업이다.

준설, 보 건설, 제방 등 이 모든 요소 속에 엄연히 환경과 생태와 문화적 요인이 고구마 줄기처럼 걸쳐져 있는데도 재해 예방을 명분 삼아 덮으려 한다. 예비 타당성 조사가 가장 필요한 일을 마치 지우개로 지우듯이 한다. 심각한 월권이자 '눈 가리고 아웅'하는 속임수 같아서 안타깝지 짝이 없다. 국민이 모르고 있는 어떤 일이 없다면 왜 이리 무지개 같은 집착만 보일까.

준설도 문제지만, 준설 후도 문제다.

우선 준설 퇴적토 처리문제가 눈앞을 가려 버린다. 강변 농경지 말고는 퇴적토를 야적할 장소가 마땅하게 없다. 농토에 모래를 5~6m 씩 쌓아 산을 만들어 놓으면 아마도 그 주변 농민들은 잠을 설칠 것이다.

비가 오면 삐죽삐죽 옆자리 농지로 번져 나가고 비가 한참이나 오지 않을 때도 시도 때도 없는 바람에 휩쓸려 주변 농지에 내려앉을 것이기 때문이다. 또 지하 수맥으로 침식된 침출수는 그 오염의 무게만큼 토양을 더럽힐 것이다. 문제는 이런 일들이 단거리 특정 구역에서만 그치는 것이 아니라 낙동강의 350여km 준설 구간에서 폭발적으로 일어난다는 사실이다. 준설에 '농경지 수맥'[1]이 상처 입는 것만으로도 참기 힘든데 산더미 같은 모래 성벽이 농지를 가로막는다면 강변의 농민들은 억장을 치고 말 것이다.

1_ 낙동강 유역의 농업용수 공급은 강이나 하천에 작은 보를 막거나 저수지를 이용하지만 지하수를 이용하는 곳도 많다. 지하수맥은 강과도 연결되어 있어 강의 준설에 많은 영향을 받는다.

들리는 소문인 줄 알았는데 확인해 보니 사실인 일이 있다. 준설로 실려 나오는 골재를 모아두는 적치장과 퇴적토의 관리, 골재 판매를 지방자치단체에게 맡기고, 그에 따르는 모든 예산과 경비를 자치단체에 떠넘긴다는 소식이다. 이 가당찮은 일을 지방자치단체에서는 어떻게 처리할지 궁금해진다.

어느 지방자치단체에서 하는 말 "우리 군의 재정 형편상 힘든 일입니다. 적사장 구입비도 그렇고, 그렇다고 한꺼번에 쏟아지는 모래가 경쟁력이 있겠습니까? 수출할 물건도 아니고요, 왜 우리한테 일방적으로 떠넘기는지…… . 참 갑갑합니다."

푸념에 고민이 서린 표정이다.

"그럼, 돈이 없는데 예산은 어디서 충당할 거냐?"고 물으니 4대강 사업에 지장이 되면 안 되니까 정부에 예산을 지원해 달라 할 것이라 한다. 정부에서 그렇게 지원해 줄 돈이 있겠는가, 사업예산이 자구만 눈덩이처럼 불어날 텐데.

몇 사람, 계산 잘하는 전문가들하고 22조 2,000억의 4대강 사업비 충족도를 물었더니 한결같이 고개를 가로 흔들면서 "어렵습니다." 해버린다.

생각에, 4대강-낙동강 사업한다면서 정비는커녕 엉뚱한 국가 예산에 흠집을 낼 것 같아 돈 한 푼 없이 살아가는 내가 괜히 걱정스러워진다. 낙동강 준설의 대상 지자체인 경상북도, 경상남도, 대구광역시, 부산광역시 중 경상북도가 부담해야 될 '준설토 처리비용'[1]

1_ 준설에서 생기는 총처리 비용. 준설-보관-관리-판매를 거치면서 생기는 비용이지만 4대강 사업에 맡겨진 비용 중에서 지자체가 가장 부담으로 지는 것은 토지 구입비용과 판매와 관리비용이다.

 강은 흘러야 한다

이 대략 1,509억 원이라 한다.

우리나라의 보에는 농업용 보와 치·이수 및 수위 유지를 위해 만든 일반 하천보가 있다. 대구의 강정보 같은 2.5m 높이의 상수원수 확보형의 보도 있지만 대부분의 높이가 1~2m를 넘지 않는다.

보(WEIR)의 상위 시설물인 댐(DAM) 높이는 15m부터 시작된다. 15m의 높이에 미달하는 하천 물막이 공작물들은 보의 영역에 들어가지만, 낙동강에 적용되는 평균 11.2m 높이의 보는 유래를 찾을 수 없는 신기한 보다. 댐도 아니고 그렇다고 우리가 일상적으로 인식하고 있는 보도 아니어서 나는 그냥 '대형보'라고 부르고 있다.

낙동강 보는 다른 3대강에 설치 예정인 '보'보다 4.3m가 더 높다. 한강이 7.3m, 영산강 7.6m, 금강이 6m이기에 그렇다. 내가 알기로는 낙동강의 현재 제방 평균 높이가 9m인데 이보다 2.2m가 더 높다. 기존의 제방보다 높은 보를 만드는 것이 범람을 방지하기 위해서라는데, 언뜻 이해가 가지 않는다.

100년 빈도, 200년 빈도라고 앞날을 예측하여 그렇게 설계를 했다고 하지만 강바닥을 몇 미터씩 파내고 그것도 모자라서 높은 물막이 시설을 만든다면, 최근 기후 변화로 성큼성큼 다가오는 국지성 호우와 그것으로부터 감지되는 대홍수의 불안감은 어디에서 해소시켜야 하나?

상류에서 세찬 물살이 쳐 내려오고 하류에선 갈 곳이 없다고 소리치는 강물은 높은 제방과 든든한 보를 믿고 또 믿고 하다가 둑을 넘어버리면, 그 다음은 어찌 되겠는가. 이런 불안감은 상상이나 허튼 소리가 아니다. 평생을 강에서 살고 있는 유역 주민의 입에서 입으로 번져가는 현장의 실제 상황이다. 검토서에서든 보완서에서든 눈을 씻고 살펴보아도 이에 대한 답이 없다. 물막이가 높아진 만큼 환란과 재앙은 비례하여 나타날 것이라고 국민들은 입을 모으고 있다.

수질 및 상수원 문제에서도 살펴 볼 것이 많다.

수질은 보가 10개 정도 들어섰을 때를 가정하고 연구한 결과, 유속은 곳곳에서 실종되고 물의 정체로 일어나는 유하 시간이 길어짐에 따라 수질은 자연적으로 악화된다고 보고되고 있다.

낙동강 발원지에서 하구까지 일어나는 평균 유속을 시간당 2.2km로 볼 때 약 11일 정도의 기간이 소요된다(댐이나 기타의 구조물이 방해하지 않았을 때).

그렇지만 현재의 안동댐과 강정 수중보에다 10개의 대형 보가 들어선다면 지금보다 최소 10배 이상의 유하가 생겨 약 130일 정도 걸린다하는 연구 결과가 염려만이 아닌 현실이 될 것이다.

부산가톨릭대학 환경공학과 김좌관 교수의 연구에서도, 인제대학교 토목공학과 박재현 교수의 연구에서도 이 같은 결과가 예측되는데, 막상 이 사업을 책임지고 추진하는 사업본부 쪽에서는 명쾌한 답변이 없다.

지금까지 '낙동강 표류수'[1]에 의존하고 있는 대구(의존도 73%)나 부산(의존도 94%) 같은 중하류의 대도시 주민들은 지금보다 10배 이상이나 걸리는 본류의 유하 때문에 수질 걱정이 태산과도 같이 쌓

1_ 우리나라에서 자연표류수를 이용하는 곳은 낙동강뿐이다. 강에 흐르는 물을 직접 취수하는 표류수 취수 방식은 강이 입고 있는 각종 오염물질을 처리하여야 하기 때문에 강에서 일어나는 오염원 증가에 민감한 반응을 하게 된다.

 강은 흘러야 한다

여져 있다.

보가 만들어져 물을 가두면 유속은 줄고 유하는 늘어난다. 전체적으로 물의 자정력이 떨어지게 된다. 자정력이 떨어진 틈을 타고 조류 성장이 빈발해지고 물속의 산소는 고갈된다. 산소 고갈은 수질 악화로 이어지고 결국 물은 썩어간다. 이 물을 73%-94% 상수원으로 사용하는 유역주민들은 그 어느 곳에서도, 그 아무도 보호해 주지 않는다.

이처럼 심각하고 중대한 문제를 어떤 논리로만 덮어둔 채, 4대강 사업과 재해 예방의 목소리만 크게 내고 있다. 일정한 수량을 확보해야 되는 수위 유지용 보가 하류에 몰려 있는 것도 문제다. 중상류의 5개 보는 고정 보 시설에다가 가동보 장치를 하고 있지만 하류의 달성보, 합천보, 함안보는 수위 유지 전용보로서 가동보 기능도 아니다. 하류로 내려오면서 수질이 나빠지는 낙동강인데, 그냥 고여 버린 물은 표류수의 건강에 적지 않은 타격을 줄 것 같아 걱정이 또 생긴다.

고령에서 내려다본 낙동강

3_ 노출되고 있는 낙동강 사업의 환경 잔해들

●

물도 길도 어지럽혀진 현장

4대강 사업, 낙동강 정비 사업이 시작도 되기 전에 잔해의 파편들이 튀고 있다. 낙동강 유역에 살고 있는 모든 생명체에게 젖줄이 되고 핏줄이 되어온 이 강 몸속에 파편이 튀어 박히고 있다.

강의 살점인 흙과 돌, 산과 들판에,

강의 자식인 풀과 나무, 새와 물고기들에게,

강의 영혼인 문화와 예술, 역사와 민속이 누운 자리에,

단군 이래 처음으로 겪는 국토 육신의 에코 테러가 감행되고 있다.

엄마의 젖가슴 같은 모래를 파헤쳐 내면서 국운을 말하고,

사라호 태풍, 루사 태풍, 매미 태풍 같은, 듣기만 해도 소름끼쳐오는 광풍 광우를 텅 빈 모래밭에 씨 뿌려 놓고, 재해 예방이라고 웅변을 한다.

인간도 자연을 닮아 저렇게 될 것이다.

한 개의 작은 파편이 상처를 만들면 그 상처는 깊게 깊게 번져가며 육체를 병들게 하고 정신을 흐릿하게 할 것이다.

자연의 신경계가 병든 들판에 향기 나는 꽃이 필 수 없고

질곡으로 얽혀 메어진 산하에서 아름다움을 만나보기 힘들 것이다.

어떤 일에서, 명분이 옹색하면 겉포장은 화려하게 나타난다. 처음 구울 때 부풀어 오른 호떡이 맛있게 보이듯이 시간이 지나 식어 버리면 맛의 마음도 바뀌어 버린다.

상주시 중동면의 오상리에서 죽암리를 거쳐 토진나루에 이르는 자전거 도로 건설현장을 가보면 4대강 사업의 모순이 적나라하게 펼쳐져 있다. 강가에서 병풍을 치듯 버텨 선 비봉산 자락과 능선은 '상주 자전거 도로'란 그럴듯한 명분으로 이러 저리 찢겨지고, 찢겨진 자국마다 생태의 파편들이 곳곳에 널려 있다. 비봉산 꼭대기 바로 코 아래까지 도로가 차 올라있기에 정상에 올라서니 정말 가관이다. 가관 중에서도 참으로 괴이한 가관이다. 꾸불꾸불하고 오르고 내리고 하는 자전거 도로가 폭이 정형적으로 4m이고 길이가 6km(실제 5.96km) 나 되니 산이 아니고 온통 길의 천지가 되어 있다. 무슨 국제 경기장을 만들겠다고 했으면 어떨지 몰라도, 만약 4대강 정비 사업이 끌고 온 자전거 전용도로라면 도저히 용서 못할 일이다.

파헤쳐진 자전거 도로 바로 밑에 강도 파헤쳐질 것이라고 하니 이것이 바로 국토 농단이 아니고 무엇이겠는가. 887억 원의 예산이 책정된 '낙동강 자전거 도로'는 예비 타당성 평가의 대상이다. 재경부에서 평가 결과로 예산을 통과시켰다면, 환경부는 어떤 것을 잣대로 사전 환경성 검토와 환경영향 평가를 실시했는지 알고 싶다.

강의 제방부 바깥쪽에 만들어지는 일반 자전거 도로는 강으로부터 연결되어 있는 식생 벨트 지구다. 양호한 식생 군락지를 통과하는 구간에서는 필히 육수 생태계의 가치 평가로 생태 단절을 막아야 하고,

더불어 자연 경관 파괴의 가능성도 파악하고 결과에 따라 계획을 철회시켜야 한다. 이 책의 중간쯤에서 말한 바 있지만 강과 육지 사이엔 경계지가 있다. 경계지에는 태초부터 자연이 구분지어 놓은 넘지 않아야 할 '선'과 '결'의 지대다. 지난 시절 너무나 많이 이 선을 침범한 사실이 있는 우리 인간들은, 이제부터 시행착오를 멈추어야 한다.

강을 준설하면 강의 기슭과 둔치, 제방도 생태적 영향을 받는다. 기슭과 둔치, 제방을 보호하는 호안정비에서 기존에 퇴적된 내용물과 자연적 천이로 인한 현상을 점검해야 한다. 이 점검을 통해서 생태 훼손을 최대한 줄여야 함은 물론, 정비의 과정에서 생태 서식지를 배려하는 세심함도 요구됨을 잊지 말아야 한다. 세굴로 인해 제방 단면의 잦은 파괴가 발생하는 구간은 수리 수문학적으로 불안정한 곳으로 지정되어 있다고 알고 있다. 수리수문학적 평가와 저수 호안 정비가 절실하다면, 계획된 돌망태, 자연석 등의 소재보다는 육수 생태계에 지장을 주지 않는 소재개발이 필요할 것이라 생각된다. 보완서에서 정비가 그리 필요하지 않다고 판단되는(자연 시생대의 호안성 능력이 발견되는) 지점까지 호안 정비구간에 포함시키는 사례도 재검토되어야 한다.

예를 들어, 본포교 하류 우안 구간은 자연 생태 능력이 안정되어 있고 수변대가 불량하지 않은데도 저수 호안공사가 예정되어 있다. 또 한 가지 예로, 양산시의 화제천 합류 후 좌안 원동 지구는 '야생동식물 보호구역'이다. 엄연한 야생동식물 보호구역 임에도 '축제지구'로 고시하여 호안성을 검토하는 것은 너무나 잘못된 일이라 판단된다. 현장에 대한 착각이나 착시가 아니라면 졸속적 행위라고 말할 수밖에 없지 않겠는가. 낙동강의 저수호안 정비계획에서 '하구둑에서 금호강까지' 구간만으로도 31.996m나 되는 그리 짧지 않은 거리이기에 다시 한 번 정밀한 조사가 필요하다고 보인다.

4대강 사업, 낙동강 정비 사업에서 국민과 유역주민 모두가 확인하고 판단해야 될 일이 있다. 바로 강을 중심으로 만들어놓은 보전지구와 복원지구, 친수지구라는 개념이다.

'보전'의 의미는 온전하게 잘 지키고 흠집 내지 말자는 뜻이다. 강에는 그야말로 지켜가야 할 것들이 많다. 생태도, 국토도, 물길도 그리고 그곳에 담겨있는 문화도 역사도. '

복원'의 의미는 원래의 상태나 위치로 되돌아간다는 뜻이다. 우리가 잘살아 보겠다고 여기저기 온갖 곳에 어질러 놓은 일이 많다. 대표적인 곳이 강의 자리이고 강이 지니고 있던 생명의 사슬이다. 되돌려 줘야 하는 것들이다.

'친수'의 의미는 물과의 친함이다. 사람도 그 몫에 낀다. 그러나 사람만이 친수가 필요한 것이 아닌데 우리는 우리만의 것인 양 가끔씩 착각을 한다.

4대강 사업, 낙동강 정비 사업에서 새로운 개념을 만들려 한다. 원래의 것에서 조금 빼고 더하는 방식이 아닌 전면적 개편을 하려 한다. 전면적 개편이 저 상류 안동부터 시작되어 약 350km 물길 곳곳에 끼어들고 있지만 '최종 집수지'[1]인 부산에서 그것의 결산이

1_ 강이나 하천의 최종 지점. 각급 하천의 최종 집수지는 낙동강과 만나는 합수지 부근이지만 낙동강의 최종 집수지는 부산의 낙동강 하구가 된다

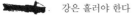 강은 흘러야 한다

된다.

1999년부터 '새천년의 낙동강생명'을 준비하고 있던 나는 낙동강 생명 찾기 237 지점을 생명 찾아주기 대상으로 정했다. 나는 이운동의 상징적 장소로, 양산 물금나루터 앞 강에 있는 작은 생태숲을 마음에 두고 양산시와 협의를 한 적이 있다. 뜻이 좋다고 시의원 몇 몇이 참여를 했지만, 돈이 없는 가난뱅이 처지인 나 때문에 이일은 뿌리를 내리지 못했다.

바로 이곳, 물금나루에서부터 회산리 하천부지 앞 강 2km를 직선으로 절개하는 설계도면을 보았다. 그 계획이 그대로 살아있는지 없어졌는지 최종 확인을 못했지만, 참으로 황당하기 짝이 없는 발상이라 어안이 벙벙해진 적이 있다.

2009년 어느 봄날, 나와 함께 일하는 이준경 처장, 최대현 사무국장 그리고 모 신문사 기자가 함께 그곳 현황을 살피던 중, 하천부지를 임대해 농사를 짓는 한 농부로부터 의미 있는 말을 들었다.

"아주머니, 낙동강 정비한다면서 여기에서부터 저기까지를 잘라낸다면서요?"

이름이 순영씨고 나이가 53세라고 먼저 말해 주는 이 사람에게 4대강 사업의 정황을 이래저래 이야기해주면서 물었더니

"다는 몰라도 조금은 알고 있습니다. 여기가 내 일터이고 밥줄인데 모를 리야 있겠습니까! 저 도랑 끝부터 저 아래 다리까지 이렇게 쭈욱 잘라낸다 합니다. 이 땅이 저거 것도 아니면서 말입니다." 라고 일어나 손짓하며 설명해 준다.

"아주머니, 그 사람들 설계 도면을 보니 저 도랑과 그 옆을 '생태지구'라고 해놨던데요 그것도 알고 있습니까? 그리고 내가 잘 알고

있는 저 숲섬도 함께 잘려나가 없어진다는데요?"하니 순박하게만 보이는 아주머니는 그만 풀썩하고 앉아버린다.

그리고 앉은 채로 오른 손에 쥐고 있던 호미로 흙을 긁으며 '고라니' '수달' '삵' '…….'이라고 글자를 쓰고 있다. 그러면서 입으로는 "있단 말입니다. 분명히 보았단 말입니다. 내만 본 것이 아니고 우리 신랑도 봤단 말입니다. 그리고 생태! 생태! 하면서 진짜를 걸어내는 사람들이 제 정신 가진 사람입니까? 그런 사람들 여기 오지 못하게 좀 막아 주세요!"

사투리 하나 쓰지 않는 말투이지만 말 마디마디 흙냄새가 배어 있다.

바로 아래 부산 낙동강에 염막, 삼락, 대저, 화명 지구의 대단위 둔치가 줄지어 서 하구까지 연결된다. 여기에서도 '절개'[1]가 꼬리를 물고 일어난다. 강 물길을 고르게 넓히겠다는 것이다. 3년 전 1천억 원이라는 막대한 예산을 쏟아 부어 생태보전구역으로 복원한 곳이다. 그런데 4대강 사업이 갑자기 이곳을 친수지구로 명의 변경시키려 한다.

누가 주인이고, 누구의 강인가?

경부 운하일 때도, 4대강 사업에서도 분별없는 행태는 쌍둥이처럼 똑같다. 왜 강을 파고, 제방을 올리고, 보를 높이고, 물길을 넓히려고만 하는가?

하구에서 염막둔치 서편 하늘을 비행하듯 날아가는 6마리 고니 떼가 묻고 있다.

1_ 강 호안과 둔치를 필요에 따라 잘라내는 일. 낙동강 정비 사업에서 수량 확보, 재해 예방이란 명분으로 곳곳에서 이 일이 벌어질 것이다.

 강은 흘러야 한다

낙동강에서 들리는 파편의 신음소리

수량 확보로 수질을 개선하고 강바닥을 파내어 홍수를 예방한다고 왁자지껄 동네방네 애고 다니는 소리가 신음소리처럼 들린다. 에코 넣은 마이크소리가 너무 시끄러워 소음측정을 해 보려 해도 그 측정기를 구 할 수가 없다. 난장같이 시끄럽다가도 측정기만 들이대려면 종적도 없이 사라져 버리기 때문이란다.

부풀려 진 애국심이 어머니와 닮은 저 강을 곁눈질하고 있는데, 그 어머니 같은 강의 자식들은 그저 침묵만 하고 있어서일까. 아닐 것이다. 무슨 사정들이 있을 것이다.

수많은 자식들이 제 어미 가슴에 올라타 잘 나오지도 않는 젖을 마구 빨아서 일까. 에미 가슴에 걸쳐진 옷자락과 옷깃, 옷고름에는 자식새끼들이 흘리고 묻혀버린 콧물 땟물만 빤질하게 빛나고 있는데…….

그래서 바람이 불어도 펄럭이지 못하는 옷자락 같은 낙동강은 혼자서만 끙끙거리며 우리를 쳐다본다. 우리를 지켜보고만 있다.

4대강 사업, 낙동강정비…….

시작할거라고만 들었는데 그 파편들은 벌써부터 내 가슴속에 꽂히고 있다. 우선, '물'에서 튀어 오르는 파편 조각을 주워보자.

조각에 〈고인 물〉이라 쓰여 있다

그 글자 밑에 자그마한 글씨로 '흐르지 못하는 물은 강의 물이 아닙니다.' 라고 쓰여 있다.

또 한 조각 주위 살펴보니 〈물 폭탄〉이라고 또렷하게 쓰여 있다. 밑의 작은 글씨로 빽빽하게 '10억 2천만 톤 중에 6억5천만 톤은 본류에 담아둘 것' '물그릇 키우기' '재난의 잠재력' '하상 수온 변화 · 깊이 6m · 수생태계변화' '수질악화' '조류발생'등이 나열되어 있다

마지막으로 제법 큰 조각을 살펴보니 〈상수원〉이라고 적혀있다.

'표류수 취수' '본류취수장-매리 · 물금 · 창암 · 원동 · 원동 화제 · 북면 · 본포 · 대산 · 칠서' '취수장 이전' '대체 상수원' 등이 무슨 부호처럼 얼키설키 나열되어 있다

대체 상수원이란 조각글에서 합천 황강 주민들과 진주 남강주민들의 불끈 동여맨 머리띠가 클로즈업된다. 여기에다 애절한 목소리로 "물 좀 주소!"를 외치는 부산 사람들의 표정이 겹쳐지면서 갑자기 시야에 아지랑이 현상이 생긴다.

합천사람들에 물 좀 달라고 애걸하다가 거절되자, 전에도 한번 달라했다가 문전박대 당했던 진주 남강댐에 또 한 번의 읍소를 하는 부산사람들이 안타깝기 때문이다.

4대강 사업, 낙동강 정비 사업이 파편으로 튀어 상수원으로 옮아붙고, 한번 옮아붙은 불씨는 남강과 부산이 아닌, 남강을 가지고 있는 경상남도와 상수원이 아쉬운 부산으로 번져간다.

정부에서 묘안을 짜내어 현재 총저수량 3억 9백만 톤의 남강댐수량에 3억 9천만 톤을 더 채우면 괜찮을 것 같다고 판단하고, 기존 남강댐관리수위를 41m에서 4m 높인 45m로 발표하였다. 그리고 증가된 수량으로 부산에 1일 65만 톤, 경상남도에 1일 42만 톤을(합계 107만 톤/일) 나눠 주겠다고 하자, 파편조각은 자가 폭발력으로 분식되면서, 댐 하류에 비가 올 때마다 고통당하고 있는 사천주민과 진주 주민

에게 던져지고, 10년 전에 문정댐을 극렬하게 반대했던 함양과 산청 주민에게도 옮아붙어 이제는 걷잡을 수 없는 지경에 이르렀다.

한 가지 눈여겨 볼 것은 4대강 사업이 신기한 마술을 부린다는 점이다. 지리산 생태계보호를 외치면서 문정댐건설을 반대했던 지역주민들이 이제는 발 벗고 나서면서 댐을 지어야 된다고 주장하고 있으니 참 신기하지 않은가. '10년이면 강산이 변한다.'란 속담이 헛된 것이 아닌 모양이다.

두 번째로 '준설'에서 생긴 파편을 살펴본다.

한 조각 주워 보니 〈도난당한 모래〉라 쓰여져 있다. 여기에도 깨알 같은 글씨로 '불구자 같은 강' '박탈당한 상생의 강' '유린되는 지속가능성' '산란장 없어진 강' '두루미의 방황' '엄마야 누나야 강변 살자' 등이 여기저기 도배하듯이 붙어있다.

비스듬하게 누워있듯이 적힌 '불구자 같은 강'이 마음에 걸린다. 오래 전, "사람들이 병들면 병원이나 약국을 찾아 가는데 저 강은 어디로 가야 하나." 했던 나의 독백과 포스터운동이 유령처럼 나타났기 때문이다.

맞다! 모래 없는 강은 육체적으로 정신적으로 불구자와 같다. 원래 모래와 물은 상생의 인연으로 만나서 강에서 살고 지고 하는 것이다. 물이 정신이라면 모래는 육체일 텐데 육신 중에 한 쪽이 부실하거나 없어지면 그게 불구자와 같은 처지 아닌가!

찾아오는 물을 반기며 지켜주는 모래가 강 밖으로 퇴출당한다면, 우리가 늘 이야기하는 강의 아름다움 · 강의 생명 · 강의 공존은 어디에서 다시 찾아 올 것인가?

세 번째, '보'에서 떨어져 나온 파편 하나를 골라본다.

〈6억 5천만 톤의 용수확보〉라고 커다랗게 붙어있다. 쓰여진 글씨가 프린트로 인쇄된 것 같다. 역시 인쇄된 작은 글들이 8개나 붙어있다. 우연인지 모르지만 낙동강 본류의 대형보 숫자와 같다.

'장애물' '물 폭탄' '수질악화의 주범' '수온변화와 생태교란' '대수층교란으로 농경지피해' '퇴적물 처리' '유하증가' '생태계 연결성 차단'등이 빡빡하다.

30km 간격으로 줄줄이 늘어서 있는 댐 같은 보를 생각하며 높은 줄 모르고 하늘로 치솟은 아파트와 고층빌딩이 연상된다. '높이 나는 새가 멀리 본다.'와 '추락하는 것은 날개가 없다.'란 두 개의 소설이 정면으로 부딪힌다.

아마 300여 km의 강에, 그것도 1200여개의 지천을 엮어가는 강에, 11m가 넘는 대형보가 8개나 되고 2~3m짜리 보가 3개가 되는 강은 세계에서도 보기가 어려운 일이다. 단 한 번의 경험도 없는 사람들이 억겁으로 흘러오고 또 한 번의 억겁세월로 흘러야 할 생명의 강을 자기들 마음대로 발상하고 계산하고 파헤치려 한다.

IT가 어쩌니, 기술이 저쩌니 하면서 매몰되어있는 폭탄의 도화선에 불붙이려 한다.이 폭탄의 폭발력은 원자폭탄급일 것 같고, 문제의 파편들은 이보다 더한 수소폭탄일 것 같다는 생각이 든다. 그렇기 때문에 파편에 새겨져 있는 어느 것 하나도 꺼내어 글쓰기가 두려워 진다.

파편들 중에 '천변저류지'에 관한 것도 있고 낙동강이 가지고 있는 '총량변화'와 '불확실한 자연의 방어능력', '오염원 증가', '이정표

없는 예산'등이 쫙 깔려 있지만 마지막으로 '사후관리'라고 적힌 조각을 골라본다.

〈사후관리〉조각에도 숱한 걱정거리가 도사리고 있다. '준설이후' '보건설과 낙차공 이후' '퇴적토처리' '준설퇴적토영향' '태풍과 폭우기 이후' '친수구역 물적 · 인적환경문제' '건설경비 분담문제' 등이 거미줄처럼 서로 걸쳐있다. 이것들 중에서 가장 걱정되는 것이 '태풍과 폭우기 이후'부문이다.

이 사업이 만들어 놓은 설계구조물 속에서 한 번도 경험을 해보지 않았기 때문이다. 준설과 절개로 직강화 비율이 높아진 큰 강의 새로운 상황에서, 물의 자연동태성이 어떻게 작용할지가 상상만으로 불가능하기 때문이다.

낙동강의 움직임에 가장 큰 비중이 있는 하천망에서 어떤 반응을 보일지가 미지수이고, 또 92개나 되는 콘크리트 낙차공에서 어떤 변고를 일으킬지가 매우 불확실하기 때문이다. '당해봐야 안다'는 말처럼 불확실할 뿐이다.

4대강 사업, 낙동강 정비 사업이 계획대로 실행된다면 하늘만 쳐다보는 국민이 늘어 날 것 같다. 전체적으로 강의 생태총량이 줄어들고, 그에 비례하여 자정력이 위축된 강은 환경저항력이 급격하게 떨어질 수밖에 없다. 인공화된 호소성의 강에서 오염은 민감하게 나타날 것이며, 생태계의 유기력이 실종된 상태에서 자연의 악순환은 시차 없이 터져 나올 것이다.

천석의 종은 그 종채로 치면 울리지만
낙동강은 하늘이 쳐도 울리지 않는다

'종을 치려거든 걸맞는 채를 골라서 치시오'란 말이 있다.

명분과 이치를 알리는 말이다. 아무리 좋은 종일지라도 그에 알맞은 종채가 없으면 제 소리를 못 낸다. 종은 사람이 만든 것이기에 필요에 따라 이용할 수 있는 것이지만 강은 두드리고 치고 할 대상이 아니다.

인간의 시간은 80평생 700,000여 시간 뿐이지만 강은 억겁에 억천만겁의 시간으로 영원한 자연이다. 70여만 시간밖에 살지 못하는 인간이 억겁으로 살아가는 강과 자연을 함부로 치고 두드리면서 비교한다는 일은 명분과 이치에서도 한참 어긋나는 짓이다. 자연에 대한 외경심이 깊은 우리의 민족성에 비춰 봐도 욕만 얻어먹을 일이다.

종소리, 낙동강의 종소리, 이 종은 하늘이 쳐도 울리지 않는다.

왜냐? 낙동강은 스스로가 종이며 채이기 때문이다. 스스로가 몸 속의 채를 도려내지 않는 한 제 몸을 칠 도리가 없다. 제 몸에 깊은 상처가 있어도, 살점이 뜯겨 나가고 핏줄마다 혈전이 눌러 붙어 버리는 세상이 오려 하는데도 강은 피울음만 삼키고 있을 뿐이다.

종소리, 낙동강의 종소리, 구원의 종소리가 필요하다. 강이 스스로 구원의 요청을 할 수 없기에 이 땅에 살고 있는 강의 형제들이 구원의 종소리를 울려야 한다. 'Save by the bell' 'Save by the bell'을. 바람 불어도 펄럭이지 않는 강의 저고리를 빨아 말려주고 삼키고만 있는

 강은 흘러야 한다

강의 피울음을 토해 내게 해야 한다. 이 일은 국민의 도리다.

그런데 이상한 일이 자꾸만 벌어진다. 4대강 사업이라는 생면부지의 패꾼들이 낙동강과 4대강을 치려고 한다. 종각에 뛰어 올라가 4대강이라는 각각의 종을 매달아 놓고 그들이 만들어 온 종채로 종을 치려고 한다. 종을 쳐도 소리가 나지 않는다. 또 다시 전보다 더 큰 종을 만들어 매달고 쳐 보았지만 '툭'하는 소리뿐이다. 종소리도 아니고 공명의 울림도 전혀 없는 그냥 맨 소리뿐이다.

그럴 수밖에 강의 종은 거기에 있는 것도 아니고, 또 그렇게 얼렁뚱땅 만들어지는 것은 더더욱 아니다. 탁상에서 짜 맞춘 명분도 자신감도, 또 그것들을 부추겨 놓은 기술이라는 것도 결국은 자연의 이치와 국민의 도리 앞에서 사상누각처럼 허물어 질 것 같다.

경부운하 · 한반도 대운하가 4대강 정비 사업으로 바뀌면서부터 명분은 힘빨이 빠져 나가기 시작했다. 당초 13조 8000천억 원이란 예산이 22조 2000억 원으로 바뀌고 또 이런저런 명분을 붙여 30조까지 뛰어 오르니, 이제는 신뢰까지 묽어져간다.

생각지도 못한 엄청난 돈이 나눠진다 하니까 전국에서 강을 끼고 있는 지방정부는 이 돈을 먼저 받아내려고 줄서기를 마다않고, 지방의 토목건설업자들은 공사하나를 더 때내려고 동분서주하면서 혈안이 되어있고, 4대강 중에서 낙동강이 전체예산 반 이상을 가져간다 하니까 나머지 3대강은 진한 박탈감에 젖어 "우리는 뭐냐?" 하고 있다.

돈이 몰고 온 힘이다. 돈의 사슬고리가 온 나라를 떠들썩하게 한다. 녹색의 강을 팔아 '녹색성장'이라는 이름을 붙이는데 아무도 토를 달지 않는다. 녹색의 삶이 있어야 녹색성장 될 것 같은데, 녹색 삶의 자리는 놀이문화에서 '자리뺏기게임'하듯이 하나씩 하나씩 줄어들고 있다. 명분이 이치의 자리를 하나씩 뺏어 가는 꼴이다.

> '엄마야 누나야 강변 살자
> 뜰에는 반짝이는 금모래 빛
> 뒷문 밖에는 갈잎의 노래
> 엄마야 누나야 강변 살자'

우리나라 국민이면 다 아는 노래가 초등학교에서 사라져 버렸다. 멀리 있는 강까지는 못 가더라도 이 노래를 부르면서 강을 만났는데, 우리의 사랑하는 아이들은 이제 강을 가야 강을 볼 수 있다.

"우리가 가지고 있는 호미와 삽으로 버려진 저 들판을 파 일구기 전에 먼저 우리 가슴 속에 있는 마음의 밭부터 일구어 가자." 라고 했던 덴마크의 사상가였던 그룬트비히의 호소가 생각난다.

냇물은 흘러 강으로 가고, 강물은 흘러 흘러 바다로 가는 것이 자연의 이치다. 강을 막아 흐름을 방해하는 일은, 자연의 이치와 함께 살아가야하는 인간의 도리가 아니다. 녹색의 자리가 허물어지는 곳에서 녹색성장은 자라나기 힘들다. 녹색을 꿈꾸는 아이들 마음속에 녹색의 씨가 내리지 않으면 녹색의 꽃은 피어나지 않는다.

종소리, 낙동강의 종소리, 하늘이 쳐도 울리지 않지만, 온 국민 가슴속에 살아있는 양심으로 치면 울릴 것이다. 실종된 '엄마야 누나야 강변 살자-'를 아이들에게 돌려주는 소리로……,

 강은 흘러야 한다

잊고 있는 노산 이은상 선생의 '보아라. 신라가야 빛나는 역사, 흐른 듯 담겨있는 기나긴 물결, 잊지 마라 예서 자란 아들딸들아(사나이들아), 이 강물 네 현관에 피가 된 줄을, 오! 낙동강 오! 낙동강. 끊임없이 흐르는 생명의 낙동강'을 함께 불러보는 소리로……,

그리고 평생 수십 년을 바쳐 가꿔 온 농토를 버리고 쫓겨 가야만 하는 농민들의 절박함과 강과 더불어 펼쳐진 비옥한 농토에 불어 닥칠 퇴적토의 침입과 오염-또, 막혀버린 콘크리트보 벽에 부딪혀 한발자국도 오르지 못하는 물고기 떼들의 무기력에 대해- 쫓겨나 갈길 잃어 방황하는 구미 해평의 두루미와 수만 마리 철새들을 위해- 우리의 가슴을 두드려서라도 종을 쳐 주어야한다.

낙동강의 애달픈 물을 위해 save by the bell,
낙동강의 동, 식물 다양성을 위해 save by the bell,
낙동강을 떠나버리는 모래알들을 위해 save by the bell,
잠기고 뺏기고 밀려나는 우리의 문화, 민속, 문화재를 위해
save by the bell,
천석의 종이 제 종채로 치면 큰 울림 내듯이,
비록 하늘이 쳐도 울리지 않는 낙동강이지만,
유역주민의 가슴으로 치면 천지가 진동하듯이 울릴 것이다.

4부 _ '산자분수령' 같은 국민 생각

자연은 영원하다. 그곳에 기대어 사는 인간은 자연의 순리를 따라 살아야 한다. 마치 천만년을
살 것같은 무한한 욕망과 편리만을 쫓는 인간의 이기심이 자연을 해치고 있다. 자연 앞에서 경
외심을 느낄 수 있다면…….

1_ 국민의 생각, 국민의 언어

'산은 물을 건너지 않고, 물은 산을 넘지 않는다.'

강의 존재와 자연의 이치가 산자분수령이란 다섯 글자에 온전히 녹아 있다. 인간으로 하여금 '금기'와 '절제', '분별'을 깨우쳐 주는 명언이다. 4대강 사업, 낙동강 정비 사업을 두고, 이 사업에서 가장 중요한 덕목이 뭐냐고 물었더니, 대부분이 '원칙'이라고 대답했다.

전국 및 낙동강 유역에서 평상심으로 살아가는 지인들 30여명에게 물어 보았더니 18명 정도가 '원칙'을 꼽아 주었다. 이들 의견을 참조로, 12개 항목을 정해 국민의 생각과 상식을 조명해 보기로 한다.

1) '원칙' – 해야 된다, 하지 말아야 한다는 근본적 문제를 접어 두고 삽질했을 때를 기준으로 살펴본다.

제일 많이 일어나는 관심이 '지금의 강을 그대로 두면, 수질이 계속 나빠지는 거냐.'라는 현상으로 인식하는 수질 문제와 '보를 만들면 수량이 확보되겠지만 고인 물은 썩지 않는가.' 보를 제쳐 놓고 또 수질문제다.

'그런데 준설하면 강에는 모래가 없어지겠구나. 모래가 물을 자정시킨다 하던데…….'

마지막까지 수질문제가 그들의 제1관심사다. 보 건설이나 모래 준설보다 수질이 상위의 문제이고 관심의 초점이다. 4대강 사업, 낙동강 정비 사업의 목적적 원칙은 바로 수질문제라고 동의를 한다.

그렇다면, 강을 깊이 파내고 물 높이를 올리면 수질이 그만큼 좋아지는가? 라는 준설과 보 건설에 대한 물음이 생기고, 지금 그대로의 강에서 나타나는 수질과 얼마만큼의 차이가 있느냐? 라는 분석적 질문이 이어지게 된다. 이 같은 원칙적 질문에 대한 답은 연구자료가 많이 있지만, 찬성과 반대라는 두 갈래 길에서 계속 부딪히고 있다고 말해줄 필요가 생긴다.

지금과 같이 강은 그대로 두고, 수질 오염의 직접적 원인이 되는 곳만 찾아내어 치료 처치하면 될 것이지만, 지금의 강을 믿지 못하고 아예 그 형태를 바꾸려 하면 우선 바꾸어지는 부위에서 생기는 조사와 검증이 필요할 것이고 또 그곳으로부터 실타래처럼 얽혀있는 생태계의 상호작용도 알아내야 할 것이라 하니, 대부분이 "그렇다면 불확실한 것을 없애고 국민이 안심할 수 있는 철저한 조사가 필요하겠다."고 그들의 뜻을 전해주었다.

2) '공유' - 공유에 초점이 모아져야 한다.

수질이 초점이라면 준설도 보건설도 낙차공 설치도 수질을 위해서 존재해야 하고, 수량이 초점이라도 역시 그렇다. 22조 2천억 원이라는 사업 예산도 초점자리를 중심으로 편성되어야 하고 그 외의 목적으로 사용되는 것을 없애거나 줄여야 한다.

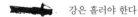 강은 흘러야 한다

그리 오래되지 않은 날, 대통령의 '국민과의 대화'에서 4대강 정비사업의 문제점을 지적하는 한 패널에게 제대로 이해하지 못하거나 일방적 정치공세라며 면박을 줬다는 언론기사를 본 적이 있다.

공유그릇을 깨는 언어의 폭력이다.

사업의 사실과 절차를 제대로 알려주지 않으면서 공유는 끼리끼리로 논다. 단군 이래 처음이며 어쩌면 마지막 일 것이기도 한 거대사업이 국민과 전문가들간 공유가 생략된다면 화근의 불씨는 국민 가슴 속에 영원한 앙금을 키울 것이다.

3) '절차' - 위에서 아래로, 중심에서 좌우로, 첫 계단에서 두 번째 계단으로 나아가는 것이 절차다. '첫 단추를 잘못 꿰면-'이란 말도 있지 않는가.

앞에서 말한 원칙과 공유도 하나의 절차다. 목적과 원칙이 제대로 전해지지 않으면 공유가 된다 하더라도 공감대가 약해지고 공감대가 부실하면 공감선(공감된 내용을 펼쳐나가는 힘)의 효과가 적어진다.

4대강 사업, 낙동강 정비 사업에서 가장 중요한 결정의 단계로 볼 수 있는 예비타당성조사가 마치 널뛰듯이 이리저리 건너뛰면서 마쳐 버렸고, 사업의 총 예산에서 약 90%는 이마저도 제외시켜 버렸다. 10%만 시험절차를 거쳤고 나머지 90%는 '재해예방사업'이라는 특권으로 무시험으로 통과하였다.

총 22조 2천억 원에서 2조 4,770억 원은 시험비로 사용하였고, 19조 7,700억 원은 시험 없이 모래파내고 보세우고 한다면서 챙겨가 버렸다. 당연히 당당한 시험을 거쳐 입장해야 될 것들이 재해예방이라는 우산 속에서 검문검색 하나 없이 그들을 따라간 것이다.

이런 판국이니 기껏 3년 뒤에 완공기일까지 잡아 놓은 사업을 집행하자면 절차는 여기저기서 힘 한번 써보지 못하고 팽개쳐 질 것 같다. 국민들 생각에는 철저한 감시를 해야겠다고 벼르고 있지만, 어디 토목사업 속성상 그게 가능하냐고 어느 포클레인 기사가 핀잔을 준다.

"막으려면 지금이지요. 한번 삽질해 버리면 그것으로 끝입니다."

4) '조급' - 전광석화! 속전속결!, 전투를 치를 때, 전술상 필요하면 이런 용어를 사용하겠지만 4대강과 낙동강은 전투를 치르는 전쟁터가 아니지 않은가. 그런데 정치하는 사람이 왜? 무엇 때문에? 군주 전제 때의 권력을 본뜨려고 하는가. 그 사람의 정당에 있는 사람들은 모르겠으나 국민들 표정은 눈만 둥그레 해질 뿐이다.

대통령 취임 후 1년 동안을 그가 만들어 놓은 운하의 회오리바람에 휩싸여 있더니, 그 발상적 명분을 털어 버리기 아까워서일까. 황급하게 옷을 갈아입은 4대강 사업이 운하실패를 거울삼아 그야말로 전광석화같이 달려간다.

국민의 눈에는 권력자의 내심을 꿰뚫은 정치인이 재빠르게 권력자의 입이 되어주는 모습으로 비친다. 앞의 '절차'에서도 말했지만 국민이 공감하기 어려운 주문이고 그 말속의 담겨져 있는 추진력이란 것이 김빠진 맥주와 같다.

전문가 집단인 한국수자원학회가 개최한 '제1회 4대강 살리기 콘퍼런스'에 참가한 많은 전문가들이 "과학적 타당성이 결여되어 있으며, 지나치게 조급하게 가고 있다."라고 염려했다 한다.

대부분 예산이 준설과 보에 사용되는데 이 일들이 용수 확보와

 강은 흘러야 한다

홍수 조절에 꼭 필요하다는 과학적 근거가 발견되지 않는다고 했다. 사실 모래를 파낸 자리가 그냥 텅 하고 비어있지 않고 파낸 만큼의 분량으로 물이 차 있을 것이다. 하상은 낮아져 있고 일정부분 보를 비워둬야 하기 때문에 사업자들이 주장하는 홍수조절 효과도 미지수일 것이다.

많은 전문가들은 향후 미래의 기후변화를 걱정하고 있다. 미래에 다가올 불확실한 기후변화가 충분히 검토되고 이를 근거로 과학적이고 기술적인 검증을 해야만 하는데, 사업자들의 조급증은 기다려 주지를 않는다. 국민의 마음은 그래서 불안하고 걱정이 늘어 가는 것이다.

5) '분열' - 대통령부터 반대하는 국민을 두고 "제대로 이해하지 못해서 그렇습니다."라고 하니 그의 지지자들은 한 술 더 떠 "반대를 위한 반대만 하니 제대로 못 보는 것이죠!"라고 훈계성 발언을 아무 곳에서나 하고 있다.

국민이, 전문가들이 할 일이 없어 반대를 위한 반대만 할까?

반대가 아니라 문제를 지적하고 수정을 요청하고 때에 따라서 이견을 말하는 것이다. 국토의 신경계 파괴를 염려하고 국민의 재산과 생명의 안전을 요구하는 당연한 권리를 펼치는 것이 아닌가.

몇 십조가 들어가는 사업을 4개월 만에 마스트플랜을 짜고, 많은 전문가나 시민단체에서 자료를 요청해도 제대로 제때에 주지 않는데 어떻게 이해할 수 있겠는가.

준설 부작용에 대해 연구하고자 하천 체질이 민감하다고 판단되는 남강과 내성천 구미 공단권 본류를 답사하면서 골재의 질, 깊이,

이동성을 조사해 본 결과 건강하다는 확인을 했지만 사업자 측과 지방 정부에서는 하나같이 오랜 오염으로 퇴적된 것이라 한다. 30여 년 간 한 달에 수차례 발품을 파는 내 판단력이 고장 나지 않았다면 그들의 감각이 고장 났을까 싶은 것이 확인되었다.

2007년 감사원 자료에서 나타난 현장보고서('하천 관리 및 하천 정비사업 추진실태보고서')는 "낙동강 본류 332km의 골재가 지방자치단체에서 행한 준설로 인해 2억 여 톤이 줄어들어 정부가 수립한 하천정비기본계획 자료보다 수심이 최대 9.4m 낮아졌다."고 지적되어 있다.

송리원 댐이 들어설 예정인 영주시 평은면과 이산면의 신암리 내성천엔 하천 바닥이 3계단으로 내려 앉아 있다. 하천 바닥의 대수층이 파괴된 것 같아 원인을 찾아 나선 결과, 주변 농경지에 농업용수 및 일반 생활용수 확보를 위한 관정시설이 곳곳에 발견되었지만, 그 보다 심각하다고 판단한 것은 낙동강 전체에서 도미노처럼 번지고 있는 지자체별로 벌여 놓은 골재채취장 영향에서 기인되었을 거라 생각된다. 물론 내성천에도 하천하상이 갈아 앉은 신암리에서 그리 멀지 않은 하류 보문면 사무소 앞과 호명면 월포리에서 골재채취를 하고 있다. 이렇게 현장중심으로 확인시키는 나에게도 "잘못 알고 있다."하니 어찌 분열의 단초가 되지 않겠는가.

6) '무분별' - 배고픈 사람에게 날계란과 찐계란 하나씩을 올려놓고 고르라 하면 딱히 알아맞히는 사람이 별로 없다.

낙동강 정비 사업의 현장을 가보면 어느 것이 날계란인지 찐계란인지 분별하지 못해 벌여 놓은 사례가 곳곳에 보인다. 애초 4대강 사업의 대상부터 분별심을 잃어버린 것이라 생각된다.

정부의 의지대로 진정 강을 살리려면 본류보다 지류를 도와줘야 한다. 본류는 실핏줄 같은 지류를 끌고 가는 대동맥이다. 본류는 수직으로 흐르면서 바다를 겨냥하고, 지류는 수평적이면서 최종 목적지가 본류다. 본류는 곳곳에서 합수하는 지류를 소통시켜야 하며 물의 흐름 속도를 안정적으로 유지시켜야 하기 때문에 여러 가지 복잡한 구조물이 들어설 곳이 아니다.

낙동강처럼 강의 좌우 지류경사도가 틀리는 강에서는 본류를 자유롭게 개방시켜야 한다. 준설도, 보도 지류의 하천 체질에 맞춰주면 홍수 때나 가뭄 때 본류가 감당해야 할 하천 통제 능력이 매우 안정화 될 것이다.

'일자리'에서도 그렇다.

대지류 또는 본류와 소지류가 포함된 하천망지표조사를 지방정부가 하게하고 검증과 예산지원 등은 중앙정부에서 하면 될 일이고, 사업도 중앙과 지방에서 협의체로 묶어 실시한다면 지방도 살고 나라도 살아날 일 아닌가. 공급 중심이 아닌 수요 관리의 장점만으로도 얻어질 게 많은데, 이런 생각이나 의견은 아예 통하지를 않는다.

꼭 본류이어야 하고, 6m를 수심으로 정해야 하며, 갑문은 없지만, 보를 8개나 만들어야 할 이유가 무엇일까? 분별력 있는 국민들은 이를 묻고 있다.

운하 문제로 온 나라 안에 시끄러울 때 5천 톤짜리 바지선 홀수(배가 물속에 잠기는 깊이)가 4.5m 내외임을 알고 있는 나로서는 수심 6m가 보통 이상스러운 숫자가 아니다.

거기다가 "내 임기 내에는 운하를 하지 않겠다. 그러나 나의 운하에 대한 꿈은 변함이 없다."라고 임기 내 운하를 하지 않겠다던 대통령 선언이 자꾸만 클로즈업되는 것은 나만이 아닐 것이다(대통령의 운하 중단 의미는 낙동강과 남한강을 연결하는 조령 터널을 만들지 않겠다는 뜻으로 국민들이 이해하고 있음).

7) '왜곡' - 사실을 왜곡시키는 정치인과 지방 정부 책임자들의 언사는 지금까지 노력해 온 유역 주민에게 찬물을 끼얹는 행태였다.

낙동강 페놀사태 이후 우리 국민들은 개발시대 때 저질러 놓았던 환경적 과오를 스스로의 책임으로 묻고, 오염의 고통에 빠져 있는 강을 구해내고자 노력한 사실은 역사가 알고 있다. 페놀사태가 터졌던 1991년 3월 16일부터 지금까지 20여 년 간은 지난 시절 무분별로 망쳐진 국토 환경을 국민이 회복시킨 기간이었다.

국민들이 환경감시자로 나서면서부터 몰래 버려지던 오폐수는 현격하게 줄어들고, 국민이 실천하는 환경운동가가 되면서 우리의 산하는 회복되기 시작한 것이다. 낙동강과 4대강에 짙게 깔린 어둠들이 국민의 따뜻한 손길을 받으면서 5급수 수질이 3급수로, 3급수가 2급수 수질까지 푸르러지고 맑아진 것이다.

공장지대가 집중적으로 몰려 있는 대구 금호강과 그곳 합수지는 1980년대만 하더라도 생물학적 산소요구량인 BOD가 인간의 치유 영역에서 벗어난 100ppm이상이었다.

그랬지만 지금은 어느 정도인가. 인간의 치유와 관리가 가능한 BOD 6ppm정도까지 좋아져 있지 않은가. 국민의 뜻을 좇아 정부 노력이 있었지만, 국민 마음과 국민 손길이 되찾아 놓은 각고의 보람이다.

이같인 금쪽보다 귀중한 국민 마음에 비수를 꽂듯이 하며 찬물을 끼얹는 "낙동강 바닥은 온갖 오염물질에 뒤덮여 있습니다. 그것들을 모두 파내어 줘야 강이 살 수 있습니다." "대통령님, 낙동강이 죽어 있습니다. 온통 시궁창처럼 오염되어 있습니다. 이 강을 살려 주십시오." – 왜곡하는 것도 죄악이지만 국민과 자연이 소통하며 건져낸 보물들을 온통 돌멩이라고 매도하는 것은 죄 중에서도 중죄와 다를 바 하나 없다.

'살이 있는 강을 죽었다고 매도하는 자들'

청맹과니한 지도자를 뽑은 국민의 분별심이 부끄러울 뿐이다.

강 오염을 감시하고 한편으로 물을 아껴 쓰면서 배출 오염량을 줄이려 노력하는 국민들의 실천하는 행동이 국운을 일으키는 것이지, 국토 동맥을 막는 4대강 사업이 국운을 일으키는 것이 절대 아니라고 확신한다. 그것은 미래 악순환의 거점이 되고 국민 고통의 산실일 뿐이기 때문이다.

8) '은닉' – 2008년 국토해양부의 한국하천열람에서 4대강은 극히 일부 구간을 제외하고는 정비가 완료되었다고 보고하고 있다. 그동안 '하천정비기본계획'에 따른 꾸준한 정비와 수질총량관리와 같은 환경법의 작동으로 해마다 수질이 개선되어 왔으며, 정비사업의 주요 근거로 들고 있는 낙동강의 홍수도 현재의 방어구조에서도 충분히 견뎌내고 있음이 주지의 사실이다.

수질과 홍수 방어 능력에서도 낙동강은 충분한 지속성을 유지하고 있고, 습지와 같은 하천의 생태 활동지도 곳곳에서 인간의 보호를 기다리고 있다.

기존의 제내지 습지인 우포늪, 주남저수지, 원동습지, 대평습지, 질날늪, 옥수늪 등외에 댐 축조기 이후에 생겨난 하도습지도 선어대습지, 구담습지, 마애숲 습지, 영순습지, 해평습지, 달성습지, 밀양습지 등이 곳곳에서 강의 오염필터 기능을 다하고 있는 것도 또한 주지의 사실이다.

그런데, 국토행양부의 4대강 살리기 기획단이 세상에 내 놓은 '홍보영상'은 있는 것을 없다고 하는 상황 은닉을 저지르고 있다. 나도 보고 놀랐지만 혹세무민의 극치다.

문제의 영상을 대충 정리하면 '4대강 유역에 자연습지가 전무하고, 철새 한 마리 날아들지 않고 물고기도 살지 않는다. 그리고 낙동강과 영산강 하류는 5급수의 수질로서 농업용수로도 쓸 수 없다.'로 요약할 수 있으며, 그들이 사업의 명분으로 들고 나오는 국민을 향한 주장인 「생명이 살지 않는 강, 죽음의 강을 살려야 한다!」를 합리화시키려 한다.

내가 늘 이야기하는 '논리가 현장을 지배하려는 거짓과 꼼수'이다.

9) '부풀림' - 옛날 시장바닥에서 흔히 볼 수 있었던 뻥튀기 기계가 떠오른다. 시꺼먼 쇠붙이로 주물하여 만든 둥그런 통 안에 쌀이나 옥수수를 넣고 빙빙 돌리면 폭발점에 이르러 '뻥'하고 터지면서 몇 곱절 부풀어진 뻥튀기가 우르르 쏟아진다. '뻥'소리에 둘러서 있던 사람들은 귀를 막았다가 큼직한 봉지 하나씩을 사들고 뿔뿔이 흩어지는 그런 추억이 4대강 사업과 교차된다.

낙동강에 습지 하나 없다는 4대강 홍보영상은 거꾸로 튀겨 부풀리는 일종의 사기이며, 수량을 10억 2천만 톤 더 확보해야 하고 그 것 중에 '낙동강 본류에서 6억 5천만 정도를 확보해야만 한다!'라는 주장은 아무 근거도 없는 억지의 부풀림이다. 죽지도 않은 강을 죽었다고 하는 발상에 온갖 것들이 앞서거니 뒤서거니 부풀려지면서 현장의 반격에 여기저기서 뺑뺑하고 소음을 일으킨다.

청계천이 4대강으로 부풀려지고, 태화강이 낙동강으로 변신한다. 국민이 알고 있는 실체적 진실이 꾸며놓은 허실을 마구 공격한다.

'하회보'의 존재가 국민과 유역 주민이 피부로 느끼는 진실 앞에 무릎을 꿇었다. 앞으로 구담보도 그렇고 8개의 본류 대형보도, 파헤쳐져 쫓겨나는 낙동강의 모래알 속에서도 뺑튀기는 행위에 반격할 것 같아, 자꾸만 걱정이 쌓여간다.

10) '중복투자' - 정부에서 만들고 시행한 하천정비기본계획의 추진실적은 벌써 95%정도 완료되었다. 국민의 세금으로 국민을 위한 국가의 투자가 제공된 것이다.

4대강 사업, 낙동강 정비 사업은 자체만으로 중복투자의 성격을 가지고 있다. 국민세금이나 국가 재정 같은 돈과 관련된 투자도 문제이지만 법과 제도도 그럴 것이고 국민의 가치관마저 중복 투자되는 것으로 느껴진다.

부산의 낙동강 좌안 삼락둔치와 우안의 염막둔치는 부산시에서 2004년부터 2007년까지 비닐하우스를 철거하고 생태복원을 해 놓은 곳이다. 4대강사업의 낙동강 정비 사업에서 일률적으로 '친수지구'로 재지정함에 따라 이곳에서 발생하는 사업들은 복원지구의 내용들과 맞붙으면서 중복투자가 생길 것이다. 삼락둔치, 염막둔치

외 화명둔치, 대저둔치 등 낙동강에서 가장 큰 규모의 둔치에도 중복투자의 서리가 내린다.

3년 전 1000억 원의 예산을 들여 생태보전구역으로 복원한 곳인데 낙동강 정비사업 설계안에서는 절개하는 곳으로 나타나 있다. 바로 재정에서도 하천의 생태구조에서도 중복투자가 생길 수밖에 없는 곳이다.

안동시가지에 있는 낙동강둔치도 중복투자가 되는 곳이다. 2000년대 초기에 '시민과 함께 흐르는 강'을 만들기 위해 침수블럭과 조경작업을 다 해 놓은 곳에 4대강 사업의 새로운 설계가 그 위를 덮는다. 4대강사업단에 약 2,000억 정도를 요청한 사업 내용은 전혀 생태계를 고려한 흔적이 엿보이지 않는다.

내 생각에 그 정도 예산이 있고, 진정 강을 살려보겠다면, 옛 안동농고 앞의 수하강변에 늘어서 있는 오염벨트 정비에 그 돈을 사용해야 된다고 본다. 강의 외형 꾸미기보다 속병 앓고 있는 강의 고민거리를 해결하는 것이 진정한 강 살리기가 아니겠는가!

11) '짜 맞추기' - 4대강 사업, 낙동강 정비 사업은 짜맞추기의 진열장 같다. 강은 물의 거대한 연동체임에 어떤 일을 계획함에 있어 전체를 들여다보는 안목이 필요한 곳이다. 하나의 변고가 생기면 그것으로부터 일어나는 전이도가 재빠르게 번지는 생태적 생리가 있는 곳이다. 그래서 예비타당성조사가 필요하고, 사전환경성검토 같은 준비와 예측이 필요한 것이다.

상류에 폭우가 내리면 며칠 뒤에 중, 하류에 영향력이 나타나는 곳이 강이다. 구미 같은 곳에서 페놀이 유출되면 하루 이틀 뒤에 대

 강은 흘러야 한다

구에서 반응이 나타난다. 남강권 지리산 골짜기에 국지성 호우가 쏟아지면 하루 만에 경남 사천만은 물바다가 되고 주민들은 불안에 휩싸인다.

이렇듯이 강은 짜맞추기의 현장이 될 수 없는 곳이다. 이곳에서 벌어지는 모든 사업들은 이 같은 강의 원칙을 벗어나서는 안 될 일이다. 국가재정법에서 국민 혈세를 낭비하지 않기 위해 500억 이상이 소요되는 모든 사업들은 사전환경성검토를 거치도록 했다. 다른 의미로 이해하면 '500억 이하의 예산이 들어가는 사업은 예비타당성조사를 받지 않아도 된다. 4대강사업에서 예비타당성조사(평가)를 면할 수 있는 길은 사업을 쪼개서라도 500억 미만을 만들면 된다.'란 암시가 교시처럼 숨겨져 있다. 목적을 위해 합리적 편법을 사용하는 것이다.

낙동강 정비 사업을 요청사업으로 짜놓은 지방자치단체의 사업계획서를 보면 알 수 있을 것이다. 480억 짜리 사업이 줄줄이 늘어서 있음을, 구미 해평습지대에서 쫓겨나야하는 두루미들에게 가차없는 쪼개기가 역할을 한다. 그들이 다시 찾아오지 못하도록 축구장과 각종 경기장을 수십 개 만드는데, 중앙 정부에서는 현장의 생태적 가치나 사업의 내용 검증 없이 선뜻 허락한 것도 이런 연유가 끼어 있을 것이다.

12) '사후관리' - 어떤 국지적인 사업에서도 사후관리가 따르고 유지비용이 생긴다. 하물며 한몸 같은 큰 강의 본류에서는 말할 나위가 없을 것이다. 사후관리에서 가장 주목해야 할 분야는 무엇일까?

첫 번째로 보와 낙차공 관리라 생각된다.

8개의 대형보에서 5개의 부분적인 가동보를 설치할 것이라 한다. 전체 가동보(보 전체에서 월류가 되는 형식)일 때는 몰라도 높이가 평균 11.2m나 되는 부분적 가동보는 물의 많고 적음에 따라, 강수기와 비수기에 따라 여러 가지 장애를 유발할 것이라 본다.

예를 들어, 지금까지 예측치 못한 기후변화로 폭우기 기간이 연이어 발생했을 때, 만약 1개의 보라도 사고가 생기면 그 연쇄성의 피해는 상상을 초월하는 수준이 될 것이다. 긴급한 조치능력이 있다 하더라도 사후에 감당해내야 하는 사회적, 재정적 비용은 예사롭지가 않을 것이다.

특히 92개나 되는 낙차공 시설에서 발생하는 변고는 그곳의 주된 지류와 연계된 하천망에 영향을 끼치면서 심각한 생태적 교란을 불러올 것이다.

둘째로 모래준설과 준설이후에 생겨나는 사후관리다.

한번 파내어진 모래의 공간에 무엇이 채워지겠는가? 지류 낙차공을 넘어 흘러드는 모래가 쌓이면 수위를 유지시키기 위한 준설이 정기적으로 있을 것이며 보의 단위 공간에서 발생하는 유입물 퇴적층도 지속적으로 걷어내 주어야 한다. 수질악화를 막기 위한 조치이겠지만 이에 대한 재정, 행정력 투자도 감당해야 한다. 또, 준설퇴적토를 보관하는 데만도 처리비용이 만만치 않을 것이며, 인력과 노동에 대한 비용 및 사회적 환경비용이 발생할 것이다.

셋째로 친수공간 확장으로 인한 오염원 관리비용, 기타 유지비용이 생기고, 대부분이 떠넘기기식으로 지방자치단체에 재정적 부담을 안겨줄 것이다. 지금까지의 자연성이 그나마 유지되고 있는 낙동강에 기존의 산업단지오폐수 총량, 농축산오폐수총량, 생활오폐수총량에 덧보태지는 제3의 오염총량은 해를 거듭할수록 인공화로 발전하며 인간과 사회를 괴롭힐 것임이 분명해진다.

강이 민감해진다. 강이 날카로워진다. 약간의 충격에도 비틀거린다. 그럴 수밖에 없다. 자연의 고리로 엮어진 것을 해체시켜버리고, 단지 지금쯤의 기술만 믿고, 고작 그 기술이 만들어 낸 물질만으로 강을 장악하려 하기 때문이다.

많은 이들이 충고를 한다. 그 속에 미래를 보고 가는 아이들이 있다. 그들 속에 자연으로 되돌아가는 과학을 꿈꾸는 이들이 점점 많이 지고 있다. 4대강 사업, 낙동강 정비 사업은 그들의 꿈과 길을 막는 거대한 장애물이다. 사후관리에는 지고함으로 인간과 자연의 상생을 꿈꾸는 사람들을 지켜주는 몫도 있다는 것을 잊지 말기 바란다.

©김화희

낙동강의낙조. 강의 생명은 물론 물의 지속성에 있다. 낙동강 중류의 한발 피해와 하류의 범람
피해는 해결해야할 과제이지만 보로 가둬 흐름을 막는 것이 대안이 될 수는 없다.

2_ 강은 흘러야 한다

흐르는 강은 썩지 않는다.

흐르는 강은 미래를 꿈꾸게 한다.

어느 누구라도

강을 막아 물을 썩게 하는 일과

강의 미래에 사슬 묶는 짓을 해서는 안 된다.

그럴 권리는 세상에 존재하지 않기 때문이다.

중국 홍수설화에 소통의 신화라는 것이 있다.

'흐르는 물을 막으면 실패하고 터주면 성공한다.'란 내용이다.

설화 속에 토목기술자로 최고의 물 관리 전문가인 '곤'이라는 사람이 등장한다. 그는 홍수를 제압하고자 둑을 쌓으려 했다. 둑으로 물을 막아내려 한 것이다. 그는 실패했다. 둑이 물을 이기지 못한 것이다.

그러나 '우'라는 사람은 홍수를 막아내는 치수에 성공했다.

강의 굽이마다에 물길을 파서 홍수가 빠져나갈 수 있는 통로를 만들어주었기 때문이다. 강력한 홍수기에 둑으로 물과 싸우기보다 굽이마다 물이 피할 수 있는 길을 열어 수량을 분산시키는 지혜를 발휘한 것이다.

'막으면 언젠가는 터진다!'

인생을 웬만큼 살아본 사람들에게는 이 말은 상식으로 통한다.

남명 조식 선생이 전한 "백성은 물과 같고, 왕은 물 위에 뜬 배와 같다."는 순자의 비유에서도 물의 본성인 흐름을 나타내고 있다. 수차 이야기했지만, 과거도 현재도 그리고 미래에도 물은 끝없이 생성과 순환을 반복하며 흐른다. 먼 과거에서 흐름을 잃어버린 저지대의 물은 결국 습지나 늪으로 변신한다.

습지나 늪은 강이 아니다. 그냥 고여 있으면서 새로운 생태계를 이룬다. 그러나 이곳에서도 물길은 지하층에서 소통한다. 주변에 강이나 하천이 있거나 지하에서 움직이는 물길이 있기 때문이다.

오늘 4대강 사업이란 이름으로 강을 곳곳에 막아버리면 미래에 나타나는 강은 지금과 같은 강이 될 수 없다. 설사 습지나 늪이 아니다 하더라도 호수 같이 변할 것이다. 물을 막아 흐르지도 못하는 강을 후손들에게 넘겨줄 수 없다. 오늘 필요하다고 내일 필요한 것을 뺏으면 못할 짓이 된다. 미래는 후손의 세상이며, 그들이 꿈꾸며 가꾸어 가야 할 무한한 희망의 대상이 바로 강일 수도 있다. 자연과 더불어 사는 미래 약속의 세대교체도 중요한 흐름의 가치임을 잊지 않았으면 한다.

하루 5000톤 씩 옥빛 물을 뿜어내는 황지샘물이 태백산 천제단 주목 뿌리에 영글어 있던 물방울과 합쳐서 잠시 쉬고 있다. 525km,

1300리길, 한 열흘쯤 쉬지 않고 달려가면 풍문으로만 들었던 태평양을 만날 수 있다기에 희망으로 들뜬 가슴을 애써 짓누르고 있다. 낙동강과 인연을 맺은 물방울들이 '물의 여행'을 준비하고 있는 모습이다.

백로 한 마리가 날아든다. 해마다 9월이면 아득한 남쪽나라로 날아가는 것이 대대로 이어져 온 백로 가족의 관습인데, 이 백로는 아예 낙동강을 제 집으로 알고 살림을 차려 버린 놈이다. 철새에서 텃새로 귀환한 놈 중에 하나다. 그래서인지 이놈들은 많은 정보를 가지고 있다.

백로가 물에게 전한다.

"내가 이리저리 날아다니면서 주워들은 이야기인데, 얼마 있지 않으면 자네들이 바다로 가려면 100일이 훨씬 더 걸린다 하더라구."

물 한 방울이 놀라 귀를 쫑긋 세워 묻는다.

"뭐라고! 도대체 누구한테서 그 말을 들었나. 놀리지 마. 이놈아!"

그 옆에 있는 물방울 하나가 끼어들면서,

"어이 백로씨, 농담을 진담같이 하는구나. 자꾸 농담으로 놀리면 우리가 알고 있는 송사리 밭을 안 가르쳐 줄 거다."

"참 답답하제, 누가 가르쳐 준 게 아니고 이 강의 천지에 소문이 쫙 깔렸다 하니까 그러네. 내가 거짓말 했으면 발톱을 지질게."

"좋다! 한번 믿어보자. 그런데 왜 열흘짜리가 갑자기 100일로 늘어나는지 알고 있나, 알고 있으면 우리에게 알려 주게나."

물방울들이 우르르 모여들어 백로 입만 쳐다본다.

"음, 그래야지. 천하 정보통인 내 말을 믿어야지. 이 나라의 대통령이 바뀌면서 생긴 일인데, 우리가 살고 있는 낙동강 말고도 한강과 영산강 그리고 금강까지 합해서 뭐? 4대강 정비인가 뭔가를 한다면서 쭉쭉 빵빵한 '보'를 16개나 세운다 하더라.

그런데 다른 강에는 몇 개 아닌데, 이 낙동강은 11m가 넘는 것이 8개나 되고, 3m짜리를 두 개인가 세 개인가 세운다 하더라. 그러니까, 물이 곳곳에서 막히니까, 바다까지 가는데 시간이 그리 걸리지 않겠나?"

라며 백로는 침을 튀겨가며 역설을 해댄다.

백로 말을 듣던 물방울들이 시무룩한 표정을 지으며 돌아서는데 백로가 또 한 가지 생각나는 게 있는 지 뒤에서 크게 일러준다.

"아, 그리고 말이야 자네들이 만들어 살아갈 깊이도 6m라 하더라."

물방울들이 흐느적 흐르면서 혼잣말로 한마디씩 한다.

"그럼, 백로 자네도 집을 옮겨야겠군……."

"물고기들은 어째 다닐까?"

"우리는 호수에서 살다 살다 늙어가겠군!"

백로의 이야기가 사실이 아니기를 바라면서 물방울들은 퇴계 선생이 '낙천'이라고 정해 준 청량산 계곡을 통해 힘차게 달려간다. 안동댐이 있다는 걸 익히 알고 있었던 물방울들이 미리 어깨동무로 물더미로 합쳐진다. 안동댐에서 며칠간 생활하는 동안 몸은 점점 깊이 빠져들며 꾸역꾸역 앞으로 밀려난다. 뒤따라 치고 오는 후배들이 밀어 붙이고 있어서다.

댐에서 해방된 물방울들은 때론 떨어져서 때로는 함께 달라붙은 모습으로 흘러가다가 하회마을을 지날 때 하필이면 운이 좋아 안동 사람들이 즐기는 선유불줄놀이를 구경했다.

강은 흘러야 한다

불줄놀이하는 부용대 절벽 밑을 부딪치며 한 바퀴 빙 돌아 광덕교를 지나니 웬 버드나무 섬이 이리 클까 싶어 놀라는데 갑자기 몸 전체가 곤두박질쳐 지며 웅덩이 같은 곳에 빠져버린다. "아, 여기가 3m 깊이의 구담보구나"하고 아직까지 공사는 하지 않았는데, 느낌은 웅덩이 속에 갇힌 기분이다. 옆 친구에게 말을 건다.

"여기에다 보를 만들면 이 버드나무 숲이 우리 몸속에 꼼짝없이 잠기겠구나."

하니 친구는 아무런 느낌도 없는 듯 "그런데 말이야, 며칠 전 태백에서 백로가 했던 말이 영 믿기지 않더라고." 믿으려 하지 않는다. 하기야 얼마 전에 안동댐에 갇혀 있었는데 또 가두어 버린다 하니 그럴만하겠다 싶다.

버드나무 숲 사이에 우리를 가끔씩 괴롭힌다는 '가시박'이 나무 하나를 칭칭 감고 있다. 아메리카 대륙 북쪽에서 온 놈이 겁도 없이 설치는 꼴을 보니 괘씸스럽지만 어찌할 도리가 없다.

안동댐에서도 듣고, 또 이곳 구담까지 오면서도 들은 소식이지만 얼마 전까지 하회마을에도 보를 만들려다가 "세계문화유산자리까지 보를 만들려 하다니 제발 정신들 차리라고!" – 국민들로부터 호통을 당하고 나서야 계획에서 뺐다는 것을 알고 있다.

또 한 가지 소식은 안동에 살고 있는 주민들이 "안동댐과 임하댐의 관리수위가 위험하다고 판단될 때 두 곳에서 초당 몇 천 톤 씩 방류를 한다면 이 구담보 때문에 하회마을까지 물이 찰 텐데 그때는 어떻게 할 것이오." 하니까,

"전혀 걱정 없습니다. 가동보를 설치할 것이기 때문에 그 수량은 아무 탈 일으키지 않고 흘려보낼 수 있습니다." 했다고 한다.

정말 아무 일도 일어나지 않을 것 같이 말대답하는 사람이 미덥 잖아서

"여보세요. 조금만 내려가면 높이가 11m나 되는 큰 보가 있고 수심이 7m나 되는 상주보에서 무슨 일이 없겠습니까? 제방이 9m 밖에 되지 않는데 물이 넘치지 않겠습니까?" 라고 따져드니 이 사업을 추진하는 정부관계자는 연신 "염려 없습니다. 모두 철저하게 준비가 되어 있습니다."라고 너무 쉽게 대답만 늘어놓았다 한다.

물방울들은 이런 대화를 들으면서 잘 수긍이 되지 않는 모양이다. 물의 당사자들이기 때문에 그렇게 쉽게 말할 내용이 아닌 것 같은데 무조건 괜찮다. 염려 놓으시라. 준비되어 있다하니 더욱 못 미더워진다. 구담보까지는 그렇다 치고 아래쪽 상주보부터는 하늘 찌를 듯 높이 쌓아 올린 대형보가 8개나 있다하니, 이제 죽었구나 싶다.

그래도 안동댐 같이 물방울들이 크게 더럽혀 지지 않은 곳은 그나마 견딜 수 있었는데, 친구들이 하나 둘 씩 병들 수밖에 없는 상황에서 무려 8번이나 잠자코 갇혀 있어야 된다는데 어찌 걱정이 되지 않겠나.

또 하나 들은 소식에, 상주보에서 대구 강정보까지의 5개 보는 일부분이나 가동보를 만든다 하여 '그래도 숨통은 열려있구나'라는 느낌이 들지만,

그 아래쪽 달성보와 합천보, 함안보는 아예 문을 꼭 잠가놓은 감옥과 같은 수위유지용보라니까 입이 다물어지지 않는다. 더더구나 마지막 함안보는 높이도 깊이도 다른 곳보다 훨씬 더 하다니까 벌써부터 숨이 막혀온다.

목소리가 유달리 큰 물방울 하나가 소리친다.

"여러분! 어찌하면 좋을까요, 우리가 이 강에서 살아가야 합니까. 우리의 꿈은 하루 빨리 바다로 나아가는 것인데, 바다로 가기 전에 병들 것이 뻔 한 상황에서도 이 강을 선택해야만 되겠습니까?"

강 밖에 사는 바깥사람들은 침묵하기도, 체념하기도 하는데, 당사자인 물방울은 반발하기 시작한다. 물이 강의 침묵을 깨우고 사람들의 체념에 제 몸을 던져 부어 화들짝 깨워 일으킨다.

강가의 모래톱에는 무한한 가능성을 느낄 수 있는 '결'이 있다.

3_ 소회

낙동강 발품 팔고 다닌 세월이 올 해로 만 35년이다. 강산이 세 번 정도 바뀐 시간이 흐르면서 강도 그 정도 변한 것 같다.

옥색 물빛 황토 내음은 바래져 사라져 버렸고, 군데군데 상처투 성이 몸에서는 개발 탐욕이 적셔 놓은 비릿한 역겨움이 증발되고 있다. 물이 썩어가고 강이 신음하는데도 대선과 총선은 개발 경쟁 의 장이 되고 몸져누운 강을 향해 직격탄을 펑펑 쏘고 있다.

그때부터 강은 침묵을 알게 되었고, 체념을 배우기 시작했다. 강 을 담보로 세워 만들어진 세탁기, 합성세제는 인간의 무분별을 습 관화시켰고, 물질이 가르쳐 놓은 습관의 행동은 대선, 총선 때의 직 격탄처럼 강을, 하천을, 그 안의 물에게 융단 폭격했다.

그렇게 했던 사람들이 이제 와서 '강이 죽었다' 한다.

죽었으니까 살려야 한다는 괴변을 하고 다닌다.

무식한 건가, 무지한 건가, 무책임한 건가?

강은 죽지 않는다.

강이 죽었다면 이 세상 생명 만사도 죽어야 되고 인간도 같이 죽어야 하기 때문이다. 단지, 강은 강이 품고 있는 유역의 모든 것을 끌어안고 있는 모습일 뿐이다. 유역과 인간 생활에서 쏟아 부어 놓은 것들을 물을 통해 비춰줄 뿐이다. 함부로 버리고 쏟아 부어 버린 것들이 너무 큰 짐이 되어 불편해 하는 것이다.

강산이 세 번째로 바뀔 쯤부터 강은 힘과 용기를 얻기 시작했다.
유역마다 무겁게 내려 앉아 있던 인간의 무분별이 분별로 거듭 나고, 연이어 무관심이 관심으로, 무책임이 책임으로 다시 태어나고 있었기 때문이다. 무거운 짐들 하나씩 내려지고 있음이 확연하게 느껴지기 때문이다. 제 몸에 묻어 있던 비릿하고 역겨웠던 냄새들이 사라지고 있기 때문이다.

30년 전, 구포나루에서 멱을 감았지만 20년 전에는 대구 사문진 나루에서 10년 전에는 선산 강가에서 멱을 감았다. 발품 답사 때마다 온 몸에 젖은 땀을 씻어내고자 강물에 뛰어든 적이 자주 있어서 기억이 난다. 아주 오래 전에 들은 이야기지만 낙동강에 공장이 들어서기 전까지는 구포에서도 사문진에서도 가릴 것 없이 풍덩 뛰어들었다지만, 오염이 되기 시작하고부터는 그렇게 할 수가 없었던 것이다. 나도 몇 번 경험해 봤지만 멱 감고 난 뒤 그날 밤은 두드러기와 가려움 때문에 잠을 잘 수가 없었다.

병들고 무거운 짐 짊어진 낙동강이 서서히 회복되고 있다. 강이 제 모습을 찾아가고 있는 만큼 유역 주민의 보람은 커지고 있다. 나는 그들에게 무한한 감사를 느끼고 있다. 일개 발품꾼이 뭐 그렇게 호들갑 떨듯이 말하느냐 하겠지만 태백 천제단에서 올렸던 일만 배 하듯이 큰 절을 하고 싶다.

강은 흘러야 한다

강을 살리고 죽이고 하는 일은 정치인이나 토목기술이 아닌 유역 주민 몫이라고 직접 가르쳐 주었기에 하는 말이다.

1300리 물길, 1300만 유역 주민, 23,860km^2를 적시는 1300여 개의 물길, 연간 300억 톤 정도의 강수량에 80억 톤 가량을 담아내는 강, 54개의 지방자치단체, 110개나 되는 산업단지, 300만 마리가 넘는 돼지들, 숫자로 헤아릴 수 없는 풀과 나무, 물고기와 새들이 마음 놓고 살 수 있는 강, 이 모든 것들이 강과 더불어 함께 살아갈 수 있도록 병풍 치듯 바람막이 해주는 백두대간, 낙동정맥, 낙남정맥의 1대간 2정맥 - 낙동강은 지금의 조건에서도 큰 불편함 없이 만족하며 살아왔다. 수많은 인걸을 낳았고 문화와 문명을 발달시켰으며 금수강산의 지조를 지켜왔다.

서부산간지대와 중부내륙의 강수량 차이가 500여mm 정도 되고, 안동에서 부산까지의 343km 거리에 표고차가 불과 100m미만이고, 본류에 비해 턱없이 높은 대지류의 표고차가 단기형으로 300-500m나 되고, 라인강이나 양자강 같은 다른 나라의 강은 하상계수가 불과 1:20미만인데, 반해 10배가 훨씬 넘는 1:300이나 되며, 몇 년 전까지 시간 당 30-40mm이던 국지성 호우 출현이 갑자기 60-70mm로 높아지면서, 대구 명품이었던 '능금'은 무려 300km가 넘는 거리인 북방 단양에 가야 먹을 수 있는 기후 변화가 벌써부터 와 있는 낙동강은 이제부터 함부로 행해지는 인간의 손길을 거부할 수밖에 없는 상황이다. 대자연의 움직임에 연동하는 숨고르기를 해야 될 때이기 때문이다.

우리가 도와주어야 한다.

도움이란 무엇인가? 강에 씌워 놓은 멍에를 걷어내 주는 일이 첫 번째다. 자연간의 동화가 잘 되도록 방해나 부담을 주지 말아야 한다고 본다. 모래를 파헤쳐 내고 강을 함부로 막아버리는, 그것도 수도 없이 많은 하천을 끌고 있는 본류를 막아버리는 일은 발상마저도 하지 말아야 한다.

힘들어 하는 강의 생명에 새로운 맥박과 기운을 찾아 준 유역주민, 국민이 장벽을 만들어 삽과 포클레인을 차단해야 한다. 가치와 발상이 다르고 선택과 기득권이 존재한다 하더라도 강은 그들만의 것이 아니지 않는가!

강은 젖줄과 핏줄이기도 하지만, 재난과 재앙의 구심점이기도 하다고 본다. 구심점에 대한 분별력 선택권은 국민에게 있다. 국민의 분별력 방향이 원심력으로 작용되는 것은 만고의 진리라고 믿고 있다.

30여 년 전에는 강이 너무 아름다워서 울었다.
세월이 흘러서일까, 강이 힘들어해서일까,
요즘은 강에만 가도 눈시울이 뜨거워진다.
진정한 마음으로 낙동강을 짝사랑해 왔지만
겁탈하듯이 할퀴고 도망쳐 버리는 패거리를 막지 못해서다.
일제 강점기 때 시인 김용호는
북받쳐 오는 민족 한을 풀기 위해 날마다 연신
'내 사랑의 강, 낙동의 강아!'를 외쳐 불렀다.
시인 이동순은 상처뿐인 강을 끌어안고
'이제, 이 낙동강에 빗돌 하나도 세우지 말라!'고 경고했다.
또 시인 고은은 명사십리 백사장에서

 강은 흘러야 한다

'여기서 아이를 낳고 싶다.'고 했다.

민족도 학문도 문학도 이 강을 지키고 싶어 했고, 이 강에 기대기를 원했다.

낙동강이 품고 있는 생명의 미학들을

낙동강이 지니고 있는 생태학적인 상상들을

이제 남아 있는 것만도 제대로 지켜줘야 한다.

지켜서, 사랑하는 우리의 후손에게 전해주어야 한다.

그 일만이 우리가 해야 할 마지막 도리라고 생각한다.

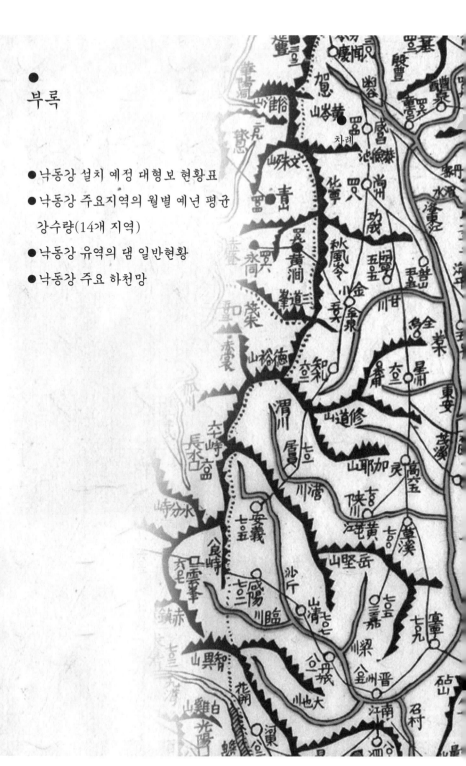

●
부록

- 낙동강 설치 예정 대형보 현황표
- 낙동강 주요지역의 월별 예년 평균 강수량(14개 지역)
- 낙동강 유역의 댐 일반현황
- 낙동강 주요 하천망

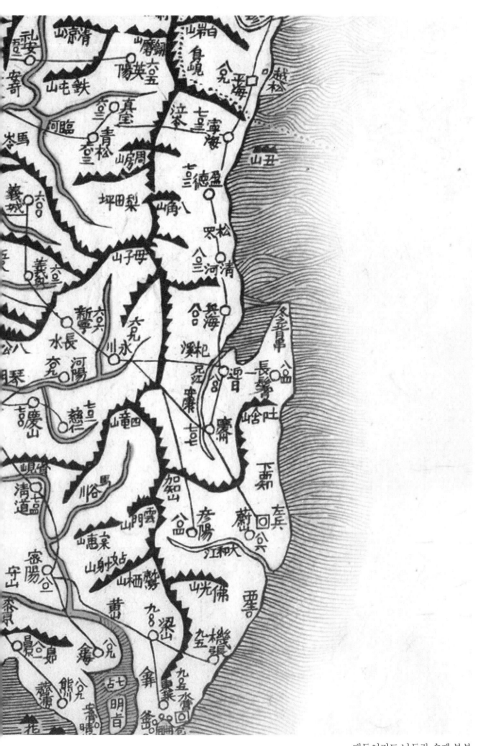

대동여지도 낙동강 수계 부분

● 낙동강 설치예정 '대형보' 현황표

(2009. 10. 1 현재)

보이름	지역	연장	높이	관리수위	구간간격	하구~거리	기능
①상주보	병선천 합류위	570m	11.0m	7m	14.9Km	253.2Km	부분가동보
②낙단교	낙단교500m 위	350m	11.5m	7.5m	18.1Km	238.3Km	부분가동보
③구미보	감천합수지 위	650m	11.0m	7m	27.3Km	220.2Km	부분가동보
④칠곡보	왜관전적관앞	425m	12.0m	6m	25.2Km	192.9Km	부분가동보
⑤강정보	달성군 다사읍	450m	11.5m	5.5m	20.4Km	167.7Km	부분가동보
⑥달성보	달성군 논공읍	570m	10.5m	3.5m	29.0Km	147.7Km	수위유지보
⑦합천보	창녕군 이방면	350m	9.0m	3m	42.9Km	118.7Km	수위유지보
⑧함안보	창녕군 길곡면	550m	13.2m	7.2m	75.7Km	75.7Km	수위유지보
비고	• 가로연장평균:489m • 높이평균:11.2m • 관리수위평균:5.8m • 구간간격평균:31.6m • 대형보 8개중: 부분가동보 5개, 수위유지보 3개						

● 낙동강에 설치예정인 낙차공대상 하천(상류~하류 순)-총92개 하천

외야천(안동), 반변천(안동), 송야천(안동), 미천(안동), 하고천(안동), 풍산천(안동), 증수천(안동), 신역천(안동), 하아천9안동), 광산천(안동), 신평천(안동), 봉정천(안동), 내성천(예천), 영강(문경), 공덕천(예천), 병성천(상주), 장천(상주), 말지천(상주), 위천(의성), 신곡천(상주), 감천(김천), 대망천(구미), 습문천(구미), 인노천(구미), 성수천(구미), 구미천(구미), 한천(구미), 이계천(구미), 광암천(칠곡), 광평천(구미), 경호천(칠곡), 반지천(칠곡), 강정천(칠곡), 동정천(칠곡), 백천(성주), 신천(성주), 하빈천(달성), 금호강(대구), 진천천(대구), 천내천(달성), 기세곡천(달성), 본리천(달성), 용소천(고령), 금초천(달성), 현풍천(달성), 차천(창녕), 용호천(창녕), 회천(고령), 덕곡천(고령), 미곡천(합천), 황강(합천), 대부천(합천), 현창천(창녕), 신반천(의령), 토평천(창녕), 창녕천(창년), 정곡천(의령), 전화천(의령), 대곡천(창녕), 칠곡천(창녕), 남강(함안), 계성천(창녕), 영산천(창녕), 광려천(마산), 오호천(창녕), 이령천(창원), 길곡천(창녕), 온정천(창녕), 북천천(창원), 신천(창원), 청도천(밀양), 금산천(창원), 초동천(밀양), 수산천(밀양), 죽동천(창원), 주천강(김해), 화포천(김해), 상남천(밀양), 밀양강(밀양), 미전천(밀양), 안태천(밀양), 여차천(김해), 원동천(양산), 화제천(양산), 대포천(김해), 소감천(김해), 양산천(양산), 대천천(부산), 서낙동강(부산), 대리천(부산), 학장천(부산)

●낙동강 주요지역의 월별 예년 평균 강수량(14개 지역)

지역	대표하천	1월	2월	3월	4월	5월	6월	7월	8월
태백	본류상류	34.8	37.4	58.3	71.7	88.0	139.8	167.1	285.8
봉화	본류·내성천	21.9	26.1	52.2	70.0	101.1	156.5	271.6	223.5
영주	내성천	19.0	25.6	53.1	92.4	105.3	173.4	259.1	258.3
문경	영강	21.1	28.5	49.6	87.6	103.0	168.6	270.8	239.1
안동	본류·반변천	18.6	26.1	47.7	65.5	89.8	143.7	228.0	201.3
의성	위천	17.9	23.7	43.4	73.6	72.6	133.5	206.2	197.7
구미	본류	19.4	27.5	46.0	75.4	69.3	130.1	217.2	202.1
영천	금호강	23.6	26.6	48.8	75.8	78.5	140.5	199.9	203.9
대구	본류·금호강	21.0	27.7	50.4	74.6	77.3	140.2	215.8	205.4
거창	위천·황강	26.7	35.6	57.5	91.4	86.5	180.3	273.8	256.9
합천	황강	21.8	34.2	54.6	93.7	90.8	169.9	258.8	267.1
산청	남강상류	26.2	41.6	67.7	115.3	96.6	191.2	291.8	335.8
진주	남강하류	32.1	42.9	73.8	135.9	132.1	216.0	295.1	290.4
밀양	본류·밀양강	22.5	31.5	54.1	104.6	104.3	199.8	241.9	230.4
평균		23.3	31.1	54.1	87.7	92.5	163.1	249.8	242.7

●낙동강 유역의 댐 일반현황

구분	안동댐	임하댐	합천댐	남강댐
소재지	경북 안동 성곡	경북 안동 임하	경남 합천 대병	경남 진주 판문
하천관계	낙동강	반변천-낙동강	황강-낙동강	남강-낙동강
유역면적(km^2)	1,584	1,361	925	2,285
저수면적(천m^2)	51,500	26,400	25,000	28,200
총저수용량(천m^3)	1,248,000	595,000	790,000	309,000
계획홍수위(EL.m)	161.7	164.7	179	46
상시만수위(EL.m)	160	163	176	41
저수위(EL.m)	130	137	140	32
준공년도	1976	1992	1988	2000

강은 흘러야 한다

9월	10월	11월	12월	합계
203.8	55.3	46.2	19.4	1307.6
153.3	40.0	45.5	17.0	1178.6
140.9	49.4	40.1	19.2	1235.9
127.0	46.5	410.	21.6	1204.5
133.1	42.0	36.8	15.8	1048.3
112.6	38.5	34.8	16.6	971.1
131.6	42.4	36.5	16.8	1013.6
128.8	41.4	37.2	15.4	1020.3
130.8	42.5	36.5	14.9	1037.2
142.3	54.3	41.5	19.1	1265.8
144.7	49.2	38.9	16.1	1238.6
192.2	57.5	43.8	19.5	1479.1
159.5	52.7	47.8	21.3	1498.9
136.6	49.4	43.0	17.6	1234.0
145.5	47.2	40.7	17.9	1195.2

자료:한국수자원공사(2003년)

밀양댐	운문댐	영천댐
경남 밀양 고례	경북 청도 운문	경북 영천 자양
단장천-밀양강-낙동강	동창천-밀양강-낙동강	금호강-낙동강
95	301	235
2,200	7,834	6,900
73,600	135,344	96,400
210.2	152.6	159.5
207.2	150	156.8
150	122	138
2001	1994	1980

●낙동강의 주요하천망/상류 안동지구

<A> 낙동강(본류)
<B> 반변천(낙동강 지류)
<C1> 길안천(지역 대지류)
<C2> 미천(지역 대지류)

• 낙동강 50년 평균 강수량(1,181mm)

대표하천	하천숫자	예년평수량비교	관련인구	지방자치단체
본류·반변천	31개	1048mm (-133)	207,500명	안동시, 청송군, 영양군

• 주요하천망 현황(본류유량소통에 영향이 큰 하천)

하천명	유수계통	하천등급	유역면적	하천연장	하천기점-하천종점
반변천	제1지류	지방1·2급	1964.8km^2	108.7km	영양 일월-안동 용상
길안천	제2지류	지방2급	522.3km^2	72km	청송 현서-안동 반변천
미천	제1지류	지방2급	373.3km^2	52.5km	의성 옥산-안동 남후
송야천	제1지류	지방2급	107.6km^2	20km	영주 평은-안동 풍산
용전천	제2지류	지방2급	381km^2	53km	청송 부남-청송 반변천
광산천	제1지류	지방2급	91km^2	21km	의성 신평-안동 풍천

강은 흘러야 한다

●낙동강의 주요하천망/상류 예천 · 영주 지구

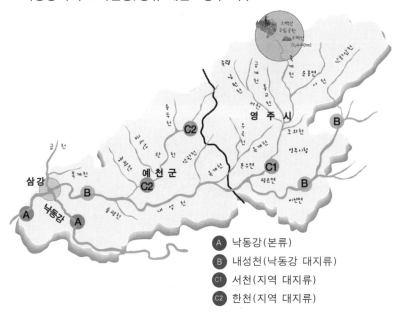

A 낙동강(본류)
B 내성천(낙동강 대지류)
C1 서천(지역 대지류)
C2 한천(지역 대지류)

• 낙동강 50년 평균강수량(1,181mm)

대표하천	하천숫자	예년 평수량비교	관련인구	지방자치단체
내성천	20개	1235.9mm (+54.9)	179,800명	영주시, 예천군

• 주요하천망 현황(본류유량소통에 영향이 큰 하천)

하천명	유수계통	하천등급	유역면적	하천연장	하천기점-하천종점
내성천	제1지류	국가하천 · 지방1 · 2급	4,078.4km^2	100.4km	봉화 물야-예천 용궁
서천	제2지류	지방2급	364km^2	23km	영주 풍기-영주 내성천
한천	제2지류	지방2급	266km^2	25km	예천 상리-예천 내성천
죽계천	제3지류	지방2급	158.6km^2	16km	영주 순흥-영주 서천
옥계천	제2지류	지방2급	84.8km^2	14km	영주 장수- 예천 내성천
석관천	제2지류	지방2급	68.2km^2	14.7km	영주 봉현-예천 내성천

●낙동강의 주요하천망/상류 의성 · 군위 지구

(A) 낙동강(본류)
(B) 위천(낙동강 대지류)
(C1) 쌍계천(지역 대지류)

• 낙동강 50년 평균 강수량(1,181mm)

대표하천	하천숫자	예년평수량비교	관련인구	지방자치단체
위천	18개	971mm (-210)	98,870명	의성군, 군위군

• 주요하천망 현황(본류유량소통에 영향이 큰 하천)

하천명	유수계통	하천등급	유역면적	하천연장	하천기점-하천종점
위천	제1지류	지방1·2급	2,101.4km^2	117km	의성 비안-상주 중동
쌍계천	제2지류	지방2급	501.8km^2	36.7km	의성 춘산-의성 위천
남천	제2지류	지방2급	164km^2	19.2km	군위 부계-군위 위천
남대천	제3지류	지방2급	158.6km^2	32.5km	의성 사곡-의성 쌍계천
안평천	제3지류	지방2급	110.5km^2	17.5km	의성 안평-의성 쌍계천
곡정천	제2지류	지방2급	72.2km^2	10.7km	구미 산동-군위 위천

강은 흘러야 한다

●낙동강의 주요하천망/상류 문경 지구

- B 영강(낙동강 대지류)
- C 금천(지역 대지류)

• 낙동강 50년 평균 강수량(1,181mm)

대표하천	하천숫자	예년평수량비교	관련인구	지방자치단체
영강,금천	9개	1204.5mm(+23.5)	81,500명	문경시

• 주요하천망 현황(본류유량소통에 영향이 큰 하천)

하천명	유수계통	하천등급	유역면적	하천연장	하천기점-하천종점
영강	제1지류	지방2급	921.8km^2	56km	상주 화북-상주 사벌
조령천	제2지류	지방2급	178.6km^2	7.7km	문경 문경읍-문경 영강
초곡천	제3지류	지방2급	25.5km^2	6.5km	문경 상초-문경 조령천
신북천	제3지류	지방2급	102.7km^2	10.7km	문경 갈평-문경 조령천
금천	제2지류	지방2급	275km^2	33.5km	문경 동노-문경 내성천
대하리천	제3지류	지방2급	87km^2	12.3km	문경 산북-문경 금천

● 낙동강의 주요하천망/상류 상주 지구

A 낙동강(본류)
B 병성천(낙동강 대지류)
C1 이안천(지역 대지류)
C2 북천(지역 대지류)

• 낙동강 50년 평균 강수량(1,181mm)

대표하천	하천숫자	예년평수량비교	관련인구	지방자치단체
변성천, 이안천	17개	1050mm (-131)	116,000명	상주시

• 주요하천망 현황(본류유량소통에 영향이 큰 하천)

하천명	유수계통	하천등급	유역면적	하천연장	하천기점-하천종점
병성천	제1지류	지방1·2급	422.4km²	30km	상주 청리-상주 사벌
이안천	제2지류	지방2급	241.7km²	38.5km	상주 내서-상주 영강
북천	제2지류	지방2급	127.7km²	24km	상주 모서-상주 병성천
동천	제2지류	지방2급	104.3km²	7.5km	상주 사벌-상주 병성천
장천	제1지류	지방2급	62km²	11.2km	상주 낙동-상주 낙동강
외서천	제3지류	지방2급	39.2km²	10.2km	상주 외서-상주 동천

강은 흘러야 한다

● 낙동강의 주요하천망/중류 김천 지구

Ⓑ 감천(낙동강 대지류)

Ⓒ 직지사천(지역 대지류)

• 낙동강 50년 평균 강수량(1,181mm)

대표하천	하천숫자	예년평수량비교	관련인구	지방자치단체
감천	14개	1091mm (-90)	151,500명	김천시

• 주요하천망 현황(본류유량소통에 영향이 큰 하천)

하천명	유수계통	하천등급	유역면적	하천연장	하천기점-하천종점
감천	제1지류	국가하천 지방2급	999.5㎢	39km	김천 대덕-구미 선산
직지사천	제2지류	지방2급	128.8㎢	16.5km	김천 봉산-김천 감천
부항천	제2지류	지방2급	84.8㎢	12km	김천 부항-김천 감천
이천	제2지류	지방2급	92.4㎢	17.2km	김천 어모-김천 감천
율곡천	제2지류	지방2급	76㎢	11.5km	김천 농소-김천 감천
외현천	제2지류	지방2급	32.2㎢	8.6km	김천 감문-김천 감천

●낙동강의 주요하천망/중류 구미 · 칠곡 지구

Ⓐ 낙동강(본류)
Ⓑ 감천(낙동강 대지류)

• 낙동강 50년 평균 강수량(1,181mm)

대표하천	하천숫자	예년평수량비교	관련인구	지방자치단체
낙동강 본류	17개	1,013.6mm (-37)	361,000명	구미시

• 주요하천망 현황(본류유량소통에 영향이 큰 하천)

하천명	유수계통	하천등급	유역면적	하천연장	하천기점-하천종점
대천	제2지류	지방2급	72.9㎢	14.2㎞	구미 무을-구미 감천
구미천	제1지류	지방2급	56.2㎢	9.2㎞	구미 수정-구미 비산
경호천	제1지류	지방2급	69.2㎢	13.5㎞	김천 부상-칠곡 낙동강
동정천	제1지류	지방2급	33.7㎢	6.7㎞	칠곡 왜관-칠곡 낙동강
인노천	제1지류	지방2급	20㎢	9㎞	구미 고아-구미 낙동강
대망천	제1지류	지방2급	25.4㎢	6.6㎞	구미 고아-구미 낙동강

강은 흘러야 한다

●낙동강의 주요하천망/중류 고령 지구

A 낙동강(본류)
B 회천(낙동강 대지류)
B 백천(낙동강 대지류)
C 대가천(지역 대지류)

• 낙동강 50년 평균 강수량(1,181mm)

대표하천	하천숫자	예년평수량비교	관련인구	지방자치단체
회천, 백천	17개	1,144mm (-37)	35,800명	고령군, 성주군

• 주요하천망 현황(본류유량소통에 영향이 큰 하천)

하천명	유수계통	하천등급	유역면적	하천연장	하천기점-하천종점
회천	제1지류	지방1급	781km^2	24.5km	고령 운수-고령 우곡
대가천	제2지류	지방2급	2,972.8km^2	48.2km	김천 증산-고령 회천
소가천	제2지류	지방2급	55.3km^2	18.2km	성주 수륜-고령 회천
안림천	제2지류	지방2급	77.9km^2	17km	고령 쌍림-고령 회천
백천	제1지류	지방2급	286.3km^2	28km	성주 초전-성주 선남
신천	제1지류	지방2급	71.3km^2	13.5km	성주 용안-성주 낙동강

●낙동강의 주요하천망/중류 대구 영천 지구

- Ⓐ 낙동강(본류)
- Ⓑ 금호강(낙동강 대지류)
- Ⓒ1 신천(지역 대지류)
- Ⓒ2 진천천(지역 대지류)
- Ⓓ 달서천(주요관리지류)

- Ⓑ 금호강(낙동강 대지류)
- Ⓒ1 신령천(지역 대지류)
- Ⓒ2 고현천(지역 대지류)
- Ⓒ3 자호천(지역 대지류)

• 낙동강 50년 평균 강수량(1,181mm)

대표하천	하천숫자	예년평수량비교	관련인구	지방자치단체
금호강	56개	1,020mm (-161)	2,900,000명	대구광역시, 경산시 영천시

• 주요하천망 현황(본류유량소통에 영향이 큰 하천)

하천명	유수계통	하천등급	유역면적	하천연장	하천기점-하천종점
금호강	제1·2지류	국가하천·지방2급	2,427,000km²	105km	포항 죽장-달성 다사
신천	제2지류	지방1·2급	273km²	37km	달성 가창-대구 금호강
남천	제2지류	지방2급	1,236.5km²	18.9km	경산 남천-대구 금호강
자호천	제2지류	지방2급	327.5km²	36km	포항 죽장-영천 금호강
신령천	제2지류	지방2급	346km²	27.5km	영천 신령-영천 금호강
고촌천	제2지류	지방2급	111.7km²	20.5km	영천 고경-영천 금호강

 강은 흘러야 한다

●낙동강의 주요하천망/중·하류 합천 지구

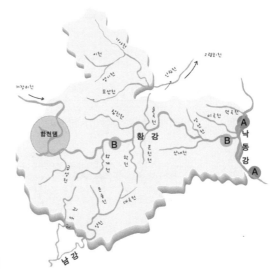

Ⓐ 낙동강(본류)

Ⓑ 황강(낙동강 대지류)

• 낙동강 50년 평균 강수량(1,181mm)

대표하천	하천숫자	예년평수량비교	관련인구	지방자치단체
황강	15개	1,238.6mm (+57.6)	60,000명	합천군(거창군)

• 주요하천망 현황(본류유량소통에 영향이 큰 하천)

하천명	유수계통	하천등급	유역면적	하천연장	하천기점-하천종점
황강	제1지류	국가하천·지방2급	1,449.3㎢	106.8km	거창 고제-합천 청덕
가야천	제3지류	지방2급	146㎢	23.8km	합천 가야-합천 안림천
합천천	제2지류	지방2급	36.7㎢	10.2km	합천 인곡-합천 황강
산내천	제2지류	지방2급	54.7㎢	8.2km	합천 초계-합천 황강
황계천	제2지류	지방2급	44.5㎢	14km	합천 가회-합천 황강
율곡천	제2지류	지방2급	21.4㎢	7.7km	합천 율곡-합천 황강

●낙동강의 주요하천망/중 · 하류 의령 · 함안 지구

- Ⓐ 낙동강 (본류)
- Ⓑ 남강 (낙동강 대지류)
- Ⓒ1 유곡천 (지역 대지류)
- Ⓒ2 함안천 (지역 대지류)

• 낙동강 50년 평균 강수량(1,181mm)

대표하천	하천숫자	예년평수량비교	관련인구	지방자치단체
남강, 신반천	27개	1,135mm (-46)	97,000명	의령군, 함안군

• 주요하천망 현황(본류유량소통에 영향이 큰 하천)

하천명	유수계통	하천등급	유역면적	하천연장	하천기점-하천종점
남강(총괄)	제1지류	국가하천 · 지방1 · 2급	$3,627.9km^2$	$185.4km$	함양 서상-함안 대산
신반천	제1지류	지방2급	$196.6km^2$	$25km$	합천 대양-의령 낙서
유곡천	제2지류	지방2급	$103.9km^2$	$25.8km$	의령 궁유-의령 신반천
함안천	제2 · 3지류	국가하천 · 지방2급	$193km^2$	$18km$	함안 여항-함안 남강
광려천	제1지류	지방2급	$151.2km^2$	$25km$	마산 내서-함안 칠서
검암천	제1지류	지방2급	$22.6km^2$	$8km$	함안 산인-함안 함안천

강은 흘러야 한다

●낙동강의 주요하천망/중 · 하류 진주 지구

B 남강(낙동강 대지류)
C1 영천강(지역 대지류)
C2 반성천(지역 대지류)

• 낙동강 50년 평균 강수량(1,181mm)

대표하천	하천숫자	예년평수량비교	관련인구	지방자치단체
남강	20개	1,498.9mm (+317.9)	340,000명	진주시

• 주요하천망 현황(본류유량소통에 영향이 큰 하천)

하천명	유수계통	하천등급	유역면적	하천연장	하천기점-하천종점
남강(총괄)	제1지류	국가하천 · 지방1 · 2급	3,627.9km^2	185.4km	함양 서상-함안 대산
영천강	제2지류	지방2급	122.3km^2	31km	고성 영현-진주 남강
반성천	제2지류	지방2급	82km^2	17km	진주 이반성-진주 남강
나불천	제2지류	지방2급	64km^2	15.7km	진주 명석-남성 남강
지내천	제2지류	지방2급	35.1km^2	13.5km	진주 집현-집현 남강
수곡천	제3지류	지방2급	16.2km^2	12.2km	진주 수곡-수곡 덕천강

●낙동강의 주요하천망/중 · 하류 산청 · 함양 지구

- Ⓑ 남강(낙동강 대지류)
- Ⓒ¹ 덕천강(지역 대지류)
- Ⓒ² 임천(지역 대지류)
- Ⓒ³ 함양위천(지역 대지류)
- Ⓒ³ 양천(지역 대지류)
- Ⓒ³ 신등천(지역 대지류)

• 낙동강 50년 평균 강수량(1,181mm)

대표하천	하천숫자	예년평수량비교	관련인구	지방자치단체
남강, 덕천강	24개	1,479.1mm (+298)	81,900명	산청군, 함양군

• 주요하천망 현황(본류유량소통에 영향이 큰 하천)

하천명	유수계통	하천등급	유역면적	하천연장	하천기점-하천종점
남강(총괄)	제1지류	국가하천 · 지방1 · 2급	3,627.9㎢	185.4㎞	함양 서상-함안 대산
덕천강	제2지류	국가하천 · 지방2급	414㎢	57.6㎞	산청 삼장-수곡 남강
임천	제2지류	지방2급	484㎢	22.5㎞	함양 마천-함양 남강
함양위천	제2지류	지방1 · 2급	109㎢	24.6㎞	함양 백전-유림 남강
양천	제2지류	지방2급	426.2㎢	45.9㎞	합천 쌍백-신안 남강
람천	제3지류	지방2급	262.3㎢	24㎞	남원 운봉-산내 임천

강은 흘러야 한다

●낙동강의 주요하천망/하류 창녕 지구

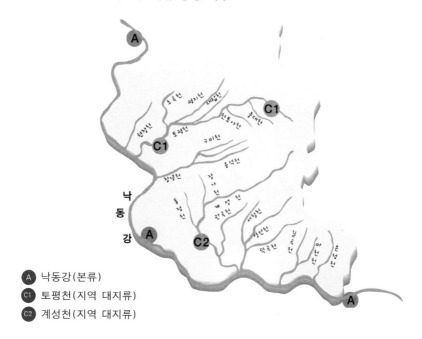

• 낙동강 50년 평균 강수량(1,181mm)

대표하천	하천숫자	예년평수량비교	관련인구	지방자치단체
낙동강, 계성천	20개	1,105mm (-76)	67,500명	창녕군

• 주요하천망 현황(본류유량소통에 영향이 큰 하천)

하천명	유수계통	하천등급	유역면적	하천연장	하천기점-하천종점
계성천	제1지류	지방2급	106.9㎢	24.6km	창녕 계성-창녕 도천
토평천	제1지류	지방2급	120.2㎢	30km	창녕 고암-창녕 이방
창녕천	제1지류	지방2급	52.9㎢	17km	창녕 교상-창녕 유어
용석천	제2지류	지방2급	25.2㎢	9.5km	창녕 토천-유어 창녕천
영산천	제1지류	지방2급	24.3㎢	10km	창녕 영산-창녕 도천
온정천	제1지류	지방2급	20.5㎢	7.2km	창녕 부곡-창녕 길곡

●낙동강의 주요하천망/하류 밀양 지구

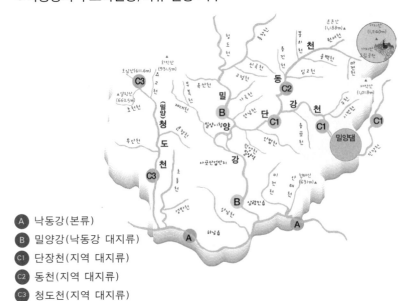

- (A) 낙동강(본류)
- (B) 밀양강(낙동강 대지류)
- (C1) 단장천(지역 대지류)
- (C2) 동천(지역 대지류)
- (C3) 청도천(지역 대지류)

• 낙동강 50년 평균 강수량(1,181mm)

대표하천	하천숫자	예년평수량비교	관련인구	지방자치단체
밀양강	49개	1,234mm (+53)	169,000명	밀양시, 청도군

• 주요하천망 현황(본류유량소통에 영향이 큰 하천)

하천명	유수계통	하천등급	유역면적	하천연장	하천기점-하천종점
밀양강	제1지류	국가하천·지방2급	1,425.6km²	32.1km	밀양 상동-밀양 삼랑진
단장천	제2지류	지방2급	358.4km²	43.3km	울주 이천-산외 밀양강
동천	제3지류	지방2급	116.1km²	26.4km	밀양 산내-산외 단장천
청도천	제2지류	지방2급	328.7km²	38.7km	청도 각북-청도 밀양강
동창천	제2지류	지방2급	854.7km²	62.5km	경주 산내-상동 밀양강
초동천	제1지류	지방2급	27.9km²	13.5km	밀양 초동-초동 낙동강

강은 흘러야 한다

●낙동강의 주요하천망/하류 김해 · 창원 지구

A: 낙동강(본류) A': 서낙동강(본류')
C1: 화포천(지역 대지류)
C2: 조만강(지역 대지류)

• 낙동강 50년 평균 강수량(1,181mm)

대표하천	하천숫자	예년평수량비교	관련인구	지방자치단체
화포천	31개	1,210mm (+29)	김해 413,000명 창원 514,000명	김해시, 창원시

• 주요하천망 현황(본류유량소통에 영향이 큰 하천)

하천명	유수계통	하천등급	유역면적	하천연장	하천기점-하천종점
화포천	제1지류	지방2급	135.2km^2	19.5km	진례 화포-김해 한림
죽동천	제1지류	지방2급	83.7km^2	7.5km	창원 동면-창원 대산
대포천	제1지류	지방2급	33.9km^2	8km	김해 상동-상동 낙동강
주천강	제1지류	지방2급	34.1km^2	19km	창원 동면-창원 대산
조만강	제1지류	지방2급	140km^2	19.8km	김해 주촌-부산 강서 봉림
사촌천	제2지류	지방2급	20.7km^2	10km	김해 사촌-생림 화포천

●낙동강의 주요하천망/하류 양산 지구

- 울산광역시
- 밀양시
- 밀양댐
- B
- 양
- 산
- 천
- 낙
- 동
- 강
- 부산광역시
- 김해시
- A
- B

Ⓐ 낙동강(본류)
Ⓑ 양산천(낙동강 대지류)

• 낙동강 50년 평균 강수량(1,181mm)

대표하천	하천숫자	예년평수량비교	관련인구	지방자치단체
양산천	19개	1,215mm (+34)	215,000명	양산시

• 주요하천망 현황(본류유량소통에 영향이 큰 하천)

하천명	유수계통	하천등급	유역면적	하천연장	하천기점-하천종점
양산천	제1지류	국가하천·지방2급	$249.2km^2$	$26.3km$	양산 하북-양산 낙동강
화제천	제1지류	지방2급	$21.1km^2$	$6.2km$	원동 화제-화제 낙동강
성삼천	제3지류	지방2급	$33.5km^2$	$2km$	상북 성삼-상북 양산천
원동천	제1지류	지방2급	$17.2km^2$	$12km$	원동 영포-원동 낙동강
당곡천	제2지류	지방2급	$12.2km^2$	$5km$	원동 당곡-원동 원동천
용연천	제2지류	지방2급	$8km^2$	$6.5km$	양산 하북-하북 양산천

강은 흘러야 한다

●낙동강의 주요하천망/최종 집수지 부산 지구

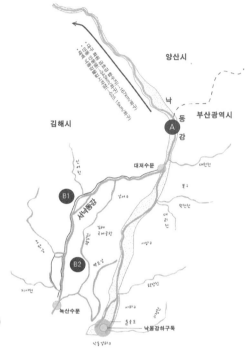

- **A** 낙동강(본류)
- **B1** 서낙동강(낙동강 대지류)
- **B2** 평강천(낙동강 대지류)

• 낙동강 50년 평균 강수량(1,181mm)

대표하천	하천숫자	예년평수량비교	관련인구	지방자치단체
낙동강	낙동강권역 10개	1,490mm (+309)	1,005,000명	북구, 강서구, 사상구, 사하구

• 주요하천망 현황(본류유량소통에 영향이 큰 하천)

하천명	유수계통	하천등급	유역면적	하천연장	하천기점-하천종점
대천천	제1지류	지방2급	16.3km²	5.5km	금정 금성-북구 화명
덕천천	제1지류	지방2급	15.9km²	3.7km	북구 만덕-북구 구포
대리천	제1지류	지방2급	3.6km²	1.6km	북구 구포-북구 구포
학장천	제1지류	지방2급	19.4km²	5.3km	북구 주례-사상 엄궁
괴정천	제1지류	지방2급	11.6km²	5km	사하 괴정-사하 하단